Surmonter la faible estime de soi

W0467128

MON CAHIER D'ACCOMPAGNEMENT

Surmonter la faible estime de soi

MELANIE FENNELL

DUNOD

Traduit de l'anglais par Aurélie Docteur
Conseillère éditoriale : Christine Mirabel-Sarron

Cet ouvrage a été publié sous le titre
Overcoming low self-esteem
par Constable & Robinson
Copyright © 1999 by Melanie Fennell

Le pictogramme qui figure ci-contre mérite une explication. Son objet est d'alerter le lecteur sur la menace que représente pour l'avenir de l'écrit, particulièrement dans le domaine de l'édition technique et universitaire, le développement massif du photocopillage.
Le Code de la propriété intellectuelle du 1er juillet 1992 interdit en effet expressément la photocopie à usage collectif sans autorisation des ayants droit. Or, cette pratique s'est généralisée dans les établissements d'enseignement supérieur, provoquant une baisse brutale des achats de livres et de revues, au point que la possibilité même pour les auteurs de créer des œuvres nouvelles et de les faire éditer correctement est aujourd'hui menacée.
Nous rappelons donc que toute reproduction, partielle ou totale, de la présente publication est interdite sans autorisation de l'auteur, de son éditeur ou du Centre français d'exploitation du droit de copie (CFC, 20, rue des Grands-Augustins, 75006 Paris).

DANGER
LE PHOTOCOPILLAGE TUE LE LIVRE

© Dunod, Paris, 2013
ISBN 978-2-10-058991-3

Le Code de la propriété intellectuelle n'autorisant, aux termes de l'article L. 122-5, 2° et 3° a), d'une part, que les « copies ou reproductions strictement réservées à l'usage privé du copiste et non destinées à une utilisation collective » et, d'autre part, que les analyses et les courtes citations dans un but d'exemple et d'illustration, « toute représentation ou reproduction intégrale ou partielle faite sans le consentement de l'auteur ou de ses ayants droit ou ayants cause est illicite » (art. L. 122-4).
Cette représentation ou reproduction, par quelque procédé que ce soit, constituerait donc une contrefaçon sanctionnée par les articles L. 335-2 et suivants du Code de la propriété intellectuelle.

Table des matières

Partie 1
Comprendre la faible estime de soi

© Dunod – Toute reproduction non autorisée est un délit.

Partie 2
Surmonter la faible estime de soi

© Dunod – Toute reproduction non autorisée est un délit.

Partie 1

Comprendre la faible estime de soi

Chapitre 1

Qu'est-ce que la faible estime de soi ?

Objectifs

- ☐ Comprendre ce qu'est la faible estime de soi
- ☐ Tester si vous avez une faible estime de vous
- ☐ Repérer l'impact de la faible estime de soi sur votre vie
- ☐ Apprendre à utiliser ce livre

SOMMAIRE

QU'ENTENDONS-NOUS PAR « FAIBLE ESTIME DE SOI » ?

- *L'image de soi*
- *Le concept de soi*
- *La perception de soi*
- *La confiance en soi*
- *Le sentiment d'efficacité personnelle*
- *L'acceptation de soi*
- *Le respect de soi*
- *La valeur de soi*
- *L'estime de soi*

Toutes ces expressions renvoient aux différents aspects de la façon dont nous nous percevons, aux pensées que nous avons sur nous-mêmes, et à la valeur que nous nous accordons en tant que personne. Chacune représente une nuance légèrement différente en termes de sens.

« L'image de soi », « le concept de soi » et « la perception de soi » font tous référence à l'image globale qu'une personne a d'elle-même. Ces termes n'impliquent pas nécessairement un jugement ou une évaluation de soi, mais décrivent simplement un ensemble de caractéristiques. Par exemple :

- L'identité nationale ou régionale : « Je suis anglais », « Je viens de New York »
- L'identité raciale et culturelle : « Je suis noir », « Je suis juif »
- Le rôle social et professionnel : « Je suis maman », « Je suis policier »
- Une étape de la vie : « Je viens d'avoir 13 ans », « Je suis grand-père »
- L'apparence physique : « je suis grand », « J'ai les yeux marron »
- Les goûts et aversions : « J'adore le football », « Je déteste les épinards »
- Les activités quotidiennes : « Je joue au base-ball », « J'utilise un ordinateur »

Mais aussi :

- Les qualités psychologiques : « J'ai le sens de l'humour », « je me fâche facilement »

« La confiance en soi » et « le sentiment d'efficacité personnelle », d'un autre côté, renvoient à notre sentiment personnel de pouvoir faire les choses correctement, et peut-être même selon une norme particulière. Une personne confiante dira, « Je peux faire des choses et je sais que je peux les faire ».

Par exemple :

- Les compétences spécifiques : « Je suis bon en maths », « Je peux attraper une balle »
- Les relations sociales : « Quand je rencontre de nouvelles personnes, dans l'ensemble, je m'entends bien avec elles », « Je suis à l'écoute »
- Les capacités d'adaptation : « Si j'ai l'intention de faire quelque chose, en général je le fais », « Je peux me retourner en cas de problème »

« L'acceptation de soi », « le respect de soi », « la valeur de soi » et « l'estime de soi » introduisent un élément différent. Ils ne se contentent pas de faire référence à des qualités que l'on s'assigne à soi-même, qu'elles soient bonnes ou mauvaises. Ils ne reflètent pas plus des choses que nous croyons que nous pouvons ou ne pouvons pas faire. Au contraire, ils renvoient à l'opinion générale que nous avons de nous-mêmes et à la valeur que nous nous accordons en tant que personne. Leur tonalité peut être positive (par exemple « je suis bon », « Je suis digne d'intérêt ») ou négative (par exemple « je suis mauvais », « je suis inutile »). Lorsque la tonalité est négative, on parle de faible estime de soi.

COMMENT PUIS-JE SAVOIR SI J'AI UNE FAIBLE ESTIME DE MOI ?

Jetez un œil aux dix questions de la page 8. Mettez une croix à côté de chaque question, dans la colonne qui correspond le mieux à la façon dont vous vous sentez. Soyez honnête – il n'y a pas de bonnes ou mauvaises réponses ici, simplement la vérité sur la façon dont vous vous percevez.

Si vos réponses à ces questions sont autres que : « Oui, sans aucun doute », alors ce livre pourrait vous être utile. Si vous êtes généralement à l'aise dans le fait de vous accepter tel que vous êtes, si vous n'avez pas de réelles difficultés à vous respecter et à vous apprécier, si vous vous considérez comme ayant une valeur intrinsèque en dépit de vos faiblesses humaines, et que vous vous sentez le droit d'avoir votre place dans le monde et de jouir de ses richesses, alors vous avez le don de l'estime de soi. Vous pouvez toujours trouver des idées dans ce livre qui vont vous intéresser ou ouvrir des pistes que vous n'avez pas encore explorées, mais tous les changements opérés se feront sur des bases solides d'une opinion largement positive de vous-même. Si, d'un autre côté, vous avez le sentiment que votre vrai moi est faible, insuffisant, inférieur ou déficient d'une certaine façon, si vous êtes préoccupé par l'incertitude et avez des doutes sur vous-même, si vos pensées sur vous-même sont souvent cruelles et critiques, ou si vous éprouvez des difficultés à sentir que vous avez de véritables mérites ou même droit aux bonnes choses de la vie, alors ce

© Dunod – Toute reproduction non autorisée est un délit.

Tableau 1.1.

	Oui, sans aucun doute	Oui, la plupart du temps	Oui, parfois	Non, la plupart du temps	Non, pas du tout
Mon expérience de la vie m'a appris à me valoriser et à m'apprécier					
J'ai une bonne opinion de moi-même					
Je me traite bien et je m'occupe de moi correctement					
Je m'apprécie					
J'accorde autant d'importance à mes qualités, à mes compétences, à mes atouts et à mes points forts qu'à mes faiblesses et défauts					
Je me sens bien dans ma peau					
Je sens que je suis en droit d'obtenir de l'attention et du temps de la part des autres					
Je crois que j'ai droit aux bonnes choses de la vie					
Mes attentes envers moi-même ne sont pas plus rigides ou exigeantes que mes attentes envers d'autres personnes					
Je suis gentil et encourageant envers moi-même, plutôt qu'autocritique					

sont autant de signes que votre estime de soi est faible. Et une faible estime de soi peut avoir un impact douloureux et préjudiciable sur votre vie.

L'IMPACT D'UNE FAIBLE ESTIME DE SOI

« L'estime de soi » renvoie à l'opinion générale que nous avons de nous-mêmes, à la façon dont nous nous jugeons ou évaluons, et à la valeur que nous nous accordons en tant que personne. Nous allons maintenant examiner plus en détail le type d'impact qu'une faible estime de soi peut avoir sur la vie d'une personne. Cela vous donnera l'occasion de réfléchir à l'opinion que vous avez de vous-même, et à quel type de valeur vous placez en vous, ainsi que d'examiner la façon dont votre opinion de vous-même affecte vos pensées et sentiments et la façon dont, en conséquence, vous vous comportez au quotidien.

L'essence de la faible estime de soi : Vos schémas sur vous-mêmes

Au cœur de l'estime de soi se trouvent vos schémas à propos de vous-même, c'est-à-dire vos croyances sur le genre de personne que vous êtes. Ces schémas prennent généralement l'apparence d'états de fait. Ils peuvent avoir l'air d'être de simples reflets de votre identité, des affirmations sur vous-même. En réalité cependant, ils sont davantage susceptibles d'être des opinions plutôt que des faits – des affirmations ou des conclusions auxquelles vous êtes parvenu à propos de vous-même, sur la base des expériences que vous avez eues dans votre vie, et en particulier des messages que vous avez reçus sur le genre de personne que vous êtes. Donc, pour le dire simplement, si vos expériences ont été globalement positives, vos croyances sur vous-même sont susceptibles d'être aussi positives. Si vos expériences ont été assez mitigées (comme pour la plupart des gens), alors vous pouvez avoir un éventail d'idées différentes vous concernant, et les appliquer avec souplesse selon les circonstances dans lesquelles vous vous trouvez. Toutefois, si vos expériences ont été globalement négatives, alors vos croyances sur vous-même sont susceptibles de l'être également. Les croyances négatives à votre sujet constituent l'essence de la faible estime de soi. Et cette essence peut avoir coloré et contaminé de nombreux aspects de votre vie.

L'impact de la faible estime de soi sur l'individu

Les croyances négatives sur soi – qui forment l'essence de la faible estime de soi – s'expriment de plusieurs façons.

© Dunod – Toute reproduction non autorisée est un délit.

Pour en avoir une idée, il peut être utile de penser à quelqu'un que vous savez avoir une faible estime de soi. Si vous pensez que vous avez une faible estime de vous-même, vous pouvez bien sûr penser à vous. Mais vous trouverez peut-être plus utile tout d'abord de penser à une autre personne. C'est parce que, lorsque vous essayez de vous regarder vous-même, il est souvent difficile d'obtenir une vue claire – vous êtes trop près du problème. Pensez maintenant à la personne que vous avez choisie. Rappelez-vous la dernière fois que vous vous êtes vus. Que s'est-il passé ? De quoi avez-vous parlé ? Comment la personne vous a-t-elle regardé ? Qu'a-t-elle fait ? Comment vous êtes-vous senti avec elle ? Essayez d'en avoir une image très claire dans votre esprit. Maintenant la question est : comment savez-vous que cette personne a une faible estime de soi ? Qu'est-ce qui vous faire dire qu'elle a un problème dans ce domaine ?

Notez toutes les choses auxquelles vous pouvez penser. Cherchez des indices dans ce que la personne dit. Par exemple, avez-vous entendu beaucoup d'autocritiques, ou d'excuses ? Qu'est-ce que cela vous apprend sur ce que cette personne pense d'elle-même ? Regardez ce que cette personne fait, y compris la façon dont elle s'entend avec vous et d'autres personnes. Par exemple, est-elle habituellement calme et timide en société ? Ou, inversement, est-elle toujours un peu arrogante et se met-elle en avant ? Qu'est-ce que cela vous dit ? Et que dire de sa présentation (posture, expression du visage, direction du regard) ? Est-ce que par exemple elle a tendance à adopter une posture voûtée, à éviter de croiser les regards ? Encore une fois, qu'est-ce que cela vous apprend sur la façon dont elle se voit elle-même ? Pensez aussi à vos propres sentiments et émotions. Qu'est-ce que cela vous fait de vous mettre à sa place ?

Est-ce qu'elle semble triste ? Ou en avoir marre et se sentir frustrée ? Ou timide et anxieuse ? Quelles sensations corporelles pourraient aller avec ces émotions ?

Vous découvrirez probablement que les indices se trouvent dans plusieurs domaines différents.

■ Les pensées et les affirmations sur soi

Les croyances négatives sur soi trouvent leur expression dans ce que les gens disent et pensent habituellement d'eux-mêmes. Prêtez attention à l'autocritique, à l'auto-accusation et au doute de soi, au fait qu'une personne ne s'accorde pas beaucoup de valeurs positives, et mette l'accent sur ses faiblesses et défauts.

■ Le comportement

La faible estime de soi se reflète dans la façon dont une personne agit dans des situations de la vie quotidienne. Recherchez les indices révélateurs comme la difficulté à faire valoir ses besoins ou à parler, une attitude gauche, l'évitement des défis et des opportunités.

Attention aussi aux petits indices, comme une posture courbée, la tête penchée vers le bas, l'évitement du contact par le regard, la voix étouffée et hésitante.

Les émotions

La faible estime de soi a des répercussions sur l'état émotionnel. Attention aux signes de tristesse, d'anxiété, de culpabilité, de honte, de frustration et de colère.

Les sensations corporelles

L'état émotionnel se traduit souvent par des sensations corporelles désagréables. Attention aux signes de fatigue, de manque d'énergie ou de tension.

Vos observations montrent combien le maintien d'une croyance négative sur soi a des répercussions à tous les niveaux, affectant la pensée, le comportement, l'état émotionnel et les sensations corporelles. Voyez comment cela peut s'appliquer à vous. Si vous vous observez vous-même comme vous venez de le faire avec une autre personne, que voyez-vous ? Quels sont les indices révélateurs dans votre cas ?

L'impact de la faible estime de soi sur la vie

Étant donné que la faible estime de soi se reflète dans différents domaines, elle a des répercussions sur de nombreux domaines de la vie.

L'école et le travail

Il peut y avoir un enchaînement de mauvaises performances et un évitement des défis, ou peut-être un perfectionnisme rigoureux et un sens implacable du travail acharné, le tout alimenté par la peur de l'échec. Les personnes souffrant de faible estime de soi ont du mal à s'accorder du crédit dans leurs réalisations, ou à croire que leurs bons résultats sont le fruit de leurs propres compétences et de leurs forces.

Les relations interpersonnelles

Dans leurs relations aux autres, les personnes ayant une faible estime de soi peuvent souffrir (même de manière handicapante) d'une gêne aiguë, d'une sensibilité excessive à la critique et à la désapprobation, d'un désir excessif de plaire – même en dehors de toute forme d'intimité. Certaines personnes adoptent pour politique d'être toujours au centre de l'attention, paraissant toujours confiantes et sous contrôle, ou mettent au contraire toujours les autres en avant, quel que soit le coût pour elles. Leur conviction est que, si

© Dunod – Toute reproduction non autorisée est un délit.

elles ne se comportent pas de cette façon, les gens n'auront tout simplement pas envie de les connaître.

■ Les loisirs

La façon dont les gens passent leur temps libre peut également être affectée. Les personnes atteintes d'une faible estime de soi peuvent éviter toute activité dans laquelle il y a un risque d'être jugé (des cours d'art, par exemple, ou encore des compétitions sportives), ou peuvent croire qu'elles ne méritent pas de récompenses ou de petits plaisirs pour se détendre et s'amuser.

■ Le soin de soi

Les personnes souffrant de faible estime de soi ne peuvent pas prendre soin d'elles-mêmes. Elles peuvent lutter quand elles se sentent mal, se décourager d'aller chez le coiffeur ou le dentiste, ou encore d'acheter de nouveaux vêtements, boire excessivement, fumer ou consommer des drogues. Ou, à l'inverse, elles peuvent passer des heures à perfectionner chaque détail de leur apparence, convaincues que c'est la seule façon pour elles d'être attrayantes au regard des autres.

LES VARIATIONS DANS LE RÔLE ET LE STATUT DE LA FAIBLE ESTIME DE SOI

Tout le monde n'est pas affecté de la même manière par ses propres croyances négatives. L'impact de la faible estime de soi dépend en partie de son rôle dans votre vie.

La faible estime de soi peut représenter l'une des facettes de problèmes actuels

Parfois, une image négative de soi-même est un pur produit de l'humeur du moment. Les gens qui sont cliniquement déprimés se voient presque toujours sous un jour très négatif. Cela est vrai même pour les dépressions qui répondent très bien aux médicaments antidépresseurs, et pour lesquels il existe une solide base biochimique. Il existe des signes cliniques bien connus dans la dépression.

Signes cliniques connus de la dépression

- Une humeur dépressive (se sentir constamment triste, déprimé ou vide)
- Une réduction de votre capacité à ressentir de l'intérêt et du plaisir
- Des modifications de l'appétit et du poids (augmentation ou diminution marquée)
- Des changements dans les habitudes de sommeil (encore une fois, des augmentations ou des diminutions marquées)
- Être soit si agité et inquiet qu'il est difficile de rester assis ou au contraire ralenti par rapport à votre vitesse normale dans la réalisation des choses (ce qui devrait être visible pour les autres, pas seulement un sentiment personnel)
- Une sensation de fatigue et de faiblesse
- Se sentir extrêmement coupable et sans valeur
- Une difficulté à se concentrer, à réfléchir, à prendre des décisions
- Un sentiment que les choses vont tellement mal que vous seriez mieux mort, ou même penser à vous blesser

Pour être reconnus comme faisant partie d'une dépression qui mérite un traitement à part entière, au moins cinq de ces symptômes (y compris l'humeur dépressive ou une perte de plaisir et d'intérêt) doivent être présents régulièrement sur une longue période (deux semaines ou plus). Autrement dit, nous ne parlons pas ici de périodes passagères de dépression dont nous faisons tous l'expérience de temps en temps quand les choses sont difficiles, mais plutôt d'un état d'esprit qui est devenu persistant et gênant.

Si votre opinion négative de vous-même a débuté dans un contexte de dépression, alors la recherche d'un traitement pour la dépression devrait être votre priorité. Avec succès le traitement de la dépression pourrait même rétablir votre confiance en vous sans que vous ayez à travailler de manière intensive sur l'estime de soi. Cela dit, vous pouvez toujours trouver quelques-unes des idées de ce livre utiles en particulier les chapitres V, VI et VII, qui traitent de la façon d'aborder les pensées autocritiques, comment se concentrer sur les aspects positifs de vous-même et donner crédit à vos réalisations, et comment changer les règles de vie inutiles.

La faible estime de soi peut être l'une des conséquences d'autres problèmes

La perte de l'estime de soi est parfois la conséquence d'un autre problème qui provoque une détresse et perturbe la vie d'une personne. Les problèmes d'anxiété, par exemple, y compris les attaques de panique, apparemment incontrôlables, peuvent imposer des restrictions réelles sur ce qu'une personne peut faire, et ainsi saper la confiance et conduire à des sentiments d'incompétence et d'insuffisance. Des difficultés relationnelles constantes,

© Dunod – Toute reproduction non autorisée est un délit.

éprouvantes, impliquant un stress important, la douleur chronique ou encore la maladie peuvent avoir un impact similaire. Toutes ces difficultés peuvent entraîner démoralisation et perte de l'estime de soi. Dans ce cas, lutter contre la source du problème peut constituer la solution la plus efficace à ce problème. Les gens qui apprennent à gérer la panique et l'anxiété, par exemple, reviennent souvent à leur niveau de base de confiance en soi, sans avoir besoin de faire un travail important sur la faible estime de soi. Si tel est votre cas, et que votre faible estime de soi s'est développée à la suite d'un autre problème, vous pouvez tout de même trouver quelques idées utiles dans ce livre pour vous aider à rétablir votre confiance en vous-même. Il pourrait également être utile de prendre le temps de consulter les autres livres de cette série pour voir si l'un d'eux pourrait répondre directement à vos problèmes.

La faible estime de soi peut constituer un facteur de vulnérabilité à d'autres problèmes

Parfois, la faible estime de soi, plutôt que d'être un aspect ou une conséquence de problèmes actuels, semble plutôt constituer le terreau fertile dans lequel ils ont grandi. Elle est présente depuis l'enfance ou l'adolescence, ou aussi loin que la personne puisse se souvenir. La recherche a montré que la faible estime de soi (des croyances négatives durables sur soi-même) peut contribuer à une série de difficultés, notamment à la dépression, aux idées suicidaires, aux troubles alimentaires et à l'anxiété sociale (timidité extrême). Si cela est vrai pour vous, si les difficultés que vous êtes en train de vivre vous semblent avoir pour reflet ou être source d'un sentiment sous-jacent de faible estime de soi, travailler alors les problèmes actuels sera sans aucun doute utile en soi, mais ne produira probablement pas de changements significatifs ou durables dans votre vision de vous-même. Et à moins que la question de la faible estime de soi soit abordée directement, de votre propre chef, vous êtes susceptible de rester vulnérable aux difficultés futures. Dans ce cas, vous pourriez grandement bénéficier de l'utilisation de ce livre comme un guide pour travailler de manière cohérente et systématique sur vos croyances vous concernant, mettre à distance les vieilles croyances négatives et construire ainsi de nouvelles perspectives plus utiles.

LES VARIATIONS DANS L'IMPACT D'UNE FAIBLE ESTIME DE SOI

Si la faible estime de soi représente un aspect ou une conséquence d'autres difficultés, ou un facteur de vulnérabilité, la façon dont elle empiète sur la vie varie d'une personne à l'autre. Cet aspect est illustré sur l'échelle suivante :

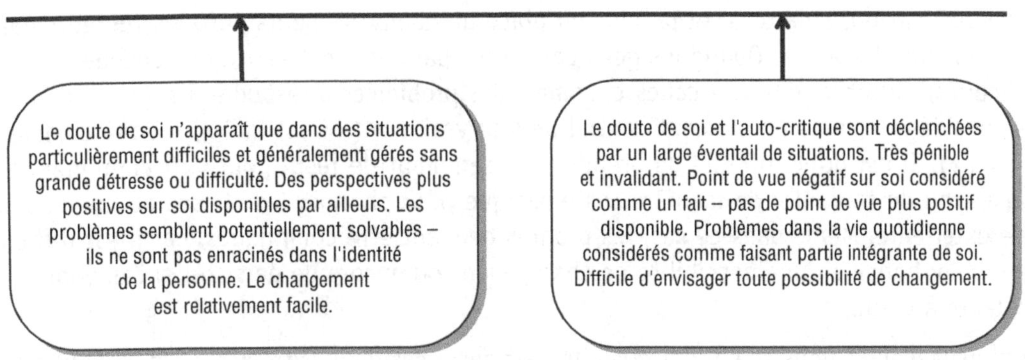

Figure 1.1. La faible estime de soi : Les différentes répercussions

Une personne ayant une faible estime de soi peut se situer n'importe où sur cette échelle. À l'extrémité gauche se trouveraient des gens qui font l'expérience de moments de doute sur soi, le plus souvent dans des situations très spécifiques (par exemple, un entretien d'embauche, ou le fait d'inviter quelqu'un pour un premier rendez-vous). Ces doutes interviennent très ponctuellement dans la vie des gens. Les personnes concernées peuvent ressentir une légère appréhension dans une situation difficile, mais n'auraient aucune réelle difficulté à gérer leur appréhension, lui accorderait peu de crédit, se rassureraient facilement, et n'éprouveraient pas de difficulté à relever le défi avec succès. Quand les personnes de ce genre ont des difficultés dans la vie, elles ont tendance à les voir simplement comme des problèmes à résoudre, plutôt que comme un signe qu'il y a quelque chose de fondamentalement mauvais en eux en tant que personne. Au côté d'une vision négative de soi activée lors de défis, elles en ont probablement une autre plus positive et constructive, qui va influencer la façon dont elles vont se sentir la plupart du temps. Elles peuvent ainsi trouver le contact avec les autres facile et être à l'aise dans le fait de demander de l'aide. Ces personnes doivent trouver qu'il est relativement facile d'isoler les situations dans lesquelles elles ont été victimes de doute sur elles-mêmes, la consolidation et le renforcement de points de vue positifs sur soi ayant déjà été mis en place en ayant appris assez rapidement à défier les prédictions en réponse aux pensées autocritiques.

© Dunod – Toute reproduction non autorisée est un délit.

À l'autre bout de l'échelle se situeraient les personnes dont le doute de soi et l'autocritique seraient plus ou moins constants. Pour elles, aucune alternative positive n'est possible. C'est tout simplement comme ça que les choses sont. Le moindre évènement suffit à déclencher un torrent de pensées autocritiques. Ces personnes trouvent qu'il est difficile de croire en leur capacité à faire face aux défis de la vie, ou à atteindre une proximité durable avec d'autres personnes. Leurs craintes et leurs croyances négatives sur elles-mêmes peuvent être assez puissantes pour provoquer une perturbation générale de la façon dont elles mènent leur vie – les occasions manquées, les défis évités, les relations gâchées, les plaisirs et les réalisations sabotées, et la mise en place de comportements autodestructeurs dans de nombreux domaines. Quand les gens concernés par cette extrémité de l'échelle ont des difficultés, plutôt que de voir celles-ci comme des problèmes à résoudre, ils ont tendance à les considérer comme un élément central de leur vrai moi (« C'est moi », « Voilà comment je suis »). Il est donc difficile de prendre suffisamment de recul pour voir clairement les choses, ou de travailler de manière systématique pour changer les choses au mieux sans aide extérieure. Même dans ce cas, les progrès peuvent être compliqués, car il est difficile d'avoir confiance en une possibilité de changement ou encore de persister si l'amélioration est lente à venir.

La plupart d'entre nous se situent quelque part entre ces deux extrêmes. Ce livre peut avoir une pertinence limitée pour les personnes tombant à l'extrême gauche, mais il pourrait encore être une source utile de conseils pratiques pour peaufiner un sens déjà solide de confiance en soi et d'estime de soi. Pour ceux qui tombent à l'extrémité droite de l'échelle, utiliser ce livre seul peut ne pas être suffisant. Il pourrait cependant être utile dans le cadre d'un programme de thérapie comportementale et cognitive en collaboration avec un thérapeute. Ce livre sera avant tout utile pour les gens qui se situent au milieu – les personnes dont la faible estime de soi est assez problématique pour vouloir faire changer les choses, mais qui ont suffisamment de liberté de mouvement pour être en mesure de prendre du recul dans la façon dont ils se perçoivent habituellement et rechercher des perspectives alternatives.

COMMENT UTILISER CE LIVRE

Vous pouvez être une personne qui a en général confiance en soi, mais qui souffre de moments de doute sur soi, en particulier dans des situations difficiles. Ou vous pouvez être quelqu'un qui est en proie à l'autocritique et estime qu'il est difficile de penser à quelque chose de bon sur lui-même. Les chances sont que vous soyez en réalité quelque part entre les deux. Quelles que soient l'intensité et l'ampleur de l'impact de votre faible estime de soi, ce livre vous fournira une feuille de route pour un voyage vers la connaissance et l'acceptation de soi. Il est destiné à vous aider à comprendre les origines de votre mauvaise opinion de vous-même, et à découvrir comment les habitudes de pensée et les modèles de comportement contre-productifs la maintiennent aujourd'hui. Vous apprendrez à utiliser l'auto-observation comme base pour introduire des changements, pour vous aider à remettre en question votre vision négative de vous-même et en développer une nouvelle, plus aimable, respectueuse et acceptable.

Vous n'avez pas à croire que ce livre va révolutionner votre vie et faire de vous une nouvelle personne.

Pour faire bon usage de ce livre

- Garder un esprit ouvert ;
- Être disposé à expérimenter de nouvelles idées et compétences ;
- Être prêt à investir du temps et des efforts avec pour appuis réguliers l'auto-observation et la pratique.

Tout au long du livre, vous trouverez de nombreuses opportunités de réfléchir à comment s'est développée votre mauvaise opinion de vous-même, et de réfléchir sur la façon dont cette faible estime de soi vous affecte au quotidien. Il y aura beaucoup d'exercices pratiques et de feuilles d'enregistrement, qui cous aideront à appliquer personnellement ce que vous lirez. La façon dont vous utiliserez ce livre vous sera propre. Vous pourrez décider de passer rapidement dessus, ou de recueillir un ou deux conseils pratiques. Ou vous pourrez décider, après avoir exploré les titres des chapitres, que cela vaudrait la peine d'investir du temps et de l'effort dans un travail systématique, en observant de manière attentive la façon dont vous réagissez dans les situations qui vous angoissent tant que vous réactivez les vieux schémas, en repensant vos stratégies habituelles pour y faire face, en affaiblissant les croyances négatives vous concernant, et en les remplaçant par des alternatives plus utiles et réalistes.

Si c'est votre cas, vous trouverez peut-être plus utile de procéder par chapitre, étant donné que chacun aborde des concepts et des compétences qui vous seront utiles pour avancer, et que chacun d'entre eux s'appuie sur les précédents. Dans ce cas, lisez d'abord le chapitre assez rapidement, pour vous donner une idée générale de ce qu'il aborde. Vous pouvez utiliser cette vue d'ensemble pour évaluer si les histoires et exemples font écho en vous, et pour commencer à réfléchir à la façon dont le chapitre pourrait être pertinent pour vous personnellement – après tout, vous êtes expert de vous-même. Puis revenez en arrière et lisez le chapitre de plus près, dans le détail, en complétant les exercices. Ne passez au chapitre suivant que si vous sentez que vous avez une bonne connaissance des méthodes de changements introduites – le sentiment que vous les comprenez et savez comment les

© Dunod – Toute reproduction non autorisée est un délit.

utiliser – et que vous commencez à obtenir des résultats. Si vous vous précipitez, vous risquez de ne rien remplir correctement.

Dans ce cas, les notions présentées ne pourront pas avoir d'impact significatif sur la façon dont vous vous sentez. Il faut prendre le temps – et vous le méritez.

Si vous décidez de travailler de manière systématique à travers ce livre, cela prendra du temps. Vous obtiendrez probablement plus de résultats si vous vous accordez un peu de temps chaque jour (par exemple, 20-30 minutes) pour lire, réfléchir, planifier ce qu'il faut faire et passer en revue vos notes. C'est sans aucun doute un véritable engagement, d'autant plus que le livre vous demandera parfois de penser à des événements et à des situations qui peuvent être douloureuses pour vous. Cependant, surtout si vos doutes sur vous-même existent depuis longtemps et s'ils génèrent de la détresse et restreignent votre vie, alors l'engagement pourrait amener à un gain conséquent. Il peut y avoir des moments où vous vous sentirez coincé, ne sachant pas comment faire avancer les choses ou trouver des alternatives à votre manière habituelle de penser. Ne soyez pas en colère contre vous-même et n'abandonnez pas – mettez votre travail de côté pendant un certain temps et revenez-y plus tard, quand vous vous sentirez plus détendu. Vous pouvez également trouver utile de travailler à travers ce livre avec un(e) ami(e). Deux têtes valent souvent mieux qu'une, et vos blocages seront peut-être différents des siens. Vous pouvez être en mesure de vous aider l'un l'autre, de vous encourager mutuellement à persister, en vous assurant de tirer le meilleur parti des expériences de vos nouveaux modes de fonctionnement, d'aiguiser votre attention sur les aspects positifs de vous-même, et de penser de manière créative à la façon de vous considérer comme quelqu'un que vous appréciez, que vous aimez et que vous respectez.

Avertissement au lecteur

Ce livre n'aidera pas toutes les personnes ayant une faible estime de soi. Parfois, un livre ne suffit pas. La façon la plus courante de traiter les choses qui nous mettent dans un état de détresse est d'en parler à quelqu'un d'autre. Souvent, parler à un membre de la famille proche ou à un ami est suffisant pour soulager la détresse et nous faire progresser. Parfois, cependant, ce n'est pas suffisant. Nous avons besoin de voir un professionnel formé pour aider les personnes en souffrance – un médecin, un conseiller ou un psychothérapeute. Si vous trouvez que mettre l'accent sur l'estime de soi vous fait vous sentir moins bien plutôt que de vous aider à y voir plus clair et à penser de manière constructive sur la façon de changer les choses au mieux, ou si vos croyances négatives sur vous-même et sur une impossibilité de changement sont si fortes que vous ne pouvez même pas commencer à utiliser les idées et les compétences pratiques décrites ici, alors vous feriez bien de chercher l'aide d'un professionnel. Cela est particulièrement vrai si vous vous trouvez déprimé de la manière qui a été décrite plus haut, ou trop soucieux de faire les choses correctement, ou si vous vous êtes amené à avoir des pensées et des actes autodestructeurs.

Il n'y a rien de honteux à demander une aide psychologique, pas plus qu'il n'y a rien de honteux à confier votre voiture à un garage si elle ne fonctionne pas correctement, ou d'aller voir un avocat si vous avez des problèmes juridiques que vous ne pouvez pas résoudre seul. Demander de l'aide, c'est ouvrir la porte à la possibilité d'un avenir différent. Cela signifie ouvrir une voie vers la connaissance de soi et l'acceptation de soi avec l'aide d'un guide concerné et sympathique, plutôt que de vous en occuper seul. Si vous vous sentez à l'aise avec l'approche décrite dans ce livre, son orientation pratique et l'accent mis sur la responsabilisation personnelle à travers l'auto-observation et le changement systématique, alors votre guide le plus utile pourra être un thérapeute d'orientation comportementale et cognitive.

L'APPROCHE : LA THÉRAPIE COMPORTEMENTALE ET COGNITIVE

La « thérapie comportementale et cognitive » est une forme de psychothérapie qui a été développée à l'origine aux États-Unis par le professeur Aaron Beck, un psychiatre travaillant à Philadelphie. Il s'agit d'une approche fondée sur une base solide en termes de théorie psychologique et de recherche clinique. Elle a d'abord montré son efficacité dans le traitement de la dépression dans les années 1970. Depuis, elle a élargi sa portée, et est maintenant utilisée avec succès pour aider les personnes concernées par un plus large éventail de problèmes, y compris l'anxiété, les attaques de panique, les difficultés relationnelles, les troubles sexuels, les troubles alimentaires (comme l'anorexie et la boulimie), les dépendances à l'alcool et aux drogues et l'état de stress post-traumatique. Vous trouverez d'autres livres de cette série traitant de certains de ces problèmes.

La thérapie comportementale et cognitive est une approche idéale pour la faible estime de soi. C'est parce qu'elle fournit un cadre facile à saisir pour comprendre comment le problème s'est développé et ce qui va le maintenir. Plus précisément, la thérapie comportementale et cognitive met l'accent sur les pensées, les croyances, les attitudes et les opinions (c'est ce que signifie le terme « cognitif ») et, comme nous l'avons déjà écrit, l'opinion d'une personne sur elle-même se trouve au cœur de la faible estime de soi.

Ne présumez pas, cependant, que la compréhension et la connaissance seules suffisent. La thérapie comportementale et cognitive propose des pratiques, des méthodes éprouvées, testées et reconnues efficaces pour amener à des changements durables. Elle ne s'arrête pas à l'abstrait, au niveau verbal – ce n'est pas seulement une « thérapie par la parole ». Elle

© Dunod – Toute reproduction non autorisée est un délit.

vous encourage à jouer un rôle actif dans la lutte contre la faible estime de soi, à trouver des moyens pour mettre en pratique de nouvelles idées jour après jour, d'agir différemment en observant l'impact sur la façon dont vous vous sentez (c'est la partie « comportement »). C'est une façon terre à terre, pleine de bon sens, d'aborder des sujets fondamentaux. Elle vous invite à modifier et à élargir les idées que vous avez sur vous-même, d'autres personnes et la vie. Elle vous encourage également à adopter une approche expérimentale de la façon dont vous vous comportez dans les situations du quotidien, à essayer de mettre en place de nouvelles pensées et de nouveaux comportements, auprès de vos amis et de votre famille, mais aussi de vous, dans la façon dont vous vous traitez, même lorsque vous êtes tout seul à la maison. L'approche comportementale et cognitive vous donne la possibilité de devenir votre propre thérapeute, de développer perspicacité, planification et exécution d'un changement, et d'évaluer les résultats. Les nouvelles compétences que vous développerez et pratiquerez vous seront utiles pour le reste de votre vie.

Le résultat final pourrait correspondre à des changements dans tous les domaines que nous avons identifiés au début de ce chapitre.

Qu'est-ce qui pourrait changer ?

- *Une perception de vous-même* plus équilibrée, qui accorde une attention à tous les aspects de vous-même, plutôt que de se concentrer sur le négatif et de filtrer le positif.
- *Une image de vous plus équilibrée*, qui s'apprécie dans sa globalité, pleinement, avec tous ses défauts – en un mot : *l'acceptation de soi*.
- Une *augmentation de la confiance en soi* et du *sentiment d'efficacité* personnelle – vous avez une vision moins restreinte de vos capacités, de vos qualités, de vos compétences et de vos points forts, et par conséquent le respect de vous-même s'en voit augmenté.
- Un *nouveau renforcement de l'estime de soi*, de la connaissance de votre valeur, de votre droit à une place au soleil.

LA FORME DU LIVRE

Le chapitre 2 examine plus en détail d'où vient la faible estime de soi. Il vous permettra de considérer quelles expériences dans votre vie ont contribué à la façon dont vous vous voyez, pour comprendre comment la vision que vous avez de vous-même est tout à fait logique, compte tenu de ce qui vous est arrivé.

Le chapitre 3 se focalise sur ce qui maintient les perspectives négatives aujourd'hui, et comment les vieilles habitudes de pensée et les modèles de comportement inutiles travaillent ensemble pour entretenir un cercle vicieux et bloquer le développement de l'estime de soi.

Le chapitre 4 propose une première façon de sortir de ce cercle vicieux, en vous montrant comment prendre conscience des prédictions négatives qui vous rendent anxieux, limitent ce que vous pouvez faire, et contribuent ainsi à la faible estime de soi.

Les chapitres 5 et 6 sont complémentaires. Le chapitre 5 va vous apprendre comment repérer et répondre aux pensées autocritiques, sabotant ainsi votre point de vue négatif sur vous-même. Le chapitre 6 propose des façons de créer et de renforcer activement une vision de vous plus positive.

Le chapitre 7 explore différents moyens pour changer vos règles de vie, des stratégies que vous avez adoptées pour compenser la faible estime de soi.

Le chapitre 8 traite des façons de travailler directement sur la vision centrale de vous-même (les schémas) qui se trouve au cœur de la faible estime de soi.

Enfin, le chapitre 9 propose des façons de résumer et de consolider ce que vous avez appris et d'aborder comment vous pouvez pousser les choses plus loin si vous voulez le faire.

Vous remarquerez que les méthodes directes pour changer vos croyances sur vous-même sont en dernière position. Cela peut sembler étrange. Sans doute que le fait de modifier vos croyances négatives sur vous-même devrait être la première chose à faire ? Le fait est qu'il est généralement plus facile de changer les anciennes croyances, si vous commencez par examiner la façon dont elles fonctionnent aujourd'hui. Il est intéressant et utile de comprendre comment elles se sont développées, mais ce que la plupart des gens ont besoin de changer est ce qui les maintient en place. Le changement de votre vision de vous-même peut prendre des semaines voire des mois. Ainsi, pour débuter ce vaste travail, vous pourriez être tenté de commencer par le plus difficile. Mais attention, cela pourrait vous ralentir et pourrait même vous sembler assez décourageant.

En revanche, changer votre façon de penser et d'agir au quotidien peut avoir un impact immédiat sur la façon dont vous vous sentez. Il peut être possible de faire des changements radicaux en quelques jours. Travailler sur vos pensées et vos sentiments dans les situations de la vie quotidienne vous aidera à clarifier la nature de vos croyances sur vous-même, et l'impact qu'elles ont sur votre vie. Cela constituera une base solide pour faire face aux grandes questions à un stade ultérieur. Il se pourrait bien aussi que cela ait un impact sur vos croyances négatives sur vous-même, avant même de commencer à travailler sur elles directement. Ceci est particulièrement susceptible d'être le cas si, comme vous allez le voir tout au long de ce livre, vous continuez à vous poser des questions comme :

- Qu'est-ce que cela implique concernant mes croyances sur moi-même ?
- Comment cela s'inscrit-il dans la mauvaise opinion que j'ai de moi-même ?
- Quels changements pourraient découler de cette façon dont je me vois en tant que personne ?

Vous découvrirez peut-être que de petits changements dans votre façon de penser et de vous comporter vont progressivement user la roche de vos croyances négatives sur vous-même. Vous pourrez même trouver que, au moment où vous atteindrez le chapitre 8, ce rocher sera trop fragile et que vous n'aurez besoin de rien de plus que de quelques piqûres de rappel. Même si vous ne le réduirez pas à cela, le travail que vous ferez pour affaiblir la pensée négative et vous concentrer sur le positif va vous être très utile lorsque vous devrez faire face aux grands problèmes plus abstraits. Le chapitre 8 s'appuie de manière très explicite sur le travail qui aura été fait plus tôt dans ce livre. Cela signifie que vous en tirerez plus de bénéfices lorsque vous aurez assimilé les idées et les compétences visées dans les chapitres précédents.

Bonne chance. Profitez de votre voyage !

RÉSUMÉ DU CHAPITRE

1. L'estime de soi reflète l'opinion que nous avons de nous-mêmes, les jugements que nous portons sur nous-mêmes et la valeur que nous nous accordons en tant que personne.
2. Avoir une « faible estime de soi », c'est avoir une piètre opinion de nous-mêmes, nous juger défavorablement, en nous attribuant peu voire pas de valeur.
3. Au cœur de la faible estime de soi se trouvent les croyances négatives sur soi-même. Celles-ci se retrouvent dans de nombreux aspects de la façon dont nous fonctionnons au quotidien, et peuvent avoir un impact considérable dans de nombreux domaines de notre vie.
4. Le rôle de la faible estime de soi varie. Elle peut être un aspect ou une conséquence de problèmes actuels, ou un facteur de vulnérabilité à toute une série d'autres difficultés. Peu importe le rôle qu'elle occupe, dans la mesure où la façon dont elle perturbe la vie quotidienne varie d'une personne à l'autre.
5. Ce livre fournit un cadre comportemental et cognitif pour la compréhension de la manière dont votre faible estime de soi s'est développée et de ce qui la maintient. Il propose également des moyens concrets pour identifier et modifier les vieilles croyances négatives sur soi par la mise en place et le renforcement de nouvelles, plus réalistes et utiles.

NOTES

© Dunod – Toute reproduction non autorisée est un délit.

Chapitre 2

Comment la faible estime de soi se développe-t-elle ?

Objectifs

- ☐ **Identifier d'où vient la faible estime de vous**
- ☐ Comprendre l'importance des expériences précoces et leurs conséquences : les schémas
- ☐ Découvrir le rôle des règles de vie dans le maintien de ces schémas

AU CŒUR DE la faible estime de soi se trouvent les croyances négatives sur soi-même. Elles apparaissent comme des déclarations de faits, de la même manière que votre taille et votre poids et votre lieu de résidence sont des faits. Sauf si vous vous mentez à vous-même (vous souhaiteriez vous penser comme plus grand ou plus mince que vous ne l'êtes réellement), ou si vous n'êtes pas en possession des éléments dont vous auriez besoin pour donner une information exacte (vous ne vous êtes pas mesuré ou pesé récemment), les énoncés de ce genre sont des faits indiscutables – et pour cause, leur vérité peut facilement être vérifiée par vous-même et par d'autres personnes.

La même chose n'est pas vraie pour les jugements que nous portons sur nous-mêmes et la valeur que nous nous accordons en tant que personne. Votre vision de vous-même – votre estime de soi – est une opinion, pas un fait. Et les opinions peuvent se tromper, être partiales et imprécises – ou même, tout simplement être mauvaises. Vos idées sur vous-même se sont développées à la suite de vos expériences dans la vie. Si vos expériences ont été largement positives et porteuses, alors votre vision de vous-même l'est probablement aussi. Si, en revanche, vos expériences de la vie ont été largement négatives, alors votre vision de vous-même est susceptible d'être négative.

Ce chapitre explore comment l'expérience aboutit à une faible estime de soi et la renforce. Les processus impliqués dans le développement de la faible estime de soi sont résumés dans la moitié supérieure de l'organigramme de la page 27. Le diagramme montre comment une faible estime de soi peut être comprise selon une perspective cognitivo-comportementale. Gardez-le à l'esprit en lisant ce chapitre. Et, pendant que vous lisez, pensez à la façon dont les idées exposées ici peuvent s'appliquer à vous personnellement.

- Ce qui correspond ?
- Ce qui ne correspond pas ?
- Ce qui vous aide à donner un sens à la façon dont vous vous sentez ?
- Laquelle de ces histoires racontées dans les chapitres vous évoque personnellement quelque chose ?
- Quelles sont les expériences qui ont contribué à une faible estime de soi dans votre propre cas ?
- Quel est le résultat ?
- Quelles sont vos règles de vie ?

Gardez une feuille de papier ou un ordinateur portable sur vous, et notez tout ce qui se présente à vous quand vous lisez – des idées, des souvenirs, des intuitions. Le but est de vous aider à comprendre comment il se fait que vous ayez le point de vue que vous avez sur vous-même, et d'identifier et de lister les expériences qui ont contribué à votre faible estime de vous-même. Vous découvrirez que l'idée que vous avez de vous-même est une réaction compréhensible à ce qui vous est arrivé – sans doute que ceux qui ont connu la même expérience de vie ont un point de vue similaire au vôtre.

Cette compréhension est la première étape pour changer. Vous allez commencer à voir comment les conclusions auxquelles vous êtes arrivé à votre sujet (il y a peut-être plusieurs années) ont influencé la façon dont vous avez pensé, ressenti et agi.

Le chapitre suivant va vous aider à comprendre comment la façon dont vous fonctionnez aujourd'hui va maintenir la faible estime de soi – comment des modèles de comportements vous empêchent de changer votre opinion de vous-même. Telle est la principale conclusion de cette nouvelle compréhension : les opinions peuvent changer. Les autres chapitres fournissent des idées plus précises sur la façon d'apporter des changements, comment saboter la vieille conception négative de vous-même et créer, renforcer une image plus positive, une alternative qui soit acceptable.

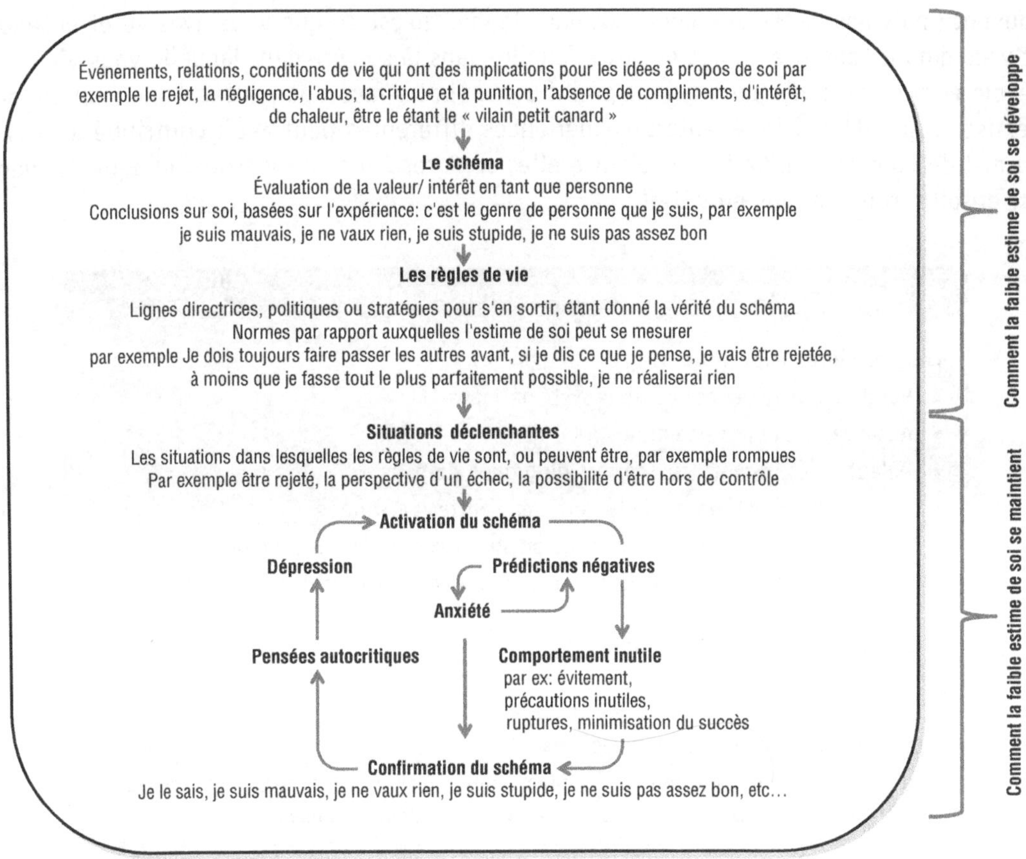

Figure 2.1. La faible estime de soi : une carte du territoire

© Dunod – Toute reproduction non autorisée est un délit.

COMMENT L'EXPÉRIENCE CONDUIT À UNE FAIBLE ESTIME DE SOI

La thérapie cognitive repose sur l'idée que les croyances sur nous-mêmes (mais également sur les autres et sur la vie) sont toutes apprises. Elles trouvent leurs racines dans l'expérience. Vos croyances sur vous-même peuvent être considérées comme des conclusions que vous fondez sur la base de ce qui vous est arrivé. Cela signifie que même si, à présent, elles sont inutiles ou obsolètes, elles n'en restent pas moins compréhensibles – il fut un temps où elles ont été logiques, étant donné ce qui vous arrivait.

L'apprentissage provient de nombreuses sources – l'expérience directe, l'observation, les médias, l'écoute de ce que disent les gens autour de vous, l'observation de ce qu'ils font. Les expériences les plus cruciales en termes de croyances au sujet de soi se produisent souvent (mais pas nécessairement) tôt dans la vie. Qu'est-ce que vous avez vu et entendu et vécu durant l'enfance auprès de votre famille, dans la société dans laquelle vous viviez, à l'école et auprès de vos pairs qui ait pu influencer votre façon de penser d'une manière qui persiste aujourd'hui ? Un éventail d'expériences différentes peut avoir contribué à penser du mal de vous-même. Certaines d'entre elles sont résumées ci-dessous. Chaque élément est ensuite examiné plus en détail.

Expériences contribuant à la faible estime de soi

Les premières expériences

- Punitions, négligences ou abus systématiques
- Absence de normes parentales
- Défaut de conformité aux normes du groupe de pairs
- Être la cible du stress ou de la détresse d'autres personnes
- L'appartenance à un groupe familial ou social centré sur les préjugés
- L'absence de bonnes choses (par exemple, les compliments, l'affection, la chaleur, l'intérêt)
- Être le « bizarre » de la famille
- Être « l'intrus » à l'école

Plus tard dans la vie, des expériences

- d'intimidation dans le milieu de travail, des relations violentes, de stress ou de difficultés persistantes, l'exposition à des événements traumatiques.

Les punitions, négligences ou abus systématiques

Votre idée de vous-même et le sentiment de votre propre valeur peuvent être le résultat de la façon dont vous avez été traité tôt dans la vie. Si les enfants sont maltraités, ils supposent souvent que cela reflète quelque chose de mauvais en eux – ils doivent en quelque sorte l'avoir bien mérité. Si vous avez été souvent puni (surtout si la sanction était excessive, imprévisible ou n'avait pas de sens pour vous), si vous avez été négligé, abandonné ou maltraité, ces expériences ont laissé des séquelles psychologiques. Elles auront influencé la façon dont vous vous percevez.

L'exemple de Briony

Briony, par exemple, a été adoptée par le frère de son père et sa femme après que ses deux parents aient été tués dans un accident de voiture quand elle avait sept ans. Ses nouveaux beaux-parents avaient déjà deux filles aînées. Briony est devenue le bouc émissaire de la famille. Tout ce qui allait de travers lui était attribué. Elle ne pouvait rien faire de bien. Briony était une petite fille aimante, qui aimait plaire aux gens. Elle a essayé désespérément d'être bonne, mais rien n'a fonctionné. Chaque jour, elle était confrontée à de nouvelles peines. Elle a été privée de sorties avec les amis, a dû renoncer à la musique – qu'elle aimait – et a été contrainte à ne plus faire plus que sa part de travail à la maison. Briony s'est sentie de plus en plus perdue. Elle ne comprenait pas pourquoi tout ce qu'elle faisait était mauvais.

Une nuit, alors qu'elle avait onze ans, le beau-père de Briony est venu en silence dans sa chambre au milieu de la nuit. Il a posé sa main sur sa bouche et l'a violée. Il lui a dit qu'elle était sale et dégoûtante, qu'elle l'avait demandé, et que si elle racontait à n'importe qui ce qui était arrivé, personne ne voudrait la croire, car tous savaient qu'elle n'était qu'une sale petite menteuse. Par la suite, elle resta terrorisée. Personne ne semblait la remarquer ni prendre soin d'elle. Briony avait une opinion d'elle-même cristallisée sur ce moment-là. Elle était mauvaise. D'autres personnes pourraient le voir, et la traiter en conséquence.

L'absence de normes parentales

Les expériences de Briony ont été extrêmes. Il n'est pas nécessaire d'être systématiquement abusé de cette manière pour développer une mauvaise opinion de soi-même. Les punitions beaucoup moins extrêmes et les critiques laissent aussi leurs marques. Si d'autres vous traitent comme si rien de ce que vous faites n'était assez bon, focalisés sur vos erreurs et vos faiblesses au détriment de vos réussites et de vos points forts, se moquent de vous ou vous ridiculisent, vous font vous sentir plus bas que terre, toutes ces expériences (même si elles sont beaucoup moins intenses) peuvent vous avoir laissé le sentiment qu'il y avait quelque chose de fondamentalement mauvais en vous, ou que vous étiez déficient d'une certaine façon.

© Dunod – Toute reproduction non autorisée est un délit.

L'exemple de Jesse

Le père de **Jesse** était vendeur dans les assurances. Il n'avait jamais réalisé ses ambitions en sollicitant un poste de gestionnaire, et c'était à attribuer au fait que ses parents avaient omis de le soutenir pendant ses études. Ils n'avaient jamais semblé particulièrement intéressés par ce qu'il faisait, et il était facile pour lui de sécher l'école et de négliger ses devoirs. Il a décidé de ne pas reproduire la même erreur avec ses propres enfants. Chaque jour, à table, il les interrogeait sur ce qu'ils avaient appris. Tout le monde devait fournir une réponse, et la réponse devait être bonne.

Jesse se rappelle avoir redouté la vue de la voiture de son père quand il rentrait à la maison. Cela signifiait un nouvel interrogatoire. Il était sûr que son esprit serait vide et qu'il serait incapable de dire quelque chose. Lorsque cela se produisait, le visage de son père traduisait la déception. Jesse avait alors le sentiment qu'il laissait tomber son père. Il pensait qu'il méritait pleinement l'interrogatoire qui suivait. Son père disait : « Si vous ne pouvez pas faire mieux que cela, vous n'arriverez jamais à rien dans la vie ». En son for intérieur, Jesse était d'accord. Il était clair pour lui qu'il n'était pas assez bon : il n'y arriverait jamais.

Le défaut de conformité aux normes du groupe de pairs

Les enfants et les jeunes peuvent être fortement influencés, non seulement par les normes explicites ou implicites de leurs parents, mais aussi par les sollicitations d'autres du même âge. Surtout à l'adolescence, lorsque le sentiment de soi-même en tant que personne est en train de naître, et où l'identité sexuelle se développe, la pression de la conformité peut être très forte. Se voir comme n'étant pas conforme aux normes de votre groupe de pairs peut être une expérience douloureuse, avec des conséquences durables pour l'estime de soi.

L'exemple de Karen

Karen, par exemple, était une belle fille, solide, énergique qui aimait le sport et la danse. Elle a grandi à une époque où la forme du corps idéal pour les femmes devait être grande et très mince. Même si elle n'était pas du tout en surpoids, la forme naturelle du corps de Karen n'était pas proche de cet idéal. Sa mère a essayé de stimuler sa confiance en elle en disant qu'elle était « bien bâtie ». Cette tentative maladroite pour l'aider à se sentir bien avec elle-même a produit l'effet inverse. « Bien bâtie » n'était pas ce qu'elle devait être. Les amies de Karen étaient toutes passionnées par la mode et passaient des heures à faire du shopping et à essayer des vêtements. Karen se joignait à elles, mais, dans les cabines d'essayage, communes à l'époque, se sentait atrocement gênée. Chaque miroir lui montrait à quel point son corps n'était pas conforme à l'idéal. Ses larges épaules et ses hanches arrondies étaient tout simplement moches.

Karen a décidé de se mettre au régime. Durant les deux premières semaines, elle a perdu plusieurs kilos. Ses amies ont trouvé qu'elle était magnifique. Karen était ravie. Elle a continué à restreindre son alimentation et à perdre du poids. Mais de toute façon, peu importe comment elle s'y prenait, elle ne pourrait jamais être assez mince. Et elle avait constamment faim. En fin de compte, elle a cédé en recommençant à manger normalement, et a fini par trop manger. Ce fut le début d'un cycle permanent d'une alternance de régimes amaigrissants et de suralimentation.

Karen n'a jamais été bien dans son corps. Aussi loin qu'elle s'en rappelle, elle s'est toujours trouvée grosse et laide.

Être la cible du stress ou de la détresse des autres

Même dans des familles fondamentalement aimantes, avec des parents qui aiment vraiment et qui valorisent leurs enfants, des changements de situation peuvent parfois créer une pression et une détresse qui ont un impact durable sur les enfants. Les parents qui sont stressés, malheureux ou préoccupés peuvent se montrer très peu patients face aux petites bêtises qui sont le lot de la petite enfance.

L'exemple de Geoff

Geoff, par exemple, était un petit garçon énergique, aventureux et curieux. Dès qu'il a pu marcher, il posait ses doigts partout. Chaque fois que quelque chose attirait son attention, il courrait l'étudier. Il avait très peu peur, et comme un enfant de son âge, grimpait aux arbres et plongeait en eau profonde, sans réfléchir. Sa mère disait qu'elle devait avoir des yeux derrière le dos pour ne pas le perdre de vue. Les parents de Geoff étaient fiers de son côté aventurier et de sa curiosité d'esprit, et le trouvaient drôle et attachant.

Quand il a eu trois ans, toutefois, des jumeaux sont arrivés. À la même période, le père de Geoff a perdu son emploi et a dû prendre un travail beaucoup moins bien rémunéré. Toute la famille a déménagé de la maison avec son petit jardin pour un petit appartement au quatrième étage d'un grand immeuble. Avec deux nouveaux bébés, les choses sont devenues très difficiles. Le père de Geoff vivait mal sa perte d'emploi et est devenu morose et irritable. Sa mère était constamment fatiguée. Dans l'espace confiné de l'appartement, il n'y avait nulle place pour laisser s'exprimer l'énergie de Geoff, et son intérêt, sa curiosité furent gâchés.

Il est devenu une cible privilégiée à la colère et à la frustration. Parce qu'il était petit, il ne comprenait pas pourquoi ce changement s'était produit. Il a essayé de s'asseoir tranquillement et d'éviter les ennuis, mais malgré tout on lui criait et tapait dessus. Il n'était plus possible pour lui d'être lui-même sans qu'on lui dise qu'il était un garçon désobéissant et incontrôlable. Même à l'âge adulte, chaque fois qu'il rencontrait la désapprobation ou la critique, il ressentait toujours ces anciens sentiments de désespoir – en un mot, d'inacceptabilité.

La place de votre famille dans la société

Il se peut que vos croyances sur vous-même ne soient pas simplement basées sur la façon dont vous êtes personnellement traité. Parfois, la faible estime de soi est davantage un produit de la façon dont une personne et sa famille ont vécu, ou de son identité en tant que membre d'un groupe. Si, par exemple, votre famille était très pauvre, si vos parents ont eu de sérieuses difficultés qui signifiaient que les voisins les regardaient de haut, si vous étiez membre d'un groupe racial, culturel ou religieux qui a connu l'hostilité et le mépris,

© Dunod – Toute reproduction non autorisée est un délit.

vous avez été contaminé par ces expériences avec un sentiment durable d'infériorité par rapport à d'autres personnes.

L'exemple d'Arran

Cela était vrai pour **Arran**, dont l'histoire montre comment un bel enfant fougueux a pu en venir à croire qu'il n'avait rien à apporter parce que son groupe familial était rejeté par la société dans laquelle il vivait.

Arran était au milieu d'une fratrie de sept enfants, issu d'une famille de voyageurs. Il a été élevé par sa mère et sa grand-mère maternelle et n'avait pas de figure paternelle. La vie était dure. Il y avait constamment des difficultés financières. La grand-mère d'Arran, une femme attirant l'œil avec ses cheveux brillamment décolorés, consommait de l'alcool. Arran avait des souvenirs précis de la course dans la rue jusqu'à l'école, sa grand-mère poussant deux bébés entassés dans une poussette, les enfants plus âgés et un autre enfant en bas âge se plaignant, à la traîne. Le manque d'argent signifiait que tous les enfants portaient des vêtements de seconde main, qui avaient été transmis de l'un à l'autre. Leurs pulls étaient sales, leurs chaussures trouées, leurs visages sales, les cheveux hérissés. De temps en temps, la grand-mère devait s'arrêter et crier aux enfants plus âgés de se dépêcher.

Ce qui était ancré dans l'esprit d'Arran c'était le visage des gens qui les croisaient. Il voyait leurs bouches se tordre, leurs sourcils froncer de désapprobation, le regard fuyant. Il pouvait entendre leurs commentaires murmurés les uns aux autres. La même chose se produisait quand ils atteignaient l'école. Dans la cour, les autres enfants et les parents évitaient la famille d'Arran.

La grand-mère d'Arran, elle aussi, était bien consciente de ce qui se passait. Elle était très protectrice vis-à-vis de la famille, à sa manière. Elle criait et jurait, en vociférant des menaces.

Tout au long de sa scolarité, Arran a ressenti un profond sentiment de honte. Il se voyait comme un paria sans valeur, dont la seule défense était l'attaque. Il se battait constamment, n'arrivait pas à s'investir à l'école, s'est retrouvé sans qualification, et s'est marginalisé auprès d'autres personnes. Le seul moment où il se sentait bien dans sa peau était quand il réussissait à briser les règles – sans se faire attraper par quelqu'un et sans représailles.

L'absence de bonnes choses

Il est facile de voir comment les expériences douloureuses comme celles décrites ci-dessus peuvent contribuer à se sentir mal, insuffisant, inférieur, faible ou antipathique. Parfois, cependant, les expériences importantes sont moins évidentes. Cela peut transformer la façon dont vous vous sentez en véritable casse-tête pour vous. Rien de si extrême ne s'est produit dans votre enfance – comment se fait-il que vous ayez tant de mal à croire en votre propre valeur ?

Il se pourrait que le problème n'ait pas tant été la présence de choses radicalement mauvaises, mais plutôt une absence de bonnes choses au quotidien qui contribuent à un sentiment d'acceptation, de bonté et de valeur. Par exemple, peut-être que vous n'avez pas reçu suffisamment d'intérêt, de louanges et d'encouragements, assez de chaleur et d'affection, une confirmation suffisamment claire d'être aimé, désiré et apprécié. Peut-être que dans votre famille, bien qu'il n'y ait pas eu de réelles méchancetés, l'amour et l'appréciation n'aient pas été directement exprimés. Si tel est le cas, cela pourrait avoir influencé vos idées à propos de vous-même.

L'exemple de Kate

Kate, par exemple, a été élevée par des parents âgés issus de la classe moyenne. Au fond, tous deux étaient de bonnes personnes qui ont essayé de leur mieux de donner à leur fille unique une bonne éducation et un bon départ dans la vie. Toutefois, les valeurs avec lesquelles ils avaient grandi faisaient qu'ils avaient du mal à exprimer ouvertement leur affection. Leur seul moyen de montrer combien ils l'aimaient était de s'occuper de ses besoins concrets. Donc, ils étaient doués pour faire en sorte que Kate fasse ses devoirs, pour veiller à ce qu'elle mange de manière équilibrée, qu'elle soit bien habillée et ait des livres et des jouets.

En grandissant, ils se sont assuré qu'elle allait à bonne école, l'ont emmenée à des leçons de natation, et lui ont payé des vacances avec des amis. Mais ils ne l'ont presque jamais touchée – il n'y avait pas de câlins, pas de baisers ou de caresses, pas de petits surnoms affectueux. Dans un premier temps, Kate en était à peine consciente. Mais une fois qu'elle a commencé à voir comment les autres familles se montraient ouvertement leur amour, elle a commencé à se poser des questions. Elle a fait de son mieux pour changer les choses. Elle prenait la main de son père alors qu'ils marchaient – et remarquait à quel point il la lâchait dès qu'il le pouvait. Elle mettait ses bras autour des épaules de sa mère – et sentait combien elle était raide. Elle a essayé de parler de comment elle se sentait – et a vu comment ses parents la regardaient de manière gênée et comment ils changeaient rapidement de sujet.

Kate en a conclu que leur comportement envers elle devait refléter quelque chose à son sujet. Ses parents ont accompli leur devoir vis-à-vis d'elle, mais pas plus. Ca devait forcément vouloir dire qu'elle ne méritait pas d'être aimée.

Être le « bizarre » de la famille

Une autre expérience plus subtile qui peut contribuer à la faible estime de soi est l'expérience d'être « l'intrus ». Je veux dire par là quelqu'un qui ne « correspond » pas tout à fait à la famille. Peut-être que vous étiez un enfant artistique dans une famille académique, ou un enfant énergique et sportif dans une famille tranquille, ou un enfant aimant lire et penser dans une famille qui était toujours sur la brèche. Il n'y avait rien de mal en vous, ou en eux, mais pour une raison quelconque vous n'avez pas correspondu au modèle de la famille ou été conforme à la norme familiale. Il se pourrait que vous n'ayez jamais été soumis à quelque chose de plus que de la bonne humeur taquine, ou peut-être perplexe. Mais parfois les gens dans cette situation ont l'idée qu'être différent de la norme signifie être bizarre, inacceptable, ou inférieur.

© Dunod – Toute reproduction non autorisée est un délit.

L'exemple de Sarah

Sarah était une artiste exceptionnelle. Ses deux parents, cependant, étaient des enseignants qui pensaient que l'école était la chose la plus importante dans la vie. Ils ont été clairement ravis de ses deux frères aînés, qui ont très bien réussi à l'école, ont réussi à l'Université, et sont devenus médecin pour l'un et avocat pour l'autre. Sarah, cependant, était une étudiante moyenne. Il n'y avait rien de mauvais dans son travail scolaire – elle n'a tout simplement pas brillé comme ses parents l'espéraient.

Son talent résidait dans ses mains et ses yeux. Elle pouvait dessiner et peindre, et ses collages étaient pleins d'énergie et de couleur. Les parents de Sarah ont tenté d'apprécier ses dons artistiques, mais ils voyaient l'art et l'artisanat essentiellement comme une perte de temps. Ils ne l'ont jamais ouvertement critiquée, mais elle pouvait voir comment leurs visages s'éclairaient quand ils entendaient parler des réussites de ses frères et ne pouvait pas s'empêcher de comparer cela avec leur manque d'enthousiasme quand elle ramenait une œuvre à la maison. Ils semblaient toujours avoir des choses plus importantes à faire que de regarder attentivement ce qu'elle avait fait (« Très bien, ma Chère »).

La conclusion de Sarah, c'est qu'elle était inférieure à d'autres personnes plus intelligentes. En devenant qu'adulte, elle a trouvé qu'il était difficile de s'accorder de la valeur ou de prendre plaisir à ses dons artistiques, elle a eu tendance à dévaloriser son travail en tant qu'artiste, et à se taire en compagnie de tous ceux qu'elle considérait comme plus intelligent ou instruit qu'elle, préoccupée par ses pensées autocritiques.

Être « l'intrus » à l'école

De la même manière que dans sa famille d'origine, il peut être difficile de se sentir bien dans sa peau, être en quelque sorte différents des autres à l'école peut amener les gens à se considérer comme étranges, étrangers ou inférieurs. Les enfants et les jeunes qui se démarquent en quelque sorte du groupe peuvent être cruellement exclus. Pour beaucoup d'enfants, la différence c'est avoir tort. Cela peut être vrai pour les différences d'aspect physique (par exemple, la couleur de peau, le port de lunettes), les différences psychologiques (timidité, sensibilité), les différences comportementales (par exemple, avoir un accent différent, être ouvertement affectueux avec les parents au-delà de l'âge ou c'est considéré comme « cool ») et les différences de capacité (par exemple, être ouvertement intelligent et bon à l'école, être lent dans les apprentissages).

L'exemple de Chris

La petite enfance de **Chris** a été heureuse. Mais il a commencé à rencontrer des difficultés dès qu'il est entré à l'école, à cause d'un diagnostic de dyslexie. Alors que tous les autres enfants de sa classe semblaient aller plus vite dans l'apprentissage de la lecture et de l'écriture, il était à la traîne. Il ne pouvait pas s'en sortir tout seul. Il a été demandé à un enseignant de lui apporter une aide spéciale, et il a dû tenir un rythme spécial de lecture à domicile qui était différent de celui des autres.

D'autres enfants ont commencé à se moquer de lui et à l'appeler « Thicko » et « Dumbo ». Il a compensé en devenant le clown de la classe. Il était le seul à pouvoir être impliqué dans des farces idiotes. Les enseignants aussi ont commencé à perdre patience avec lui, et à attribuer ses difficultés à la paresse et à la recherche d'attention. Quand ses parents ont été convoqués encore une fois à l'école pour discuter de son comportement, son commentaire a été : « A quoi vous vous attendiez ? Je suis tout simplement stupide ».

L'apparition tardive

Bien que la faible estime de soi soit souvent ancrée dans les expériences qu'une personne a eues dans l'enfance ou l'adolescence, il est important de se rendre compte que ce n'est pas nécessairement le cas. Même les gens très sûrs d'eux, avec de fortes opinions favorables d'eux-mêmes, peuvent voir leur estime de soi minée par des choses qui apparaissent tard dans la vie, si celles-ci sont suffisamment puissantes et durables dans leurs effets. Les exemples comprennent les intimidations ou le harcèlement sur le lieu de travail, le fait d'être pris au piège dans un mariage abusif, être écrasé par une longue période de stress ou de difficultés matérielles, et l'exposition à des événements traumatiques.

L'exemple de Jim

L'histoire de **Jim** montre comment une solide confiance en soi peut être ébranlée d'une telle façon. Jim était pompier. Dans le cadre de son travail, il avait été confronté à de nombreux accidents et incendies, et avait été à plus d'une occasion amené à sauver des vies. Il avait eu une enfance heureuse et s'était senti aimé et apprécié de ses deux parents. Il se voyait comme quelqu'un de fort et de compétent, capable de faire face aux problèmes de la vie. C'est pour cette raison qu'il a été en mesure de réussir et de rester quelqu'un d'extraverti et de joyeux malgré son travail difficile, risqué et exigeant.

Un jour, alors qu'il conduisait dans une rue très fréquentée, une femme est descendue du trottoir juste en face de lui, et a été prise sous les roues de sa voiture. Au moment où il a été en mesure de s'arrêter, elle était déjà mortellement blessée. Jim gardait toujours sur lui une trousse de premiers soins, et il est sorti de la voiture pour voir ce qu'il pouvait faire. Après un certain temps, cependant, au cours duquel d'autres personnes avaient appelé une ambulance et s'étaient réunies pour l'aider, il s'est senti de plus en plus mal et bouleversé et est retourné à sa voiture.

Comme beaucoup de gens qui ont été victimes ou témoins d'accidents horribles, Jim a commencé tardivement à souffrir de symptômes de stress post-traumatique. Il a continué à rejouer l'accident dans son esprit. La victime l'« obsédait » – il ne semblait pas en mesure de la faire sortir de son esprit, endormi ou éveillé. Il était tourmenté par la culpabilité – il aurait dû être en mesure d'arrêter la voiture, il aurait dû rester avec la victime jusqu'au bout. Il était constamment tendu, irritable et malheureux – pas du tout comme à son habitude.

La manière habituelle de Jim de faire face aux difficultés, c'est de se dire que la vie continue, qu'il faut mettre ça derrière lui et vivre dans le présent. Alors il a essayé de ne plus penser à ce qui s'était passé, et de supprimer ses sentiments. Malheureusement, cela a rendu impossible pour lui toute réconciliation avec ce qui s'était passé. Il commençait à avoir le sentiment que

© Dunod – Toute reproduction non autorisée est un délit.

sa personnalité avait fondamentalement changé, en pire. Le fait de n'avoir pas pu empêcher l'accident, d'être retourné dans sa voiture, et de ne pas pouvoir contrôler ses sentiments et ses pensées signifie que, loin d'être la personne forte et compétente qu'il avait cru être, il était en réalité faible et insuffisant – une *épave névrotique*.

LE RAPPROCHEMENT DU PASSÉ ET DU PRÉSENT : LE SCHÉMA

Ces histoires montrent comment les expériences façonnent l'estime de soi. En même temps que les gens grandissent, ils mémorisent ce qu'ont pu dire les personnes importantes pour eux. Celles-ci ne sont pas nécessairement les parents. D'autres membres de la famille (par exemple grands-parents ou frères et sœurs plus âgés), les enseignants, les assistantes maternelles, les amis et camarades de classe – tout le monde peut avoir un impact majeur sur la confiance en soi et l'estime de soi. Nous pouvons nous critiquer en utilisant des tons vifs, nous appeler par des noms désobligeants, et faire les mêmes comparaisons avec les autres et avec la façon dont nous devrions être. Autrement dit, les croyances que nous avons sur nous-mêmes aujourd'hui reflètent souvent directement les messages que nous avons reçus dans l'enfance.

Parallèlement à ça, nous pouvons revivre des émotions et des sensations corporelles, et avoir des images dans notre esprit qui étaient présentes à l'origine à un stade beaucoup plus précoce. Sarah, par exemple, un jour où elle présentait un tableau lors d'une exposition, a entendu la voix de sa mère dire (« Eh bien, je suppose que si vous le voulez, mon Cher... »), et a fait à ce moment-là l'expérience du même sentiment angoissant, y compris physiquement, qu'elle avait connu durant son enfance. Geoff, quand il est au meilleur de ses esprits et plein d'énergie et d'idées, revoit tout à coup dans un flash son père, le visage déformé, criant, en colère et se sent instantanément mauvais, inadapté et découragé.

Pourquoi est-ce comme ça ? La vie continue, après tout. Nous ne sommes plus des enfants. Nous avons à notre actif une expérience d'adulte. Alors comment se fait-il que ces événements, vécus il y a si longtemps, continuent d'influencer notre façon de fonctionner aujourd'hui ?

La réponse réside dans la façon dont nos expériences ont créé une base de conclusions générales sur nous-mêmes, de jugements sur les personnes que nous sommes. Nous pouvons appeler ces conclusions, le « schéma ». Le schéma c'est le point de vue sur soi qui se trouve au cœur de la faible estime de soi. Il peut souvent se résumer en une seule phrase, commençant par les mots : « Je suis... ». Revenez en arrière sur les histoires que vous venez de lire. Pouvez-vous repérer les schémas des personnes décrites ?

Quelques exemples de schémas

- *Briony* : « Je suis mauvaise. »
- *Jesse* : « Je ne suis pas assez bon. »
- *Karen* : « Je suis grosse et laide. »
- *Geoff* : « Je suis intolérable. »
- *Arran* : « Je ne vaux rien. »
- *Kate* : « Je ne suis pas digne d'être aimée. »
- *Sarah* : « Je ne suis pas importante, je suis inférieure. »
- *Jim* : « Je suis stupide. »
- *Chris* : « Je suis fort et compétent / je suis une épave névrotique. »

Les idées pénibles que ces individus ont développées à propos d'eux-mêmes découlent naturellement des expériences auxquelles ils ont été exposés. Leurs visions d'eux-mêmes sont tout à fait logiques, compte tenu de ce qui leur est arrivé. Mais, en lisant leurs histoires, êtes-vous d'accord avec ces points de vue ? Pensez-vous que Briony était mauvaise, que Jesse n'était pas assez bon, Karen grosse et laide, Geoff intolérable. À votre avis, Arran mérite-il d'être un paria ? Êtes-vous d'accord avec le propos selon lequel Kate n'est pas digne d'être aimée, Sarah sans importance et inférieure, Chris stupide, et Jim une *épave névrotique* ?

En tant que personne extérieure, vous ne doutez sans doute pas du fait que Briony n'était pas responsable de ce qui lui est arrivé, que les besoins propres au père de Jesse ont dû obscurcir son jugement, que le seul défaut de Karen était de ne pas répondre à un faux idéal, que les parents de Geoff ont changé à son égard du fait de circonstances difficiles qui leur ont fait perdre de vue ses qualités aimables et ont transformé ses points forts en sources de stress. Il est probablement clair pour vous que la désapprobation que s'est attiré Arran n'était pas de sa faute, que les limites des parents de Kate ont restreint leurs tendresses, que les normes étroites des parents de Sarah les empêchaient de profiter de ses qualités, que la lenteur de Chris à apprendre n'avait rien à voir avec la bêtise, et que la détresse de Jim était une réaction normale et compréhensible suite à cet événement horrible, et non pas un signe de faiblesse ou d'infériorité.

Maintenant, pensez à votre propre vision de vous-même et aux expériences qui l'ont nourrie, alors que vous étiez plus jeune et peut-être aussi plus tard dans votre vie :

- Que pensez-vous qu'est votre schéma ?
- Que dites-vous à propos de vous-même quand vous vous autocritiquez ?
- Par quels noms vous appelez-vous lorsque vous êtes en colère et frustré ?
- Quels mots les gens autour de vous ont-ils utilisé pour vous décrire quand ils étaient en colère ou déçus de vous ?

© Dunod – Toute reproduction non autorisée est un délit.

- Quels messages vous concernant avez-vous pris de vos parents, d'autres membres de votre famille ou de vos collègues ?
- Si vous pouviez capturer l'essence de vos doutes sur vous-même en une seule phrase (« Je suis... »), quelle serait-elle ?
- N'oubliez pas que votre schéma ne sera pas venu de nulle part. Vous n'êtes pas né en pensant du mal de vous-même. Cette opinion est fondée sur l'expérience.
- Quelles expériences exactement ?
- Qu'est-ce qui vous vient à l'esprit quand vous vous demandez à quand remonte la première fois que vous vous êtes senti comme maintenant à propos de vous-même ?
- Y a-t-il un seul événement qui cristallise vos idées sur vous ?
- Avez-vous des souvenirs particuliers ? Ou était-ce une séquence d'événements dans le temps ? Ou peut-être un climat général, par exemple de la froideur ou de la désapprobation ?

Prenez note de vos idées. Vous serez en mesure d'utiliser cette information plus tard en tant que base pour changer votre point de vue sur vous-même.

Comprendre les origines de la faible estime de soi est la première étape vers le changement. Vous pouvez probablement voir que les conclusions auxquelles Briony et les autres étaient parvenus sur eux-mêmes étaient fondées sur des malentendus concernant la signification de leurs expériences – des malentendus qui font sens, étant donné qu'au moment où ils sont arrivés à ces conclusions, ils n'avaient encore aucune connaissance d'adultes sur lesquelles fonder un point de vue plus large, plus réaliste ou encore étaient trop bouleversés pour penser clairement.

C'est l'élément clé du schéma que d'être au cœur de la faible estime de soi. Cependant aussi puissant et convaincant qu'il puisse paraître, si bien enraciné dans l'expérience, il est généralement biaisé et inexact, car il est basé sur une vision d'enfant. Si votre confiance en vous a toujours été faible, il est probable que lorsque le schéma a été formé, vous étiez trop jeune pour dire « Attends une minute », prendre du recul, jeter un bon œil dessus, et remettre en question sa validité, en bref, pour vous rendre compte qu'il s'agissait d'une opinion, non d'un fait.

Pensez à votre propre schéma. Est-il possible que vous ayez vous-même abouti à des conclusions sur la base de malentendus similaires ? Vous êtes-vous blâmé pour quelque chose qui n'était pas de votre faute ? Vous êtes-vous senti responsable du comportement d'une autre personne ? Avez-vous considéré des problèmes spécifiques comme un signe que votre valeur en tant que personne était faible ? Avez-vous absorbé d'autres normes avant d'avoir assez d'expérience pour en connaître leurs limites ? En particulier, si vous imaginez une autre personne qui aurait vécu vos expériences, la jugeriez-vous aussi négativement que vous-même, ou parviendriez-vous à des conclusions différentes ? Comment comprendriez-vous et expliqueriez-vous ce qui s'est passé pour vous, si c'était arrivé à quelqu'un que vous respectez et dont vous vous souciez ?

Vous pouvez trouver difficile à ce stade d'aborder toute possibilité d'un point de vue différent. Une fois que le schéma est en place, il devient de plus en plus difficile de s'en détacher et de le remettre en question. C'est parce qu'il est maintenu, et même renforcé par des biais systématiques de pensées, ce qui rend facile pour vous de noter et d'accorder du crédit à tout ce qui est cohérent avec, tout en vous encourageant à écarter et à rabaisser tout ce qui ne l'est pas. Il conduit aussi au développement de règles de vie : des stratégies pour vous débrouiller, avec vous-même, d'autres personnes et l'environnement, qui reposent sur l'hypothèse que le schéma est vrai.

LES BIAIS DE PENSÉE

Deux biais de pensée contribuent à la faible estime de soi en maintenant les croyances négatives sur soi-même. Ce sont :

1. Un biais dans la façon dont vous vous percevez (perception biaisée) ;
2. Un biais dans la façon de voir ce que vous faites (interprétation biaisée).

Perception biaisée

Lorsque votre estime de soi est faible, vous êtes prêt à relever tout ce qui est en accord avec les idées négatives que vous avez sur vous-même. Vous êtes prompt à repérer tout ce dont vous n'êtes pas satisfait à propos de vous-même, ou ce que vous n'aimez pas en vous. Cela peut concerner les aspects de votre apparence physique (par exemple, vos yeux sont trop petits), de votre personne (par exemple, vous n'êtes pas assez extraverti) ou tout simplement les erreurs que vous faites (« Encore ! Comment ai-je pu être aussi stupide ? »), ou le fait de ne pas répondre à un type d'idéal (par exemple ne pas fonctionner à 110 pour cent). Tous vos défauts et faiblesses vous sautent et vous frappent au visage.

Inversement, vous êtes prompts à écarter tout ce qui n'est pas compatible avec votre point de vue dominant sur vous-même. Il est difficile pour vous d'obtenir une vision claire de vos forces, de vos qualités, de vos atouts et de vos compétences. Le résultat final est que votre vision générale de vous-même est focalisée sur ce que vous faites mal et non pas sur ce que vous faites bien.

© Dunod – Toute reproduction non autorisée est un délit.

Les biais d'interprétation

La faible estime de soi fausse non seulement votre perception de vous-même, mais fausse également le sens que vous donnez à ce que vous voyez. Si quelque chose ne va pas bien, vous êtes susceptible d'utiliser comme base d'une approche globale, le jugement sur-généralisé de vous-même – « typique, je suis toujours dans le faux », etc. Donc, des erreurs et échecs tout à fait banals peuvent vous sembler refléter votre valeur en tant que personne, et ont donc (à vos yeux) des implications majeures pour l'avenir. Les expériences neutres et même positives peuvent être déformées pour s'adapter à l'opinion dominante de vous-même. Si, par exemple, quelqu'un vous complimente, vous pouvez conclure que ce que vous aviez fait jusqu'à présent était mauvais (« l'exception confirme la règle », « il a juste voulu être gentil », etc.). Votre pensée est toujours biaisée en faveur de l'autocritique, plutôt qu'en faveur de l'encouragement, de la reconnaissance, de l'acceptation ou du compliment.

Le schéma

Ces préjugés fonctionnent ensemble pour maintenir tout le système en place. Parce que vos schémas sur vous-même sont négatifs, vous estimez que les événements iront dans le même sens (ce que nous allons explorer plus en détail dans le chapitre 4). L'anticipation vous rend sensible à tout signe indiquant que les choses se produisent comme vous l'aviez prédit. En outre, peu importe comment les choses se passent, vous êtes susceptible de donner une tournure négative aux événements. Par conséquent, vos souvenirs stockés sur ce qui s'est passé auront également une coloration négative. Cela permettra non seulement de renforcer les croyances négatives à votre sujet, mais vous rendra aussi plus susceptible de prédire le pire à l'avenir.

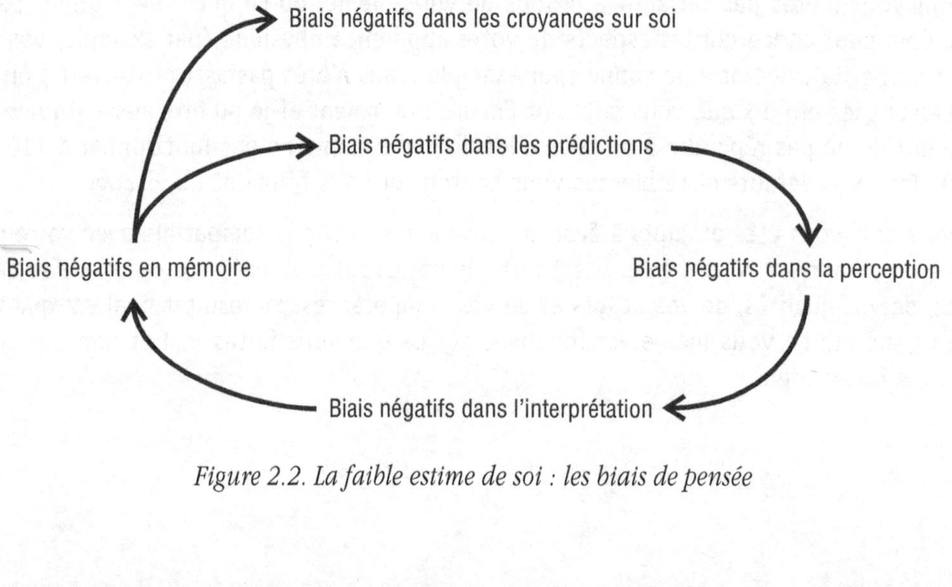

Figure 2.2. La faible estime de soi : les biais de pensée

La cohérence des biais de pensée vous empêche de réaliser que vos croyances sur vous-même sont tout simplement des opinions – basées sur l'expérience, c'est vrai, et peut-être puissamment convaincantes – mais néanmoins des opinions. Et les opinions deviennent de plus en plus fondées sur une perspective biaisée, et vous écartent donc de plus en plus de la réalité. Christine Padesky, une thérapeute d'orientation cognitive, a suggéré qu'il peut être aidant de considérer les croyances négatives sur soi-même comme proche des préjugés. Le « préjugé » fait référence à une croyance qui ne tient pas compte de tous les faits, mais qui repose plutôt sur un échantillon biaisé de preuves pour soutien et qui peut être puissante hors de toute proportion avec la réalité. Il est facile de voir des exemples de ces croyances puissantes tout autour de nous – les préjugés contre les personnes de certains groupes raciaux ou culturels ou religieux, contre des personnes de différents groupes d'âge, de sexe ou d'orientations sexuelles. Ces opinions bien arrêtées, sans aucune base probante réelle, peuvent même conduire les gens à la guerre.

Cela va donc avec une faible estime de soi. Les biais dans votre façon de penser sur vous-même (préjugés contre vous-même) maintiennent en place vos points de vue négatifs, vous rendent anxieux et malheureux, restreignent votre vie et vous empêchent de rechercher une vision plus large, plus équilibrée et précise du genre de personne que vous êtes.

LES RÈGLES DE VIE

Même si vous croyez être en quelque sorte incompétent ou inadéquat, sans attrait ou indigne d'être aimé, ou tout simplement pas assez bon, vous avez encore votre rôle à jouer dans le monde. Les règles de vie vous aident à cela. Elles vous permettent de vous sentir assez à l'aise avec vous-même, aussi longtemps que vous leur obéissez. Autrement dit, elles permettent aux gens de fonctionner plus ou moins efficacement dans la vie, en dépit de leur croyance en leur schéma.

Cependant, elles ont aussi contribué à garder le schéma en place et ainsi à maintenir une faible estime de soi. Un regard sur les règles de vie des personnes décrites précédemment peut vous donner une idée de la façon dont elles font sens dans le contexte du schéma, et comment elles fonctionnent dans la pratique pour protéger l'estime de soi.

Les règles de vie que chacune de ces personnes a développées peuvent être comprises comme une tentative pour s'en sortir, une échappatoire, en supposant que le schéma soit vrai. Au quotidien, elles s'expriment par des politiques ou des stratégies spécifiques.

Les règles de **Briony** sur les dangers d'exposer sa véritable identité l'ont amenée à adopter une stratégie d'évitement des relations intimes. Elle a gardé un minimum de contacts sociaux et, si elle s'est forcée à passer du temps avec les gens, a toujours gardé la main sur la conversation

© Dunod – Toute reproduction non autorisée est un délit.

et évité les questions sur elle-même. Elle a toujours été fortement vigilante au moindre signe laissant penser que les gens pourraient la pousser à faire des choses qu'elle ne voudrait pas faire, et a toujours veillé à protéger son espace personnel.

Et, dans une certaine mesure, ces stratégies fonctionnent.

Par exemple, les normes élevées de **Jesse** et sa peur de l'échec et de la critique l'ont motivée à atteindre un niveau élevé, et lui ont permis de connaître un grand succès dans sa carrière. Mais il a payé le prix pour cela. Ses règles de vie ont généré un sentiment croissant de pression, et ont rendu impossible pour lui de se détendre et de profiter de ses réalisations. En outre, son besoin de performance signifiait que le travail dominait sa vie, au détriment des relations personnelles et des loisirs.

Dans le chapitre 7, vous trouverez plus de détails sur les règles de vie, leur impact sur vos pensées et sentiments et la façon dont vous gérez votre vie, et comment les changer et vous libérer des exigences qu'elles vous imposent.

RÉSUMÉ DU CHAPITRE

1. Vos croyances négatives sur vous-même (votre schéma) sont des opinions, et non des faits.
2. Il y a des conclusions sur vous-même qui sont basées sur l'expérience (généralement, mais pas nécessairement, les premières expériences). Un large éventail d'expériences, incluant à la fois la présence de résultats négatifs et l'absence de positifs, peut y contribuer.
3. Une fois en place, le schéma peut être difficile à changer. C'est parce qu'il est maintenu en place et renforcé par des préjugés de la pensée, ce qui signifie que les expériences qui sont compatibles avec le schéma sont facilement prises en compte, tandis que les expériences qui le contredisent sont ignorées.
4. Le schéma conduit également à l'élaboration de règles de vie, de normes ou de lignes directrices auxquelles vous devez obéir pour vous sentir à l'aise avec vous-même. Elles sont conçues pour vous aider à fonctionner dans le monde, compte tenu de la vérité supposée du schéma. En fait, elles servent à le garder en place et à maintenir une faible estime de soi.

Tableau 2.1. Les règles de vie

	Schéma	Règles de vie
Briony	Je suis mauvaise	Si je laisse quelqu'un près de moi, il va me blesser et m'exploiter Je ne dois jamais laisser voir mon vrai moi
Jesse	Je ne suis pas assez bonne	Si je ne fais pas toujours bien les choses, je n'irais jamais nulle part dans la vie Si quelqu'un me critique, cela signifie que je n'ai pas réussi
Karen	Je suis grosse et laide	Ma valeur dépend de la façon dont je suis physiquement et de combien je pèse
Geoff	Je suis intolérable	Je dois toujours rester sous contrôle
Arran	Je ne vaux rien	La survie dépend de la riposte Peu importe ce que je fais, personne ne m'accepte
Kate	Je ne suis pas digne d'être aimée	Si je ne fais pas tout ce que les gens attendent de moi, je serais rejetée Si je demande ce dont j'ai besoin, je serai déçue
Sarah	Je ne suis pas importante Je suis inférieure	Si quelqu'un ne s'intéresse pas à moi, c'est parce que je ne suis pas digne d'intérêt Ce que je fais n'est utile que si c'est reconnu par les autres
Chris	Je suis stupide	Mieux vaut ne pas essayer que d'échouer
Jim	Je suis fort et compétent Je suis une épave névrotique	Je devrais être en mesure de faire face à tout ce qui me tombe dessus dans la vie Laisser mes émotions prendre le dessus sur moi, c'est un signe de faiblesse

© Dunod – Toute reproduction non autorisée est un délit.

NOTES

NOTES

© Dunod – Toute reproduction non autorisée est un délit.

Chapitre 3

Ce qui maintient la faible estime de soi

Objectifs

- ☐ Comprendre ce qui maintient la faible estime de soi
- ☐ Repérer les situations qui déclenchent le schéma
- ☐ Repérer le cercle vicieux : la confirmation du schéma
- ☐ Le résultat : des pensées autocritiques sur soi

LES CROYANCES NÉGATIVES sur vous-même peuvent avoir leurs racines dans le passé, mais leur impact est encore fort au présent. Dans le cas contraire, vous ne liriez pas ce livre ! Ce chapitre vous aidera à comprendre comment les schémas de pensée et de comportement de tous les jours maintiennent la faible estime de soi et vous empêchent de vous détendre, de vous valoriser et de vous apprécier.

Nous allons voir le cercle vicieux qui se déclenche lorsque vous vous trouvez dans une situation où vous pourriez briser vos règles de vie et ainsi activer votre schéma. Le cercle est représenté dans la moitié inférieure de l'organigramme à la page 27, et est décrit en détail ci-dessous. Ce chapitre décrira comment cela fonctionne dans la pratique, en montrant comment les prédictions anxieuses et les pensées autocritiques affectent la façon dont vous vous sentez et dont vous agissez dans votre vie quotidienne. L'idée est que vous puissiez appliquer ces idées à vous-même et découvriez comment elles s'adaptent à vos propres pensées, sentiments et comportements. Donc, pendant que vous lisez ce chapitre, continuez à vous demander :

- Comment cela peut me correspondre ?
- Quelles sont les situations qui déclenchent en moi des prévisions anxieuses ?
- Comment mes prédictions affectent mes émotions et mon état corporel ?
- Que dois-je faire (ou ne pas faire) pour les empêcher de se réaliser ?
- Qu'est-ce que la confirmation de mes convictions sur moi-même provoque en moi ?
- Comment puis-je savoir ce qui se passe ?
- Quelle est la nature de mes pensées autocritiques ?
- Quel effet ont-elles sur mes sentiments, sur ce que je fais – plus particulièrement sur mes croyances sur moi-même ?

Vous trouverez peut-être utile d'avoir un stylo et du papier à côté de vous, et de réfléchir à votre propre cercle vicieux en même temps que vous lirez ce chapitre. Utilisez les idées décrites ici comme une occasion de réfléchir sur vous-même et d'approfondir votre compréhension de la façon dont une faible estime de soi vous influence au quotidien.

LES SITUATIONS QUI DÉCLENCHENT LE SCHÉMA

Dans le chapitre précédent, nous avons introduit l'idée que les règles de vie que vous avez imaginées, et les stratégies par lesquelles elles s'expriment au quotidien, peuvent, à court terme, contribuer à maintenir l'estime de soi à flots. Cependant, à la fin de la journée, elles ne tiennent plus car elles génèrent des demandes impossibles à satisfaire – par exemple, la perfection, l'amour, l'approbation universelle, la complète maîtrise de soi ou le contrôle de ce qui vous entoure. Cela signifie que le bien-être est forcément fragile. Si vous vous trouvez dans une situation où vous êtes susceptible d'enfreindre les règles (par exemple : fonctionner à moins de 100 %, être détesté ou désapprouvé, perdre le contrôle de vous-même ou de ce qui vous entoure), le schéma que vos règles ont protégé dresse sa tête hideuse. Le doute de soi émerge de l'ombre et commence à dominer l'ensemble. Vous rencontrez un sentiment d'incertitude – tout à coup vous avez un sentiment d'insécurité.

La nature exacte des situations qui activent votre schéma dépendra de la nature du schéma lui-même, et des règles que vous avez adoptées pour y faire face. Ainsi, par exemple, si votre schéma concerne votre capacité à être accepté par les autres, et que vos règles ont été conçues pour y veiller, alors les situations qui sont susceptibles de poser problème sont celles où vous craignez que votre acceptabilité soit compromise. Si, d'autre part, votre schéma est une préoccupation pour la réussite, le succès ou la compétence, vos règles vont se concentrer sur des exigences élevées et vont être conçues pour vous assurer de toujours atteindre ces objectifs, et les situations dans lesquelles vous vous sentirez menacé seront celles dans lesquelles vous pourriez être en dessous de ce que vous attendez de vous-même. Et ainsi de suite.

Pensez aux gens que vous avez rencontrés dans le chapitre précédent. Pour chacun d'eux, les situations qui déclenchent le schéma sont le reflet direct de la nature de leurs croyances sur eux-mêmes et de leurs règles de vie (voir Tableau 3.1, p. 50).

Ainsi, les situations qui déclenchent le schéma et le mettent en jeu sont celles dans lesquelles les règles peuvent être rompues (ou ont été brisées), celles qui génèrent des doutes sur vous-même et ont des implications directes sur la façon dont vous vous percevez et sur la valeur que vous vous accordez à vous-même en tant que personne. Celles-ci peuvent être des événements très importants, par exemple une rupture, une perte d'emploi, une maladie grave ou un enfant qui quitte la maison. Toutefois, bon nombre de situations qui réveillent le doute de soi et l'incertitude au quotidien se situent à une échelle beaucoup plus petite. Nombreux sont les petits hauts et les petits bas d'un genre dont vous ne pouvez même pas être pleinement conscient, ou que vous pouvez écarter avec des « Ne sois pas stupide », ou « Allez, ressaisis-toi ».

Si vous voulez bien comprendre ce qui maintient votre mauvaise opinion de vous-même, revenir sur ces petits événements est une étape cruciale. Dans les chapitres à venir, vous allez apprendre à devenir plus sensible aux changements d'humeur qui vous indiquent que votre schéma est activé, et comment observer les pensées, les sentiments et les comportements qui découlent de cette activation. À présent, réfléchissez un instant.

© Dunod – Toute reproduction non autorisée est un délit.

Tableau 3.1. Situations déclenchant le schéma

Briony	Situations où elle sentait que son vrai moi « (mauvais) pourrait être exposé, ou avait été exposé
Jesse	Situations où il craignait de ne pas pouvoir répondre aux normes élevées qu'il s'était fixé, ou situations où il a rencontré la critique
Karen	Remarquer qu'elle avait pris du poids, ou qu'elle avait besoin d'acheter des vêtements et craignait de ne attirer le regard, ou penser qu'elle ne faisait pas la taille qu'elle devrait
Geoff	Sentir des niveaux élevés d'énergie et d'émotion (y compris les émotions positives); rencontrer le moindre signe de désapprobation
Arran	Situations où il était vulnérable à une attaque ou à un rejet, y compris dans les relations intimes
Kate	Être incapable de faire ce qu'on attendait d'elle, d'avoir à demander de l'aide
Sarah	Exposer ses œuvres en public
Chris	Avoir à écrire, surtout s'il devait le faire devant d'autres personnes, avoir à faire face à n'importe quel défi (en particulier un défi intellectuel)
Jim	Signes indiquant qu'il était bouleversé et non pas dans son état normal

Penser à la semaine écoulée : les bonnes questions

- Y a-t-il eu des moments où vous vous êtes senti anxieux ou mal à l'aise avec vous-même, ou avez-vous eu des doutes sur votre capacité à gérer ce qui se passait ?
- Y a-t-il eu des moments où vous soupçonniez que vous ne feriez pas autant que ce que vous auriez souhaité faire, ou des moments où vous vous êtes senti un peu inutile, ou suscité des réactions inquiétantes de la part d'autres personnes ?
- Avez-vous à tout moment eu le sentiment que les choses vous dépassaient, ou que vous ne fonctionniez pas au niveau attendu par vous-même ?

- Prenez note de ces situations.
- Avez-vous remarqué des tendances ?
- Si oui, qu'est-ce que cela vous dit à propos de vos propres règles de vie – de ce dont vous avez besoin d'être et de ce dont vous avez besoin de la part des autres, afin de vous sentir bien dans votre peau ?
- Quelles règles avez-vous enfreint ou mises en danger ?
- Quel genre d'idées sur vous-même est apparu à votre esprit dans ces situations ?

- Avez-vous noté que vous utilisiez des mots peu flatteurs pour vous décrire ? Quels sont-ils ?
- Ils peuvent refléter vos croyances négatives sur vous-même (votre schéma).

LA RÉPONSE À LA MENACE : LES PRÉVISIONS ANXIEUSES

Une fois que le schéma est activé, l'incertitude inhérente à la situation qui l'a déclenché donne lieu à certaines prédictions négatives (peur de ce qui pourrait arriver), dont le contenu dépend de la nature des préoccupations qui vous sont propres.

Pour illustrer cela, prenons une situation que la plupart des gens trouvent un peu intimidante, mais qui, pour une personne ayant une faible estime de soi peut se révéler une vraie torture. Supposons que vous avez eu à vous lever et à parler à un groupe de personnes, autrement dit à prendre la parole devant un auditoire. Imaginez avoir à le faire dans une situation familière – le travail, peut-être, ou votre église, un cours du soir auquel vous avez assisté, la clinique ou vous emmenez votre bébé, ou une réunion à l'école de votre enfant. Quelle est votre réaction immédiate lorsque vous envisagez d'avoir à vous lever et à parler en public ? Quelles pensées vous viennent à l'esprit ? « Je ne pourrai pas le faire ? », « Je serai un imbécile complet » ? « Personne ne voudra m'écouter ? », « Je serais si anxieux que je n'irais pas ? ».

Ou avez-vous peut-être une image dans votre esprit de ce qui pourrait arriver ? Vous vous voyez le visage tout rouge et transpirant et tout le monde vous regardant, par exemple ? Ou bien les gens regardant par la fenêtre avec un air ennuyé et irrité ? Ou peut-être essayant de vous regarder d'un œil bienveillant, mais dans leur for intérieur, pensant que vous êtes mauvais ? Les pensées qui vous viennent à l'esprit quand vous vous contemplez en train de faire un discours en public sont susceptibles d'être ce que vous pensez qui pourrait arriver, et en particulier ce que vous envisagez qui pourrait mal se passer. Autrement dit, c'est votre point de vue personnel de l'avenir – des prédictions négatives qui, comme nous le verrons, ont un impact puissant sur vos sentiments et votre comportement.

Pour une personne avec une faible estime de soi confrontée à la nécessité de parler en public, ce qui vient immédiatement à l'esprit c'est l'ensemble des moyens par lesquels la présentation pourrait mal se passer. Il ou elle va sans doute supposer que le pire va arriver, et qu'il n'y a que peu ou rien à faire pour l'empêcher. Tout comme les situations qui activent le schéma varient d'une personne à l'autre, en fonction de son centre de préoccupations, la nature exacte des prédictions négatives varie d'une personne à l'autre, selon ce qui est le plus important pour elle.

© Dunod – Toute reproduction non autorisée est un délit.

Lorsqu'**Arran** a imaginé le scénario de prise de parole en public, par exemple, il a prédit que les gens l'excluraient avant même qu'il n'ouvre la bouche – personne n'accepterait que quelqu'un comme lui puisse avoir quelque chose à dire qui puisse être digne d'être écouté. La principale préoccupation de **Jane**, en revanche, c'est qu'elle ne pourrait pas répondre aux attentes de son auditoire. La prédiction de **Sarah** était que les gens s'ennuieraient. **Geoff** pensait qu'il allait passer pour un fou en disant quelque chose d'inadapté. Jim craignait d'être nerveux, et que cela se voit.

Vous pouvez voir ici comment les prévisions des personnes découlent des croyances qu'elles ont sur elles-mêmes et des règles qu'elles ont mises au point pour compenser ces croyances. Une fois que vous connaissez leurs histoires, leurs craintes sont tout à fait logiques. Dans le chapitre 4, vous apprendrez comment gérer vos propres prédictions anxieuses en observant vos réactions dans des situations qui vous rendent nerveux et en observant vos pensées, mots ou images qui vous viennent à l'esprit quand vous pensez que votre estime de soi risque d'être compromise. Ceci est important, parce que les prédictions négatives, si elles ne sont pas contestées, ont un impact puissant sur votre état émotionnel et sur votre comportement, et contribuent ainsi au maintien de la faible estime de soi. Considérons cela en reprenant l'exemple de la prise de parole en public.

L'IMPACT DES PRÉVISIONS SUR VOTRE ÉTAT ÉMOTIONNEL

Mettez-vous à nouveau dans le scénario d'une prise de parole en public. Imaginez le pire qui pourrait arriver. Rendez vos pronostics anxieux aussi réels que vous le pouvez. Qu'advient-il de votre état émotionnel quand vous faites cela ? Quels changements avez-vous remarqué dans la façon dont vous vous sentez ?

Prédire que les choses iront mal conduit naturellement à l'anxiété. Cela peut ne pas être tout à fait le mot que vous utiliseriez – peut-être que vous vous sentez inquiet, nerveux, tendu, effrayé, paniqué, voire terrifié. Vous pourrez reconnaître toutes ces sortes de peur. Maintenant, remarquez ce qui se passe dans votre corps quand vous avez peur. Quels changements observez-vous ? Qu'advient-il de votre fréquence cardiaque ? de votre respiration ? du niveau de tension dans vos muscles ? Quels muscles en particulier sont contractés ? Avez-vous remarqué que vous transpiriez – peut-être au niveau du front ou des paumes de vos mains ? Ne vous sentez-vous pas secoué ? Qu'en est-il de votre système digestif ? Remarquez-vous des sensations dans votre estomac – des sensations de contraction, peut-être, ou une sensation de ballonnement ?

Tous ces signes physiques de l'anxiété, le corps s'en trouve programmé pour répondre à la menace.

Pour une personne avec une faible estime de soi, ces réactions normales peuvent paraître avoir un sens plus sinistre. Elles pourraient devenir une source de nouvelles prévisions anxieuses (ce mini-cercle vicieux est illustré sur le côté droit de la partie inférieure de l'organigramme à la page 27. Si votre bouche est sèche, par exemple, vous pouvez craindre d'être incapable de parler. Si vos mains tremblent, vous pouvez prédire que votre nervosité sera évidente pour votre auditoire, et qu'il pensera que vous êtes incompétent ou bizarre. Si, lorsque vous êtes anxieux, votre esprit a tendance à se vider, vous craignez peut-être d'avoir des propos inaudibles ou incohérents, ou de ne plus savoir de quoi vous parlez. De telles réactions à des signes d'anxiété ont naturellement tendance à les intensifier et à ajouter au stress de la situation.

L'IMPACT DES PRÉVISIONS SUR VOTRE COMPORTEMENT ANXIEUX

Les prévisions anxieuses peuvent affecter votre comportement de manière inutile. Pour comprendre comment cela fonctionne, revenons de nouveau au scénario de prise de parole en public.

Les prévisions anxieuses peuvent conduire à l'évitement

Si vous avez cru assez fortement en vos prédictions anxieuses, vous pouvez simplement décider d'éviter la situation qui en est responsable. Vous pouvez téléphoner à la personne qui avait organisé votre présentation et lui dire que vous avez la grippe et ne serez pas capable d'intervenir. Ou bien vous pouvez tout simplement ne pas vous y rendre.

Cela voudrait dire que vous n'avez pas eu l'occasion de découvrir si oui ou non vos prévisions anxieuses étaient correctes. Il se pourrait que les choses se passent en réalité beaucoup mieux que vous ne l'aviez prédit – les événements sont souvent beaucoup moins intimidants dans la réalité qu'ils ne le sont en prédiction. Éviter la situation vous empêche de découvrir cela. Ainsi, l'évitement, même s'il peut vous aider à vous sentir mieux à court terme (quel soulagement – tu t'es sorti de ça), en fin de compte contribue à maintenir la faible estime de soi.

L'implication de tout ça, quand nous considérons la façon de modifier les modes de fonctionnement en place, c'est que, afin de développer votre confiance en vous-même et votre estime de soi, vous aurez besoin d'affronter les situations que vous avez évitées jusqu'à présent. Dans le cas contraire, votre vie va continuer à se trouver limitée par vos

© Dunod – Toute reproduction non autorisée est un délit.

craintes, et vous n'obtiendrez jamais l'information dont vous avez besoin pour avoir une perspective plus réaliste et positive sur vous-même.

Les prévisions anxieuses peuvent conduire à des précautions inutiles

Plutôt que d'éviter complètement la situation, vous pourriez décider d'aller faire votre présentation, mais de mettre en place toute une série de précautions visant à assurer que vos pires craintes ne se réalisent pas – c'est là que vous parviendrez à obéir à vos règles et à échapper à la situation en maintenant votre estime de soi intacte.

Ainsi, par exemple, **Jane** penserait qu'elle aurait besoin de passer beaucoup de temps à étudier attentivement ce que les gens pourraient vouloir entendre et à essayer d'envisager toutes les possibilités. Au cours de la présentation, elle serait constamment à l'affût du moindre signe que les gens ne sont pas contents de ce qu'elle dit, et sourirait beaucoup à son auditoire. **Jesse**, d'autre part, estimerait que le plus important serait de paraître à cent pour cent confiant et compétent, et il pense qu'il répéterait et répéterait sa présentation jusqu'à obtenir un contenu et un style parfait dans tous ses détails. Il ferait en sorte que son discours remplisse tout le temps disponible, de sorte qu'il n'y aurait pas de temps pour les questions auxquelles il pourrait ne pas être en mesure de répondre.

Que feriez-vous si vous aviez à faire une présentation publique, afin de vous assurer que vos pires craintes ne se réalisent pas ?

Le problème avec des manœuvres d'autoprotection comme celles-ci est que, si les choses se passent bien, vous en ressortez avec le sentiment que vous avez eu un « coup de bol ». Si vous n'aviez pas pris ces précautions, alors le pire serait arrivé. Encore une fois, vous n'aurez pas eu l'occasion de découvrir par vous-même si vos craintes étaient vraies ou non, de découvrir que vos précautions étaient excessives et même inutiles. Vous considérerez que votre succès (et donc votre sentiment de confiance en soi) est entièrement dû à la précaution que vous avez prise. Dans la pratique, cela signifie qu'acquérir plus de confiance en soi et de contentement de soi passe par le fait de se confronter pleinement aux situations là où normalement vous utilisez des précautions. Ce n'est qu'ainsi que vous découvrirez que vos précautions sont inutiles – vous pouvez obtenir ce que vous voulez de la vie sans elles.

Les prévisions anxieuses peuvent perturber les performances

Il est possible, parfois, que votre performance soit véritablement perturbée par l'anxiété. Vous pouvez vous voir serrer vos notes dans vos mains ou avoir le sentiment que votre esprit se vide. Ces choses peuvent arriver, même aux locuteurs chevronnés. Supposons que quelque chose de ce type vous arrive : Quelle serait votre réaction ? Quelles pensées pourriez-vous avoir dans votre esprit ?

Les personnes ayant une estime de soi solide peuvent arriver à observer les signes de nervosité ou s'en détacher plutôt que de prendre peur, et voir ces signes comme une réaction compréhensible du fait d'être sous pression. Ils pourraient croire que le fait d'être nerveux dans ces circonstances est tout à fait normal, et être assez confiant du fait que leur inquiétude est beaucoup moins évidente pour des personnes de l'extérieur, et que, même si d'autres ont remarqué, il ne se passerait pas grand-chose. En bref, dans la mesure où les gens confiants sont concernés, être soucieux n'a pas particulièrement d'importance.

Si vous avez une faible estime de vous-même, d'une manière ou d'une autre, vous êtes susceptible de voir les difficultés ou les imperfections comme une preuve de votre inutilité habituelle, d'incompétence, ou autre chose. Naturellement, cela alimente aussi le maintien d'une faible estime de soi. La vie étant ce qu'elle est, vous ne pourrez pas toujours fonctionner comme vous le souhaiteriez. Une étape pour surmonter une faible estime de soi, c'est de commencer à voir vos faiblesses et vos défauts – les choses que vous ne faites pas particulièrement bien et les erreurs que vous faites – comme une simple partie de vous-même et d'un aspect de l'être humain, plutôt que comme une raison de vous condamner en tant que personne à part entière.

Les prévisions anxieuses peuvent mener au succès en étant mises à l'écart

En dépit de vos angoisses, votre présentation pourrait en fait très bien se passer. Vous dites ce que vous vouliez dire, les gens semblent intéressés, votre nervosité ne se voit pas, il y a des questions intéressantes pour lesquelles vous trouvez les bonnes réponses. En supposant que cela vous arrive : quelle serait votre réaction ? Souhaitez-vous vous sentir bien – vous avez fait un bon travail, et vous méritez une tape dans le dos ? Ou auriez-vous une vague impression que vous avez sauvé les meubles : le public était simplement gentil, vous avez été chanceux, ou la bonne étoile était de votre côté ? Mais la prochaine fois...

Même quand les choses vont bien, la faible estime de soi peut diminuer le plaisir ressenti dans ce que vous atteignez et vous rend susceptible d'ignorer, de négliger ou de disqualifier tout ce qui ne correspond pas à votre point de vue négatif dominant de vous-même. Le « préjugé » contre vous-même décrit dans le chapitre 2 vous empêche de prendre et d'accepter en tant que preuve ce qui le contredit. Donc, un des éléments pour surmonter la faible estime de soi c'est de commencer à remarquer et à prendre plaisir à vos accomplissements et aux bonnes choses de votre vie. Le chapitre 6 va se concentrer en détail sur la façon d'aborder ce sujet.

© Dunod – Toute reproduction non autorisée est un délit.

LA CONFIRMATION DU SCHÉMA

Que vous évitiez complètement des situations difficiles, que vous les couvriez de précautions inutiles, que vous vous condamniez vous-même en tant que personne parce qu'elles ne se sont pas bien passées, ou que vous rabaissiez ou niez la façon dont elles se sont réellement passées, le résultat final est un sentiment que vos croyances négatives sur vous ont bel et bien été confirmées. Vous vous dites « j'avais totalement raison – je suis inutile, inadéquat, incapable d'être aimé ». Vous pouvez réellement dire cela à vous-même avec ces mots – « C'est comme ça, je l'ai toujours su, je ne suis tout simplement pas assez bon. » Ou la confirmation du schéma peut se traduire davantage par un sentiment (tristesse, désespoir) ou un changement d'état corporel (une lourdeur dans l'estomac). Quelle que soit la forme que prend la confirmation, le message essentiel est que ce que vous avez toujours su vous concernant a été prouvé encore une fois – vous êtes bien la personne que vous avez toujours pensé être. Et le processus ne s'arrête pas là.

LES PENSÉES AUTOCRITIQUES

Le sentiment que vos idées négatives à votre sujet ont été confirmées conduit souvent à une série de pensées autocritiques.

« L'autocritique » ne signifie pas ici une observation calme que vous avez fait quelque chose de moins bien que vous ne le vouliez, ou attiré une réaction négative de quelqu'un, suivie par quelque chose de constructif où vous voudriez peut-être faire en sorte d'arranger les choses. Elle signifie que vous vous condamnez en tant que personne. Les pensées autocritiques peuvent tout simplement clignoter brièvement dans votre esprit, avant de détourner votre attention sur autre chose. Ou vous pouvez vous retrouver pris au piège dans une spirale de violences verbales contre vous-même, peut-être dans des termes assez vicieux.

Voici ce que **Jesse** (le garçon que le père interrogeait à table) se dit alors que son ordinateur a planté et qu'il a perdu un document important qu'il s'était précipité de compléter dans les délais :

« Maintenant, regarde ce que tu as fait. Tu es un idiot fini. Comment peux-tu être aussi stupide ? Tu as toujours gâché les choses – c'est tout à fait typique. Tu ne seras jamais bon à quoi que ce soit – tu ne fais tout simplement pas ce qu'il faut. Pourquoi es-tu toujours aussi inutile ? Pourquoi tu ne peux ne pas faire quelque chose de bien ? Tu n'es bon à rien. »

Quelque chose qui n'était en fait pas du tout de sa faute a été pris par Jesse comme une confirmation de ses croyances négatives au sujet de lui-même. Parce qu'il suppose que l'incident était une chose qui faisait partie intégrante de sa personnalité, cela lui semble également avoir des implications importantes pour son avenir – il serait toujours comme ça. Vous pouvez probablement imaginer le mélange de frustration et de désespoir que Jesse a ressenti à ce moment-là, et comment il a été difficile pour lui de remettre calmement la situation sur les rails.

Les pensées autocritiques, comme les prévisions anxieuses, ont un impact majeur sur la façon dont nous nous sentons et sur comment nous fonctionnons dans nos vies. Elles contribuent à maintenir la faible estime de soi. Pensez à vos propres réactions quand les choses vont mal ou ne fonctionnent pas comme prévu. Qu'est-ce qui vous passe par la tête dans ces situations ? Êtes-vous dur avec vous-même ? Ne vous rabaissez-vous pas et ne vous traitez-vous pas de tous les noms, comme Jesse ? Apprendre à détecter et à répondre à vos pensées autocritiques, et trouver un point de vue plus réaliste et bienveillant, fait partie du travail pour surmonter la faible estime de soi. Le chapitre 5 se concentrera en détail sur la façon de procéder.

L'IMPACT ÉMOTIONNEL DES PENSÉES AUTOCRITIQUES

Lorsque l'ordinateur de **Jesse** a planté, il a complètement abandonné son projet. Il se sentait vraiment déprimé, en avait marre de lui-même. Il voulait juste s'enfermer et panser ses blessures. Il ne pouvait tout simplement pas prendre un nouveau départ. Il aurait dû partir le week-end avec des amis, mais il ne pouvait pas y faire face. Il a dit à tout le monde qu'il était malade, est resté assis chez lui à ne rien faire en particulier. Il ne pouvait même pas regarder la télévision. Avec rien d'autre pour occuper son esprit, il s'est mis à ruminer à propos de l'avenir. Il ne pouvait pas avoir pour perspective que les choses allaient changer, alors à quoi bon continuer ?

La pensée autocritique affecte l'humeur. Considérez ceci pour vous-même. Comment vous sentez-vous lorsque vous vous réprimez ou que vous êtes dur avec vous-même ? Quel effet cela a-t-il sur votre motivation à résoudre des problèmes et difficultés que vous pourriez avoir dans votre vie ? La critique de vous-même, surtout si vous croyez que ce que vous critiquez en soi est une partie intégrante de votre personnalité et ne peut pas changer, vous tire vers la dépression. C'est peut-être seulement une tristesse passagère, rapidement bannie en passant du temps avec les gens que vous aimez, ou en vous livrant à une activité absorbante. Ou elle peut se développer et faire effet boule-de-neige – comme Jesse a commencé à le faire – vers une grave dépression dont il peut être très difficile de sortir. Si cela est devenu le cas pour vous, vous devriez peut-être régler en priorité la dépression avant de commencer à vous attaquer à la faible estime de soi (voir le chapitre 1 pour plus d'informations sur la façon de reconnaître la dépression qui pourrait nécessiter un traitement).

© Dunod – Toute reproduction non autorisée est un délit.

Que la baisse de l'humeur soit transitoire, ou qu'elle soit stable, la dépression complète le cercle vicieux. Nous savons de la recherche sur la thérapie cognitive que la dépression a un impact direct sur la pensée. Une fois que vous êtes déprimé, quelle que soit la raison de votre plongeon dans la dépression, vous serez plus susceptible de vous adonner à l'autocritique, et d'envisager l'avenir avec morosité et pessimisme. Ainsi, la dépression maintient le schéma activé et vous promet de continuer à prévoir le pire. Bingo ! Vous disposez d'un processus de maintien automatique qui est tout à fait capable de poursuivre le cycle, si vous ne l'avez pas rompu, pendant de longues années.

DRESSER LA CARTE DE VOTRE PROPRE CERCLE VICIEUX

Au fur et à mesure que vous avez fait votre chemin à travers ce chapitre, on vous a demandé de considérer comment vous personnellement pourriez réagir dans des situations particulières, de réfléchir à vos propres prédictions anxieuses et à leur impact sur votre état émotionnel et votre comportement, à ce que vos croyances négatives confirmaient sur vous-mêmes, à vos pensées autocritiques typiques, et à l'impact qu'elles avaient sur la façon dont vous vous sentiez. Si vous ne l'avez pas déjà fait, c'est l'occasion pour vous maintenant de réunir vos observations en élaborant votre propre cercle vicieux. À titre d'exemple illustratif, vous trouverez le cercle que Jesse a dressé après que son ordinateur ait planté à la page 59.

Commencez par penser à un type de situation dans laquelle vous vous sentez anxieux et incertain par rapport à vous-même. Maintenant, prenez un exemple concret récent. Assurez-vous que vous sélectionnez quelque chose qui est encore frais dans votre esprit, de sorte que vous serez en mesure de vous rappeler exactement comment vous avez ressenti et pensé la situation. Suivez le cercle, en utilisant les rubriques de l'organigramme de la page 59, et notez vos propres expériences personnelles et réactions sous chaque rubrique. Si vous le souhaitez, lorsque vous avez effectué un tour complet, partez d'une autre situation source d'anxiété et répétez le processus. Ce faisant, vous augmentez votre prise de conscience de la façon dont vos schémas de pensée anxieux et autocritiques ont pour effet de maintenir la faible estime de soi. Ceci constitue votre premier pas pour briser le cercle et progresser.

ROMPRE LE CERCLE VICIEUX

Dans les chapitres qui suivent, vous allez découvrir des façons de briser le cercle vicieux qui maintient la faible estime de soi. Vous apprendrez à prendre conscience de vos propres prédictions anxieuses à mesure qu'elles surviennent, comment les interroger, et comment tester leur exactitude par l'expérience directe, aborder les situations que vous évitez normalement et laisser tomber les précautions inutiles, de sorte que vous pourrez constater par vous-même ce qui est réellement en train de se passer. Vous apprendrez à repérer les pensées autocritiques et à les étouffer dans l'œuf, court-circuitant par là même la spirale vers la dépression. Vous allez apprendre à contrer les préjugés contre vous-même en vous concentrant sur vos compétences, qualités, atouts et points forts et en vous offrant les bonnes choses de la vie. Vous changerez les règles qui vous rendent vulnérable à l'activation de ce cercle vicieux en les brisant, et enfin vous rassemblerez tous les changements que vous avez effectués pour vous attaquer à votre schéma. Votre objectif sera de surmonter la faible estime de soi qui a entravé votre appréciation de vous-même et votre capacité à profiter de votre vie à pleines dents, et de développer et renforcer une nouvelle perspective plus aimable et bienveillante.

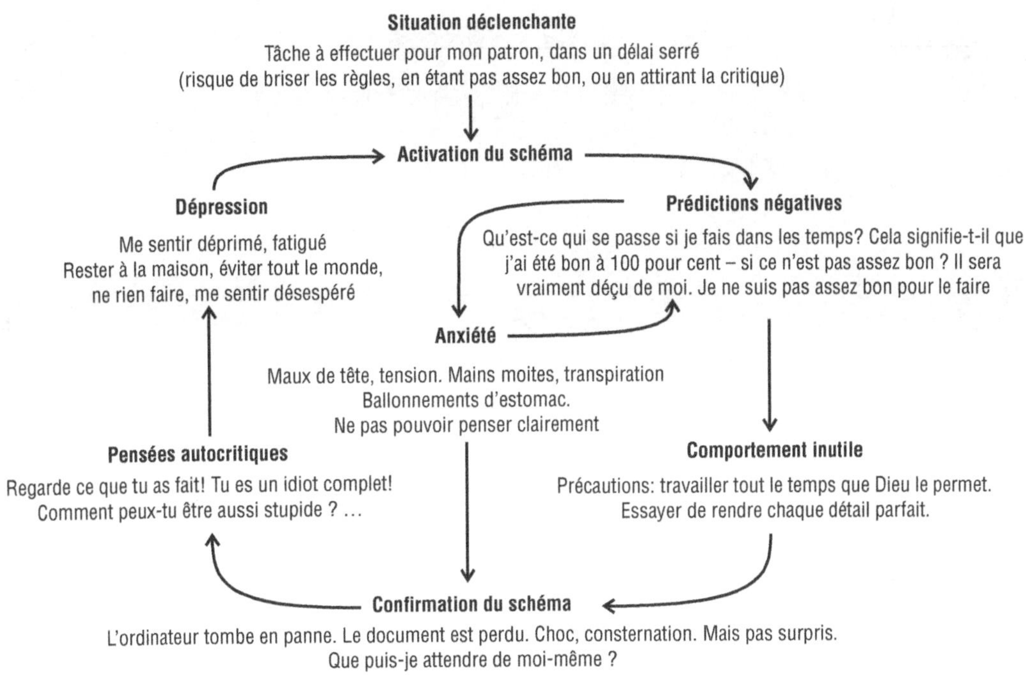

Figure 3.1. Le cercle vicieux qui maintient la faible estime de soi : Jesse

© Dunod – Toute reproduction non autorisée est un délit.

RÉSUMÉ DU CHAPITRE

1. Le schéma au cœur de la faible estime de soi apparaît dans des situations où il semble que vos règles de vie peuvent être rompues. Une fois activé, il déclenche le cercle vicieux qui maintient la faible estime de soi.
2. L'incertitude et le doute de soi vont alors conduire à des prédictions négatives – anticiper le pire et supposer qu'il existe peu ou rien à faire pour l'empêcher.
3. Les prédictions négatives génèrent de l'anxiété, avec tous ses signes et symptômes physiques (réponse normale de l'organisme à la menace).
4. Elles influencent le comportement, conduisant à l'évitement complet, à l'adoption de précautions inutiles, ou à des ruptures de véritables performances. Même si les choses vont bien, les préjugés contre vous-même rendent difficile de le reconnaître ou de l'accepter.
5. Le résultat final va dans le sens d'une confirmation du schéma.
6. La confirmation déclenche alors les pensées autocritiques.
7. Les pensées autocritiques, à leur tour, conduisent souvent à une baisse de l'humeur, qui peut se transformer en vraie dépression.
8. L'humeur dépressive assure l'activation continue du schéma, complétant ainsi le cercle.

NOTES

Moments d'anxiété = sentiment d'avoir une montagne de travail à accomplir, que je n'y arriverai jamais et donc que je suis nulle. Procrastination pour éviter la confrontation à l'échec alors qu'au fond je voulais avancer dans mon travail.
J'aimerais exceller partout en un claquement de doigts et je ressens de la frustration quand je rencontre des obstacles

Situation déclenchante = devoir à rendre
↳ Activation du schéma
↳ Prédictions négatives = je ne vais pas y arriver, je vais rendre quelque chose de mauvais et décevoir tout le monde → anxiété
↳ Comportement inutile = passer un temps considérable dessus, faire beaucoup de recherches, poser des questions ...
↳ confirmation du schéma = si j'ai eu une note correcte, ce n'est que parce que j'ai fait tout ça
↳ Pensées autocritiques = je suis nulle, je dois faire beaucoup plus d'efforts que les autres pour réussir
↳ Dépression

© Dunod – Toute reproduction non autorisée est un délit.

Partie 2

Surmonter la faible estime de soi

Chapitre 4

La vérification des prévisions anxieuses

Objectifs

- Repérer les situations qui déclenchent l'anxiété
- Identifier les prévisions anxieuses et les précautions prises pour éviter que vos prédictions se réalisent
- Tester la validité des prévisions anxieuses
- Questionner et trouver des alternatives aux prévisions anxieuses

D'UNE CERTAINE MANIÈRE, les gens sont comme des scientifiques. Nous faisons des prédictions (par ex : « Si j'appuie sur ce bouton, la lumière s'allume », « Si je reste sous la pluie, je serai mouillé », « Si j'ai trop bu, je vais avoir la gueule de bois ») et nous agissons sur elles. Nous utilisons les informations à partir de ce qui nous arrive et de ce que nous faisons, pour confirmer nos prévisions ou les modifier. Ce système d'action sur les prévisions est généralement une approche utile, à condition que nous gardions un esprit ouvert, que nous soyons réceptifs aux nouvelles informations et toujours disposés à changer nos prédictions à la lumière de l'expérience et en réponse à des variations de circonstances (par exemple, s'accrocher à la prédiction lumière-interrupteur peut provoquer une certaine frustration en cas de coupure de courant).

La faible estime de soi rend difficile de faire des prédictions réalistes, ou d'agir sur elles en gardant un esprit ouvert. Lorsque les personnes ayant une faible estime de soi font des prédictions sur elles-mêmes (par exemple, « Je ne serai pas capable de faire face », « Tout le monde pense que je suis un idiot », « Si je montre mes sentiments, ils vont me rejeter »), elles ont tendance à les considérer comme des faits, plutôt que comme des intuitions qui peuvent ou non être correctes. Il est donc difficile de prendre du recul et de regarder objectivement les faits, ou de rester ouvert aux expériences qui suggèrent que les prédictions ne correspondent pas aux faits. Quel est le résultat ? Il est connu d'avance.

Dans la faible estime de soi, les prévisions anxieuses apparaissent dans les situations où le schéma a été activé car il y a un risque que les règles de vie soient rompues. S'il n'est pas clair qu'une règle sera effectivement rompue ou pas et qu'il y a un élément d'incertitude ou de doute, la conséquence sera généralement un sentiment d'anxiété.

Le doute et l'incertitude amènent la personne à se demander ce qui va se passer ensuite. Vais-je être capable de faire face ? Est-ce que les gens vont m'apprécier ? Vais-je gâcher cette situation ? Les réponses à ces questions – des prédictions sur ce qui va mal se passer – un sursaut d'anxiété, vous conduisent à toute une gamme de stratégies visant à prévenir le pire. Malheureusement, sur le long terme, ces stratégies fonctionnent rarement. Le résultat final, peu importe que le doute ait été dissous, c'est un sentiment que le schéma a été confirmé ou, au mieux, que vous avez échappé à la confirmation.

Dans ce chapitre, vous allez apprendre à briser le cercle vicieux qui maintient la faible estime de soi en identifiant vos propres prévisions anxieuses, à remettre en question leur validité et à les vérifier par vous-même en abordant des situations que vous pourriez normalement éviter, en laissant tomber les précautions inutiles. C'est la partie du cercle vicieux que nous allons attaquer :

Tableau 4.1. Le cercle vicieux : le rôle des prévisions anxieuses dans la confirmation de la faible estime de soi

Date/heure	**Situation** Que faisiez-vous et ou étiez-vous quand vous avez commencé à vous sentir anxieux ?	**Émotions et sensations physiques** (ex : anxiété, panique, tension, augmentation du rythme cardiaque. Évaluez de 0 à 100 l'intensité	**Prévisions anxieuses** Qu'est-ce qui vous est venu à l'esprit quand vous avez commencé à vous sentir anxieux ? (ex : des pensées en mots, des images). Évaluez de 0 à 100 % le degré de conviction	**Précautions** Que faites-vous pour éviter que vos prédictions ne deviennent vraies ? (ex : éviter la situation, adopter des comportements de recherche de sécurité)

LES SITUATIONS QUI DÉCLENCHENT L'ANXIÉTÉ

Pensez aux personnes que vous avez rencontrées dans les chapitres 2 et 3. À la page 50, il était présenté une liste de ce genre de situations qui activaient les schémas de chacun. Vous pourrez voir dans ces exemples que, dans chaque cas, ce sont les situations où les règles de vie peuvent être rompues. Et, dans chaque cas, il y a un élément d'incertitude ou de doute.

> Le vrai moi (mauvais) de **Briony** *pourrait* être exposé – mais elle n'en est pas sûre. **Jesse** *pourrait* ne pas être en mesure de répondre à ses exigences élevées – mais il n'en est pas certain. **Karen** *soupçonne* avant d'aller faire du shopping que sa silhouette ne sera pas comme il se doit pour qu'elle se sente bien dans sa peau – mais, pour l'instant, elle n'a aucune preuve concrète.

Cet élément de doute est au cœur de l'expérience de l'angoisse. Il crée un vide que nous remplissons avec des chimères effrayantes – des prévisions sur ce que nous craignons le plus de voir arriver. Nous pouvons entendre une partie de nous-même se dire que le pire est très peu probable, ou même que nous serions en mesure d'y faire face, si cela se produisait – mais nous n'en sommes pas convaincus et, plus nous nous sentons anxieux, moins nous en sommes convaincus.

COMMENT FONCTIONNE LA PENSÉE ANXIEUSE

Les prédictions anxieuses sont le résultat du sentiment que nous sommes sur le point de briser les règles qui sont importantes pour notre estime de nous-mêmes. Le chapitre 7 porte sur les moyens de changer et d'adapter nos règles de vie. Mais d'abord, vous apprendrez à briser le cercle vicieux qui maintient la faible estime de soi en identifiant et en changeant les prédictions qui vous rendent anxieux dans les situations du quotidien.

Les prévisions anxieuses contiennent généralement des préjugés qui alimentent le sentiment d'incertitude et de crainte. Il s'agit de :

Surestimer les chances que quelque chose de mauvais se produise

Lorsque nous nous trouvons dans des situations où le respect de nos propres règles est menacé, la probabilité que quelque chose se passe mal est surestimée dans nos esprits.

Prenons comme exemple **Kate.** Vous vous souvenez peut-être que les parents de Kate avaient du mal à exprimer leur affection pour elle.

Son schéma, c'est qu'elle était indigne d'être aimée, et ses règles de vie que si elle ne répondait pas aux attentes des autres, alors elle serait rejetée, et que si jamais elle exprimait ses besoins, alors elle serait déçue. Kate travaillait dans un salon de coiffure. Elle et ses collègues se relayaient pour aller acheter des sandwichs le midi. Un jour, alors que c'était son tour, son patron a oublié de la rembourser. Kate s'est sentie complètement incapable de lui demander ce qu'il lui devait. Elle était convaincue que, si elle le faisait, son patron la mépriserait et penserait qu'elle était radine. Ceci en dépit du fait qu'elle savait depuis plusieurs mois de travail avec lui que c'était un homme bon, gentil, veillant au bien-être de ses employés. Elle n'a pas tenu compte des faits, qui suggèrent qu'en réalité, il serait plus susceptible d'être gêné, de s'excuser et de la rembourser immédiatement.

Surestimer à quel point ce sera mauvais si quelque chose se passait mal

Non seulement il est probable que les mauvaises choses arriveront, mais plus encore que quand elles arriveront, elles seront très graves. Les prévisions anxieuses supposent rarement que, si quelque chose de mauvais se produit, cela représentera un inconvénient momentané, et que rapidement, la vie poursuivra son cours. Au cœur des prédictions anxieuses se trouve l'idée que c'est le pire qui va se produire et que, quand ce sera le cas, ce le sera à l'échelle d'une catastrophe personnelle.

Kate, par exemple, quand elle a regardé l'avenir, ne pouvait pas imaginer son patron légèrement incommodé par le fait d'avoir à la rembourser, puis rapidement oublier tout ça. Elle a supposé que le fait de lui demander changerait leur relation de façon permanente. Il ne l'aurait plus jamais regardée de la même façon, et elle aurait probablement dû trouver un autre emploi – ce qui serait difficile, parce qu'il ne voudrait pas lui faire de lettre de recommandation, et elle pourrait se faire la réputation de quelqu'un qui a tendance à provoquer des conflits et trouver difficilement un autre emploi. Puis, elle ne serait pas en mesure de vivre seule, mais devrait revenir chez ses parents et serait complètement bloquée. Kate pouvait clairement imaginer tout ce qui se passerait, dans son esprit.

Vous pouvez voir ici comment, ce qui, pour un observateur extérieur, peut sembler un événement insignifiant (demander de l'argent pour un sandwich), pour Kate mène au déroulement d'une saga, chaque étape étant pire que la précédente. Ce type de séquence est typique de la pensée anxieuse.

© Dunod – Toute reproduction non autorisée est un délit.

Sous-estimer les ressources personnelles pour faire face au pire, si cela devait arriver

Quand les gens sont inquiets, ils sont enclins à penser que, si le pire devait arriver, il n'y aurait rien qu'ils puissent faire pour l'empêcher ou le rendre gérable. Kate suppose que, peu importe ce qu'elle ferait, la réaction de son patron serait de la rejeter. Il ne lui vient pas à l'esprit qu'elle pourrait tenir tête à son patron, s'il répondait bel et bien comme elle le prédit, en lui rappelant qu'elle est en droit d'obtenir son remboursement. Elle n'a pas tenu compte de sa compétence professionnelle et de son expérience, ce qui en fait, aurait rendu très probable le fait de trouver un autre emploi assez facilement.

La sous-estimation des ressources extérieures

En plus de sous-estimer leurs propres ressources, les gens qui font des prédictions anxieuses ont tendance à sous-estimer les éléments extérieurs qui pourraient améliorer la situation, voire la désamorcer complètement. Kate, par exemple, a oublié le soutien qu'elle obtiendrait de ses collègues, amis et famille si son patron réagissait de façon déraisonnable.

PRENDRE DES PRÉCAUTIONS : DES PROTECTIONS INUTILES

Mis ensemble, ces biais de pensée constituent un cocktail parfait pour la peur. Ils vous donnent un sentiment très fort que vous êtes menacé – par l'échec, le rejet, la perte de contrôle, ou le fait de vous ridiculiser. En bref, d'enfreindre les règles. Donc, comme toute personne sensée face à une menace, vous prenez des précautions pour vous protéger, pour éviter que le pire n'arrive. Malheureusement, les précautions que vous prenez, loin d'améliorer les choses, vous empêchent en fait de découvrir si vos prédictions anxieuses ont un réel fondement et maintiennent ainsi la faible estime de soi.

Il ne sera pas possible pour vous de découvrir si oui ou non vos prévisions anxieuses sont fondées dans la réalité, à moins que vous ne lâchiez les précautions prises pour veiller à ce qu'elles ne deviennent pas réalité. C'est la seule façon de découvrir si vos prédictions sont justes – si les précautions ne sont pas abandonnées, vous aurez toujours l'impression que vous l'avez échappé belle, et vous ne serez jamais vraiment sûr que votre pensée ait été ou non biaisée.

Un exemple peut aider à vous rendre compte de cela. Imaginez-vous aller dîner chez Vladimir, un vieil ami. Dès que vous entrez, vous remarquez une odeur puissante. Se pourrait-il que cela ait quelque chose à voir avec la cuisine ? En apéritif, vous avez des croûtons à l'ail.

Le premier plat est une soupe à l'ail, avec du pain à l'ail. Il est suivi par de l'agneau rôti aux gousses d'ail entières, et une salade avec une vinaigrette à l'ail. Pour le dessert, de la crème glacée à l'ail (étonnamment intéressant) et, pour conclure, un fromage crémeux français à l'ail et aux fines herbes – vous l'avez deviné. Alors que la soirée progresse, vous devenez peu à peu conscient que la pièce est ornée de couronnes et de guirlandes d'ail. Enfin, la curiosité l'emporte sur la politesse.

> « C'est quoi tout cet ail ? demandez-vous.
> – Ah !, Répond Vladimir. J'espérais que tu n'aurais pas remarqué.
> – Je ne voulais pas t'inquiéter.
> – M'inquiéter ?
> – Eh bien, oui. Ce sont les vampires, tu vois. Je ne veux pas que tu te soucies des vampires.
> – Des vampires ?
> – Oui. Mais je pense que nous avons assez d'ail pour les éloigner, dit Vladimir rassurant.
> – Mais il n'y a pas de vampires, vous protestez.
> – Exactement ! dit Vladimir l'air suffisant. »

Les gens emploient des stratégies pour éviter que leurs pires craintes ne deviennent réalité comme l'utilisation de l'ail de Vladimir. Il lui semble que la seule raison pour laquelle la maison n'est pas envahie par les vampires, c'est parce qu'il y a plein d'ail. Il pourrait, bien sûr, avoir raison : bien qu'un examen des données disponibles pourrait laisser croire que ses craintes sont exagérées. Afin de découvrir que le danger est plus apparent que réel, il faudrait qu'il renonce à cette stratégie d'autoprotection et se débarrasse de toutes les gousses d'ail. Compte tenu de la force de sa croyance aux vampires, cela pourrait être très difficile pour lui de le faire. Il pourrait être nécessaire de faire un pas (ou une gousse d'ail) à la fois. Ou, s'il était en mesure d'examiner les éléments de preuve, il pourrait peut-être être prêt à aller jusqu'au bout et débarrasser la maison de la totalité des gousses d'ail. Seulement alors pourrait-il découvrir que ses craintes ne sont pas fondées – il en serait en fait tout à fait sûr.

COMMENT IDENTIFIER LES PRÉDICTIONS ANXIEUSES ET REPÉRER LES PRÉCAUTIONS INUTILES

Les premiers pas pour parvenir à une vision plus équilibrée de ce qui est réellement susceptible de se produire dans des situations que vous craignez sont : en premier lieu, de prendre conscience de ce que vous prédisez quand vous devenez anxieux, et, en second lieu, de noter les précautions que vous prenez pour empêcher votre prédiction de se réaliser. Cela signifie apprendre à gérer l'angoisse ou l'appréhension dès que ça arrive, en remarquant ce

© Dunod – Toute reproduction non autorisée est un délit.

qui se passe dans votre esprit quand l'émotion apparaît, et en repérant ce que vous faites pour vous protéger. Cette information vous donnera une base pour changer – repenser vos prédictions et vérifier leur validité en faisant les choses que vous avez peur de faire et sans prendre de précautions inutiles.

À la page 73, vous trouverez une fiche d'enregistrement vierge que vous pouvez utiliser pour noter vos propres prédictions anxieuses et les mesures que vous prenez pour éviter la catastrophe (la « feuille d'enregistrement des prédictions et des précautions », des feuilles supplémentaires sont fournies en annexes). Le dilemme de Kate est illustré à titre d'exemple à la page 74, pour vous donner une idée de ce qu'il faut faire.

Le principal avantage d'utiliser une feuille d'enregistrement structurée comme celle-ci, plutôt que de simplement tenir un journal au jour le jour des choses qui surviennent, c'est qu'elle va vous encourager à suivre les choses de façon systématique. Les rubriques vous rappellent ce que vous devriez regarder, et plus tard les mesures que vous devrez prendre pour changer les choses au mieux. En revanche, tenir un journal peut vous conduire à vous perdre dans vos craintes, surtout si votre faible estime de soi est là depuis longtemps et que les prévisions anxieuses sont devenues une habitude difficile à briser. Si vous préférez utiliser votre propre forme de journal intime, du moins suivez la structure des rubriques de la feuille d'enregistrement proposée.

Si possible, remplissez la feuille d'enregistrement au moment où vous faites l'expérience de l'angoisse. C'est parce qu'il est souvent difficile de rapporter les prévisions anxieuses quand vous n'êtes pas en contexte. Même si vous pouvez travailler sur ce qu'elles sont, elles peuvent sembler ridicules ou exagérées lorsque vous n'êtes plus dans la situation, et il sera donc difficile d'accepter à quel point vous avez pu les croire et comment vous vous êtes senti anxieux à ce moment-là. Les étapes à respecter sont les suivantes :

La date et l'heure

Prenez note du moment où vous avez ressenti l'anxiété. Cette information peut vous aider à repérer des modes de fonctionnement. Si, par exemple, vos règles ont trait à la compétence et à l'accomplissement personnel, alors vous remarquerez peut-être des pics d'anxiété lorsque vous êtes au travail. Si, en revanche vos doutes concernent la façon dont vous vous sentez acceptable pour les autres, alors vous pouvez trouver que votre pire moment est le week-end, quand on s'attend à socialiser.

La situation

Qu'est-ce qui s'est passé quand vous avez commencé à ressentir de l'anxiété ? Que faisiez-vous ? Avec qui étiez-vous ? Que s'est-il passé ? Il se pourrait que la situation ayant activé

Tableau 4.2.

Date/heure	**Situation** Que faisiez-vous et ou étiez-vous quand vous avez commencé à vous sentir anxieux ?	**Émotions et sensations physiques** (ex : anxiété, panique, tension, augmentation du rythme cardiaque. Évaluez de 0 à 100 l'intensité	**Prévisions anxieuses** Qu'est-ce qui vous est venu à l'esprit quand vous avez commencé à vous sentir anxieux? (ex : des pensées en mots, des images). Evaluez de 0 à 100 % le degré de conviction	**Précautions** Que faites-vous pour éviter que vos prédictions ne deviennent vraies? (ex : éviter la situation, adopter des comportements de recherche de sécurité)

Tableau 4.3.

Date/heure	**Situation** Que faisiez-vous et ou étiez-vous quand vous avez commencé à vous sentir anxieux ?	**Émotions et sensations physiques** (ex : anxiété, panique, tension, augmentation du rythme cardiaque. Évaluez de 0 à 100 l'intensité	**Prévisions anxieuses** Qu'est-ce qui vous est venu à l'esprit quand vous avez commencé à vous sentir anxieux ? (ex : des pensées en mots, des images). Évaluez de 0 à 100 % le degré de conviction	**Précautions** Que faites-vous pour éviter que vos prédictions ne deviennent vraies ? (ex : éviter la situation, adopter des comportements de recherche de sécurité)
6.2.2009	J'ai acheté des sandwichs pour le déjeuner. Mon patron a oublié de me rembourser	Anxieuse 85 Embarrassée 80 Augmentation du rythme cardiaque 90 Sueurs 70 Sensations de chaleur 90	Si je lui demande l'argent, il pensera que je suis vraiment radine 90 % Cela va altérer notre relation pour toujours 80 % Je devrai trouver un autre travail 70 % Je n'en serai pas capable 70 % J'errerai dans la maison sans argent 70 %	Je l'évite tout le temps Si je lui demandais, je : me confondrai en excuses ne le regarderai pas dans les yeux parlerai d'une toute petite voix lui dirai que cela n'a pas d'importance le ferait aussi vite que possible pour m'enfuir ensuite

votre schéma ait été un événement extérieur (par exemple, avoir à répondre à une question difficile devant des collègues, ou la réception d'une facture par la poste). Ou peut-être quelque chose à l'intérieur de vous-même (par exemple, se souvenir d'un moment dans le passé où vous vous êtes senti gêné et humilié, penser à une tâche que vous avez remis à plus tard, ou remarquer que vos paumes sont moites au moment de serrer la main).

Vos sentiments

Les changements de votre niveau d'anxiété représentent un signal qui vous indique que vous êtes en train de faire des prédictions anxieuses. Prenez note de l'émotion que vous éprouvez. Est-ce de l'appréhension ? de la peur ? de l'anxiété ? de la panique ? Pensez aussi à d'autres émotions – par exemple, se sentir sous pression, inquiet, frustré, irritable ou impatient. Évaluez chaque émotion sur une échelle entre 0 et 100, selon sa force. 100 voudrait dire qu'elle est à son maximum, 50 signifierait qu'elle est assez forte, 5 signifierait qu'il y a juste un brin d'émotion, et ainsi de suite. Vous pouvez être n'importe où entre 0 et 100. L'idée de la cote de l'intensité de vos émotions, plutôt que de simplement noter qu'elles sont présentes, c'est que lorsque vous allez travailler sur la modification des prévisions anxieuses, vous serez en mesure de constater de petits changements dans votre état émotionnel que vous pourriez manquer.

Vos sensations corporelles

L'anxiété va normalement de paire avec toute une gamme de sensations corporelles. Celles-ci varient, dans une certaine mesure, d'une personne à l'autre. Elles se reflètent dans les paroles que nous utilisons couramment pour décrire l'anxiété – « tendu », « tremblant comme une feuille », « sur le fil du rasoir », « blanc comme un linge », « la peur au ventre », et ainsi de suite.

© Dunod – Toute reproduction non autorisée est un délit.

Sensations corporelles liées à l'anxiété

- l'augmentation de la tension musculaire (par exemple, de la mâchoire, du front, des épaules ou des mains). Beaucoup de gens ont un site « favori » de tension dans le corps. Où est le vôtre ?
- les modifications du rythme cardiaque (par exemple, des palpitations, la sensation de battements forts ou de « manquer un battement ») ;
- les changements respiratoires (vous remarquerez peut-être que vous retenez votre respiration, qu'elle est plus rapide ou irrégulière) ;
- les changements mentaux (par exemple, il peut devenir difficile de se concentrer sur ce qui se passe, votre esprit peut être vide, ou vous pouvez vous sentir confus) ;

☞

☞
- les changements dans le système digestif (estomac ballonné par exemple, avoir besoin d'aller aux toilettes plusieurs fois) ;
- d'autres symptômes physiques tels que des tremblements, des sueurs, un sentiment de faiblesse, des étourdissements ou des évanouissements, des engourdissements ou des picotements, des changements dans la vision (par exemple, vision floue ou en tunnel).

Tous ces éléments font en fait partie des réactions normales du corps en réponse à la menace. Dans une certaine mesure, ils sont réellement utiles – pour les artistes comme les musiciens ou les sportifs, par exemple, être dans un état de surexcitation améliore les performances. Les symptômes physiques de l'anxiété sont des signes que les glandes surrénales sécrètent de l'adrénaline, une hormone qui prépare le corps pour le « combat ou la fuite ». Vos prévisions anxieuses disent à votre corps qu'il a besoin de se mettre en alerte rouge. Une fois que vous devenez habile à désamorcer les prédictions, votre corps va cesser de répondre de cette manière. En attendant, il sera utile de noter vos propres réactions corporelles à l'anxiété, notamment parce que (comme nous l'avons dit dans le chapitre 3), ces réactions peuvent en elles-mêmes donner lieu à des prédictions encore plus anxieuses – par exemple, « Tout le monde remarquera ma nervosité et pensera que je suis bizarre », « Si cela continue, je vais craquer », ou « Je ne peux pas faire face à cette situation ». Naturellement, ces prévisions supplémentaires sont susceptibles d'intensifier l'anxiété, formant un mini-cercle vicieux qui contribue à maintenir le problème.

Alors prenez note de vos sensations corporelles, et des notes entre 0 et 100, selon leur intensité, tout comme vous avez évalué l'intensité de vos émotions. Et prêtez attention aux prévisions supplémentaires que vous faites, basées sur la façon dont vous vous sentez. Vous pouvez les enregistrer dans la colonne suivante.

Vos prévisions anxieuses

Que s'est-il passé dans votre tête juste avant que vous ne commenciez à ressentir de l'anxiété ? Et au moment où votre anxiété est apparue ? Les pensées que vous recherchez concerneront l'avenir – ce qui va mal se passer. Elles seront, en effet, des prédictions sur ce qui va arriver de mauvais, ou sur ce qui est déjà mauvais. Écrivez-les, mot pour mot, telles qu'elles se présentent à vous. Puis chacune sera notée entre 0 et 100 pour cent, selon la façon dont vous y adhérez. 100 % signifie que vous en êtes tout à fait convaincu, sans l'ombre d'un doute, 50 signifie que vous êtes mitigé ; 5 signifie que vous pensez qu'il y a une autre possibilité, et ainsi de suite. Encore une fois, vous pourriez être n'importe où entre 0 et 100 %. De manière générale, vous êtes susceptible de constater que plus vous croyez fortement à vos prédictions, plus vous vous sentez anxieux. Et, bien sûr, l'inverse est également vrai – plus vous vous sentez anxieux, et plus vous avez de chances d'être convaincu de vos prédictions et de vous comporter en conséquence, de prendre des mesures pour vous protéger qui sont en fait inutiles et inefficaces.

Vous pouvez constater que vos pensées ne prennent pas forcément la forme de prédictions identifiables, vous pouvez observer à la place des images dans votre esprit. Celles-ci peuvent être instantanées ou figées, ou peuvent prendre la forme de films – un flux d'événements se déroulant les uns après les autres – comme les craintes de Kate sur la réaction de son patron et ce qui en découlerait. Ces images et ces séquences peuvent être très vives et sont donc très convaincantes. En général, elles illustrent ce qu'une personne craint de voir arriver. Autrement dit, elles sont comme une version visuelle de vos pires craintes – vos prévisions anxieuses. Décrivez-les aussi clairement que vous le pouvez, identifiez les prédictions qu'elles contiennent, et évaluez dans quelle mesure vous croyez en chacune (0-100 pour cent).

Vous pouvez aussi constater que vos pensées ne prennent pas la forme de prédictions explicites, mais plutôt d'exclamations courtes comme « Oh mon dieu ! », Ou « Encore ! ». Si c'est le cas, indiquez-le, puis passez un peu de temps à repérer ce que cela peut signifier. Quelle est la prédiction cachée dans l'exclamation ? Si vous décomposer le sens de l'exclamation, le niveau d'anxiété que vous rencontrerez prendra tout son sens. Demandez-vous : Qu'est-ce qui pourrait être sur le point de se produire ? Quel est le pire qui puisse arriver ? Et ensuite ? Et ensuite ? Encore une fois, écrivez les prédictions cachées, et à combien vous croyez en chacune (0-100 pour cent).

Enfin, votre prédiction peut être cachée dans une question comme : « Est-ce qu'ils m'apprécieront ? » ou « Supposons que je ne puisse pas faire face ? » ou « Que faire si tout va mal ? ». Beaucoup de pensées anxieuses prennent la forme de questions, ce qui est logique si l'on considère qu'il s'agit d'une réponse à l'incertitude ou au doute. Pour trouver la prédiction cachée, demandez-vous : quelle est la réponse à cette question qui rendrait compte de l'inquiétude que j'éprouve ? Par exemple, si votre question est « Vont-ils m'apprécier ? », la prédiction négative cachée est susceptible d'être « Ils ne m'aiment pas ». Vous pourriez le croire assez fortement, ou à peine, ou quelque part au milieu.

Les précautions que vous prenez pour éviter que vos prédictions ne se réalisent

Quand on est confronté à une menace réelle, il est parfaitement logique de prendre des mesures pour l'empêcher de causer des dommages. La menace à laquelle vous êtes confronté peut être plus apparente que réelle, une fois que vous arrivez à prendre du recul et à avoir un regard objectif sur elle, mais pour le moment elle semble bien réelle. Alors, que faites-vous pour vous protéger ? Quelles mesures prenez-vous pour faire en sorte que cela

© Dunod – Toute reproduction non autorisée est un délit.

ne se produise pas ? Remplissez votre feuille en écrivant les précautions que vous prenez, avec autant de détails que vous le pouvez.

En particulier, soyez vigilant à :

- La fuite (par exemple, Kate n'a pas parlé à son patron pendant plusieurs jours et a évité de passer du temps avec lui)
- Se confronter aux situations redoutées, mais en appliquant des stratégies pour vous protéger contre ce que vous pensez qu'il pourrait vous arriver.

Techniquement, ces précautions sont appelées des comportements de recherche de sécurité, précisément parce que ce sont des choses que nous faisons pour nous maintenir en sécurité et nous protéger contre la rupture des règles. L'évitement complet est généralement relativement facile à repérer. Les comportements de recherche de sécurité peuvent être moins évidents. Parfois, ils sont assez subtils – vous ne pouvez pas être pleinement conscients d'eux. Il faut pour cela une observation attentive de vous-même, ce que vous pouvez mieux faire si vous pratiquez l'enregistrement des situations que vous craignez et regardez comment vous vous mettez en sécurité dans ces situations. Vous pouvez le faire aussi en imagination.

Kate, par exemple, ne se sentait pas prête à aborder son patron. Mais elle pouvait imaginer comment elle aurait pu procéder si elle avait eu le courage de demander son argent. Elle se voyait éviter le contact visuel, en s'excusant, disant à son patron que cela n'avait pas vraiment d'importance, parlant à toute petite voix et de manière hésitante, le plus rapidement possible. Avant de parler, elle répète à plusieurs reprises exactement ce qu'il faut dire, en essayant de faire en sorte de faire sa demande de la manière la plus inoffensive possible.

Gardez votre feuille pendant quelques jours ou sur une semaine, notez autant d'exemples que vous le pouvez. À la fin de cette période, vous devriez avoir une assez bonne idée des situations dans lesquelles vous vous sentez anxieux, des prédictions qui suscitent votre anxiété, et des précautions que vous prenez pour éviter le pire. Ceci est une base pour commencer à remettre en question vos prédictions anxieuses, les vérifier en l'absence de précautions inutiles et découvrir par vous-même si ce que vous craignez est vraiment susceptible de se produire.

LA VÉRIFICATION DES PRÉDICTIONS ANXIEUSES

Les prévisions anxieuses sont inutiles. Loin de vous préparer à faire face efficacement à la vie quotidienne, elles vous font vous sentir mal et vous conduisent à perdre de l'énergie en prenant des précautions qui ne servent qu'à maintenir le cercle vicieux de la faible estime de soi. Donc les changer a un certain nombre d'avantages : cela vous fait vous sentir mieux, vous donne une meilleure chance d'aborder la vie avec confiance et de profiter de vos expériences, et vous encourage à expérimenter votre véritable moi.

Deux étapes principales sont nécessaires à la vérification des prédictions anxieuses :

1. Les interroger afin d'arriver à des solutions plus réalistes et utiles ;
2. Tester de nouveaux points de vue dans la pratique par la confrontation (au lieu de l'évitement) aux situations que vous craignez, et abandonner vos comportements de recherche de sécurité.

Cela peut sembler être une perspective intimidante. Cependant, vous constaterez que la découverte de solutions de rechange à vos prédictions vous aidera à vous sentir moins dans la peur d'aller vers ce qui apparaît désormais comme des situations à risque et à abandonner les stratégies d'autoprotection. Ceci est important : si vous ne changez pas la façon dont vous vous comportez quand vous vous sentez menacé, vous ne vous sentirez jamais pleinement convaincu que les nouvelles perspectives que vous découvrez sont véritablement fondées sur la réalité, plutôt que sur des rationalisations sans fondement.

TROUVER DES ALTERNATIVES AUX PRÉVISIONS ANXIEUSES

La meilleure façon de construire un point de vue plus utile et réaliste sur les situations qui vous rendent anxieux est d'apprendre à prendre du recul et à remettre en question vos prédictions, plutôt que de les accepter comme des faits. Vous pouvez utiliser les questions résumées dans le tableau de la page 82, pour vous aider à découvrir des perspectives plus utiles et réalistes et lutter contre les préjugés qui contribuent à l'anxiété. Chaque fois que vous trouvez une réponse ou une alternative à vos prévisions anxieuses, notez-la et évaluez dans quelle mesure vous y croyez (0-100 pour cent). Vous pouvez très bien ne pas croire entièrement en vos solutions pour le moment, mais vous devriez au moins être prêt à accepter le fait qu'elles pourraient théoriquement être vraies. Une fois que vous aurez une chance de les tester dans la pratique, vous verrez votre degré de croyance augmenter.

Vous trouverez peut-être utile d'écrire vos solutions de rechange sur des copies vierges de la feuille d'enregistrement, que vous trouverez à la page 80. (« Fiche d'enregistrement des prédictions anxieuses » ; des copies vierges supplémentaires sont fournies en Annexe). Une feuille remplie à l'aide de Kate, à titre d'exemple, est proposée page 81. Encore une fois, une feuille d'enregistrement structurée peut être plus utile qu'un journal intime, car elle vous aidera à suivre les choses d'une manière systématique plutôt que de vous enliser dans vos peurs.

© Dunod – Toute reproduction non autorisée est un délit.

Tableau 4.4.

Date/heure	**Situation**	**Émotions et sensations physiques** Évaluer l'intensité de 0 à 100.	**Prévisions anxieuses** Évaluer de 0 à 100 % le degré de conviction	**Alternatives** Utiliser les questions clés pour trouver **Perspectives** d'autres points de vue à la situation. Évaluer de 0 à 100 % le degré de conviction	**Précautions** 1. Qu'avez-vous fait à la place de vos précautions habituelles ? 2. Quels sont les résultats ?

Tableau 4.5.

Date/heure	Situation	**Émotions et sensations physiques** Évaluer l'intensité de 0 à 100.	**Prévisions anxieuses** Évaluer de 0 à 100 % le degré de conviction	**Alternatives** Utiliser les questions clés pour trouver **Perspectives** d'autres points de vue à la situation. Évaluer de 0 à 100 % le degré de conviction	**Précautions** 1. Qu'avez-vous fait à la place de vos précautions habituelles ? 2. Quels sont les résultats ?
20.2.2009	Je demande à Ian l'argent qu'il me doit	Anxieuse 95 Embarrassée 95 Battements cardiaques 95 Sensations de chaleur et rougissements 100	Il va me crier dessus de 90 % Il va penser que je suis vraiment avare 90 % Cela va gâcher notre relation 80 % Je vais devoir trouver un autre emploi 80 % Je ne serai pas en mesure de le faire 70 % Je vais être coincé à la maison sans argent 70 %	Il n'y a aucune preuve qu'il va réagir comme ça. Ce que je sais de lui, montre qu'il n'est pas ce genre de personne 100 % Il pourrait être un peu agacé, mais ça passera et il pensera à autre chose deux minutes plus tard 95 % Même s'il réagit comme ça, tout le monde me soutiendra. Je le ferais, si c'était quelqu'un d'autre. Je pense que les gens ont droit à ce qu'on leur doit 100 % Peut-être que j'y ai droit aussi 30 % Même si je ne perds mon emploi, je suis une assez bonne coiffeuse pour en trouver un autre 60 % Je fais une montagne d'une taupinière ici 50 %	1. Lui demander. Ne pas m'excuser ou dire que ce n'est pas grave. Rester polie et agréable, mais ferme. Prendre mon temps. 2. Il me l'a donné tout de suite ! Il a dit qu'il était désolé, qu'il avait tout simplement oublié. Pas de signes plus tard indiquant qu'il y pensait encore. J'ai appris que si je prends le risque, je peux obtenir ce que je veux, même si cela me rend nerveuse.

Questions clés pour vous aider à trouver des alternatives aux prévisions anxieuses

- Quelles sont les preuves à l'appui ce que je prédis ?
- Quelles sont les preuves contre ce que je suis en train de prédire ?
- Quelles alternatives sont disponibles ? Quelles sont les preuves à l'appui ?
- Quel est le pire qui puisse arriver ?
- Quel est le meilleur qui puisse arriver ?
- De façon réaliste, qu'est-ce qui est le plus susceptible de se produire ?
- Si le pire se produit, qu'est-ce qui pourra être fait ?

LES QUESTIONS CLÉS POUR VOUS AIDER À TROUVER DES ALTERNATIVES AUX PRÉVISIONS ANXIEUSES

Quelles sont les preuves à l'appui ce que je prédis ?

Qu'est-ce qui vous fait penser ce que vous pensez ? Qu'allez-vous faire lorsque vous aurez anticipé le pire ? Y a-t-il des expériences dans le passé (peut-être même très tôt dans votre vie) qui vous ont conduit à vous attendre à une catastrophe aujourd'hui ? Votre principal élément de preuve réside-t-il simplement dans vos propres sentiments ? Ou sur le fait que dans ce genre de situation, il faut toujours s'attendre à ce que les choses tournent mal – c'est une habitude ?

Quelles sont les preuves contre ce que je suis en train de prédire ?

Prenez du recul et adoptez une vision plus large. Quels sont les faits réels de la situation actuelle ? Soutiennent-ils ce que vous pensez, ou s'y opposent-ils ? En particulier, pouvez-vous trouver des preuves qui ne répondent pas à vos prévisions ? Y a-t-il une chose à laquelle vous n'avez pas assisté qui suggère que vos craintes sont peut-être exagérées ? Y a-t-il des solutions de secours que vous avez ignoré ? Toutes les ressources en vous-même ont-elles été exploitées ? Est-ce que des expériences passées pourraient laisser penser que les choses ne peuvent pas aller aussi mal que vous ne le craignez ?

La tentation des prédictions anxieuses est de supposer le pire – de sauter aux conclusions. Au lieu de cela, il faut s'en tenir aux faits.

Quelles alternatives sont disponibles ? Quelles sont les preuves à l'appui ?

Avez-vous supposé à tort que votre vision des choses était la seule possible ? Il y a toujours beaucoup de façons différentes de penser une expérience. Une erreur, par exemple, peut sembler à une personne avec une faible estime de soi être une catastrophe ou un signe d'échec. Mais à une autre personne, cela peut représenter un inconvénient mineur, ou un résultat compréhensible de l'imperfection humaine normale, ou un produit de la fatigue ou d'un moment d'inattention qui a simplement besoin d'être corrigé, ou même une précieuse occasion d'apprendre et d'étendre ses connaissances et ses compétences.

Considérons le problème que vous rencontrez en ce moment. Quel serait votre point de vue si, par exemple, vous vous sentiez moins anxieux et plus confiant ? Qu'est-ce qu'une autre personne pourrait faire ? Que diriez-vous à l'un de vos amis qui aurait le même souci – vos prédictions seraient-elles différentes ? N'exagérez-vous pas l'importance de l'événement ? Supposez-vous que cela aura des répercussions par la suite si les choses ne fonctionnent pas comme vous le souhaitez ? Quel serait votre point de vue sur cet événement après une semaine ? un mois ? un an ? dix ans ? Est-ce que quelqu'un se souviendrait même de ce qui s'est passé ? Et vous ? Si oui, ressentiriez-vous toujours la même chose ? Probablement pas.

Notez les différents points de vue que vous avez pu trouver, puis assurez-vous d'examiner les arguments pour et contre, tout comme vous avez examiné les preuves pour et contre vos prévisions initiales. Une alternative qui ne correspond pas aux faits ne sera pas utile pour vous, alors assurez-vous que vos solutions de rechange ont au moins un quelconque fondement dans la réalité.

Quel est le pire qui puisse arriver ?

Cette question est particulièrement utile dans la gestion des prévisions anxieuses. Faire une prédiction du « pire » de manière explicite vous permet d'avoir une nette prise sur elle, et peut être utile dans un certain nombre de domaines. Une fois que vous avez noté le pire noir sur blanc, vous pouvez immédiatement voir que ce que vous craignez est tellement exagéré que c'en est impossible. Kate, par exemple, a eu un flash dans son esprit selon lequel son patron aurait un accès de colère en plein milieu du salon de coiffure et la jetterait dehors. En réalité, il n'y avait pas moyen qu'il se comporte de manière non professionnelle face à tous ses clients et au personnel.

Cherchez toutes les informations dont vous avez besoin pour obtenir une estimation plus réaliste de la probabilité réelle de ce que vous craignez. Même si elle n'est pas impossible, elle peut être beaucoup moins susceptible de se produire que vous ne le prédisez. En outre, il peut y avoir des choses que vous pouvez faire pour réduire la probabilité que le pire se

© Dunod – Toute reproduction non autorisée est un délit.

produise, exactement de la même manière que vous pourriez avoir vérifié les fils électriques et acheté des détecteurs de fumée et un extincteur d'incendie en déménageant dans une nouvelle maison.

Quel est le meilleur qui puisse arriver ?

Il s'agit d'un contrepoids à la question précédente. Essayez de penser à une réponse qui est tout aussi positive que votre pire est négatif. Vous remarquerez peut-être, d'ailleurs, que vous êtes moins enclin à croire au meilleur que vous ne l'étiez à croire au pire. Pourquoi ? Serait-ce que votre pensée est biaisée en quelque sorte ?

Kate a activé l'image de son patron la félicitant devant tout le monde, se précipitant pour lui acheter des fleurs et des chocolats, et insistant pour une augmentation de salaire immédiate ainsi qu'une promotion. La création de cette vision peu probable l'a aidée à voir comment ses craintes étaient exagérées, elles aussi.

De façon réaliste, qu'est-ce qui est le plus susceptible de se produire ?

Regardez ce que vous avez pu identifier de meilleur et de pire. De façon réaliste, ce qui est le plus susceptible de se produire est probablement quelque part entre les deux. Voyez si vous pouvez travailler sur ce que cela pourrait être.

Si le pire se produit, qu'est-ce qui pourrait être fait ?

Une fois que vous avez travaillé sur le pire, vous pouvez planifier la meilleure façon de composer avec lui. Et une fois que vous avez travaillé sur la façon de faire avec le pire, tout le reste n'est que broutille. Rappelez-vous, les prévisions anxieuses sous-estiment les ressources susceptibles d'être disponibles dans des situations difficiles. Même si ce que vous craignez est fort probable, il est possible que vous soyez en effet mieux à même de faire face, et qu'il y aurait des ressources disponibles (y compris la bonne volonté et l'aide d'autres personnes) pour vous aider à le faire.

Considérez ceci :

- Quels atouts et compétences personnelles avez-vous qui pourraient vous aider à affronter le pire si cela arrivait ?
- Quelle expérience de succès avez-vous face à d'autres menaces similaires ?
- Quels aides, conseils et soutien d'autres personnes sont disponibles ?

- Quelle information pourrait vous aider à avoir une image complète de ce qui se passe et à composer plus efficacement avec la situation ? À qui pourriez-vous demander ? Quelles autres sources d'informations sont disponibles (par exemple des livres, des médias, Internet) ?
- Que pouvez-vous faire pour changer la situation elle-même ? Si la situation qui vous rend anxieux est véritablement insatisfaisante d'une certaine façon, quels changements avez-vous besoin de faire ? Peut-être des attentes déraisonnables de changement, ou un besoin d'en faire plus, ou d'avoir beaucoup d'aide et de soutien. Vous découvrirez peut-être que de tels changements sont bloqués par d'autres prédictions négatives (par exemple « Mais ils vont être en colère contre moi ») ou par des pensées autocritiques (par exemple « Mais je devrais être en mesure de faire face seul »). Si c'est le cas, prenez note de ces pensées et cherchez-leur des alternatives. Elles aussi peuvent être remises en question et testées. Et même si la situation ne peut pas être modifiée, ou n'est pas vraiment la source du problème, alors vous pouvez toujours apprendre à changer vos pensées et sentiments – et, en fait, c'est ce que vous faites en ce moment.

LA VÉRIFICATION DES PRÉDICTIONS ANXIEUSES DANS LA PRATIQUE

Découvrir des alternatives aux prévisions anxieuses est souvent utile en soi. Vous découvrirez peut-être que, en même temps que votre vision s'éclaircie, vous commencez à avoir moins peur des conséquences catastrophiques de la rupture de vos règles. Cependant, interroger vos pensées peut ne pas être suffisant en soi pour vous convaincre que les choses ne sont pas aussi mauvaises qu'il n'y paraît. Vous devez aussi agir différemment, apprendre comment sont vraiment les choses par l'expérience directe. Expérimenter de nouvelles façons de faire les choses (par exemple, être plus ouvert et autoritaire, en prenant le risque d'être vous-même avec d'autres personnes ou en acceptant les défis et les opportunités que vous avez précédemment évités) vous permet de générer un ensemble d'expériences qui contredisent vos prévisions initiales et prend en considération de nouvelles perspectives.

Les expériences fournissent un test direct de ce que vous pensez, une chance de peaufiner vos réponses dans le monde réel, de briser les vieilles habitudes de pensée et d'en renforcer de nouvelles. Elles vous donnent l'occasion de découvrir par vous-même si les solutions de rechange que vous avez imaginées sont connectées avec les faits, et donc utiles pour vous, ou si vous avez besoin de réfléchir à nouveau. Mais cela n'arrivera que si vous prenez le risque de vous confronter à des situations que vous avez évitées jusque-là, et lâchez les précautions qui avaient été prises pour assurer votre sécurité. Les expériences vous aideront à chasser les façons de penser qui ne fonctionnent pas pour vous, et à développer

© Dunod – Toute reproduction non autorisée est un délit.

et renforcer celles qui fonctionnent. Sans elles, vos nouvelles idées resteront en grande partie théoriques. Avec elles, vous saurez où se trouve la réalité. Nous allons revenir sur la notion d'expérience à plusieurs reprises tout au long de ce livre.

COMMENT METTRE EN PLACE DES EXPÉRIENCES : AGIR POUR TESTER LES PRÉVISIONS ANXIEUSES

Vous avez appris à identifier vos prévisions anxieuses, leur impact sur vos sentiments et sensations corporelles, et les précautions que vous prenez afin de vous assurer qu'elles ne se réaliseront pas. Vous avez commencé à remettre en question vos prédictions, examiné les preuves et recherché des points de vue différents qui pourraient être plus réalistes et utiles pour vous. Vous pouvez utiliser ces compétences pour mettre en place des expériences afin de vérifier par vous-même si vos prévisions sont exactes. Vous pouvez le faire tout à fait volontairement (par exemple, en planifiant et en réalisant une expérience tous les jours), et vous pouvez également utiliser des situations qui se présentent sans que vous ne les planifiiez (par exemple, un appel téléphonique inattendu ou une invitation) pour expérimenter le fait d'agir différemment et observer le résultat, en utilisant la dernière colonne de la feuille d'enregistrement de la page 80. Voici les étapes à suivre.

Exposez clairement votre prédiction

Assurez-vous très clairement et très explicitement de ce que vous craignez de voir arriver (vous avez déjà appris à repérer vos prévisions anxieuses). Les expériences sont plus utiles quand elles sont conçues pour tester des prédictions pénibles spécifiques. Si vos prévisions sont vagues, il sera difficile de déterminer si oui ou non elles sont devenues réalité. Donc, écrivez exactement ce que vous vous attendez à voir se produire, y compris, si c'est pertinent, la façon dont vous pensez que vous et d'autres personnes y réagirait, et le taux de conviction à chaque prédiction (de 0 à 100 pour cent). Par exemple, si vous prédisez que vous vous sentirez mal, à quel point vous pensez que vous vous sentirez mal (0-100), et de quelle manière. À leur grande surprise, beaucoup de gens trouvent qu'ils se sentent en effet anxieux (par exemple), mais pas autant qu'ils le devraient, surtout une fois qu'ils ont passé l'obstacle de la confrontation à la situation redoutée. Votre note vous donnera une occasion de savoir si cela est vrai pour vous.

Encore une fois, votre prédiction peut impliquer les réactions des autres. Peut-être que vous pensez que si vous vous comportez de telle manière, les gens vont se désintéresser de vous, ou vous désapprouver. Si c'est le cas, travaillez sur ce qui vous fait dire que ça pourrait arriver. Que diraient-ils ou quel pourrait être le signal indiquant qu'ils sont effectivement désintéressés ou qu'ils vous désapprouvent ? N'hésitez pas à inclure les petits signes, comme les changements d'expression faciale, et les changements dans l'orientation du regard. Une fois que vous avez défini la façon dont vous savez que ce que vous craignez va se produire, vous saurez exactement ce qu'il faut rechercher quand vous allez vous confronter à la situation.

Qu'allez-vous faire au lieu de prendre les précautions nécessaires pour vous assurer que les prédictions ne vont pas se réaliser ?

Encore une fois, vous serez informé par la tenue de votre feuille d'enregistrement des précautions que vous prenez habituellement pour assurer votre sécurité. Si vous continuez à le faire, vous ne serez pas en mesure de savoir si vos prévisions sont vraies ou non. Même si votre expérience semble être bonne, vous resterez avec le sentiment que vous avez l'avez « manqué de peu ». Donc, soyez ici aussi clair que possible. Pensez à toutes les choses que vous pourriez être tenté de faire pour vous protéger, peu importe si elles sont minimes. Travaillez à l'avance sur ce que vous pourriez faire à la place. Par exemple, si votre habitude en vous adressant à quelqu'un, c'est d'éviter le contact du regard et d'en dire le moins possible sur vous-même, au cas où les gens découvriraient à quel point vous êtes ennuyeux, votre nouvelle habitude pourrait être de regarder les gens (sinon comment vous auriez la moindre idée de ce qu'ils pensent ?) et d'en dire autant sur vous-même qu'eux le font. Si votre habitude de fonctionnement c'est d'avoir une réponse à chaque question et de ne jamais admettre l'ignorance, au cas où les gens pourraient penser que vous n'êtes pas à la hauteur, vous pouvez user du « Je ne sais pas » et du « Je n'ai pas d'opinion là-dessus ». Si votre habitude c'est de cacher vos sentiments, parce que les montrer pourrait entraîner une perte de contrôle, vous pouvez expérimenter d'être un peu plus ouvert avec une personne de confiance, sur quelque chose qui vous a ennuyé ou énervé, ou bien montrer de l'affection plus ouvertement que vous ne le feriez habituellement.

Quels sont les résultats de votre expérience ?

Quelle que soit la nature de votre expérience, il sera essentiel d'observer les conséquences du fait d'agir différemment, de sorte que, si vos pires craintes se révèlent inexactes, vous serez en mesure d'arriver à des prévisions plus précises dans des situations similaires à l'avenir. Pour vous assurer de toujours tirer le meilleur parti de toute expérience que vous abordez, revisionnez toujours vos résultats aussitôt après. Qu'avez-vous appris ? Quel impact a eu le fait d'agir différemment sur la façon dont vous vous êtes senti ? Dans quelle mesure ce qui

© Dunod – Toute reproduction non autorisée est un délit.

s'est passé est en accord avec vos prévisions initiales, et avec les solutions de rechange que vous avez trouvé ? Quelles sont les implications de ce qui s'est réellement passé sur votre vision négative de vous-même ? Est-elle validée ? Ou pensez-vous que vous pourriez vous permettre de penser à vous-même de façon plus positive ?

En termes de résultats, il y a deux possibilités. Les deux sont utiles en tant que sources d'information sur ce qui va maintenir votre faible estime de soi. D'un côté, l'expérience peut montrer que vos prévisions anxieuses n'étaient pas correctes, et que les alternatives que vous avez trouvées étaient en effet plus réalistes et plus utiles : tant mieux. D'un autre côté, l'expérience montre parfois que les prédictions anxieuses sont absolument exactes. Si c'est le cas, ne désespérez pas. Ceci est une information précieuse. Comment est-ce arrivé ? Est-ce que cela n'avait en fait rien à voir avec vous, ou avec un quelconque autre élément de la situation ? Quels autres facteurs pourraient expliquer ce qui n'a pas été, au-delà de vous ? Si vous y avez contribué d'une certaine façon, est-il possible que vous puissiez gérer la situation différemment à l'avenir, de façon à aboutir à un résultat différent ? Par exemple, êtes-vous sûr de vous être débarrassé de tout comportement de recherche de sécurité ?

Soyez honnête ! Revenez en arrière sur ce qui s'est passé et vérifiez avec soin. Si quelques précautions étaient toujours actives, que pensez-vous qu'il serait arrivé si vous les aviez laissées tomber (les prévisions anxieuses) ? Comment pourriez-vous vérifier cela ? Quels changements avez-vous eu exactement besoin d'apporter à votre comportement ? Comment allez-vous vous assurer que vous laissez tomber vos comportements de recherche de sécurité la prochaine fois ?

Lorsque vous avez soigneusement réfléchi à ce qui s'est passé, travaillez aux expériences dont vous avez besoin pour mener cela à bien la prochaine fois, en utilisant les mêmes étapes décrites ci-dessus. Comment pourriez-vous appliquer ce que vous avez appris dans d'autres situations ? Quelles autres mesures avez-vous besoin de prendre ? Pourriez-vous répéter la même expérience pour avoir confiance en vos résultats ? Ou devriez-vous passer à des changements similaires dans une nouvelle situation peut-être moins difficile ? Quelle est la prochaine étape ?

Quel que soit le résultat de votre expérience, félicitez-vous pour ce que vous avez fait. S'accorder du mérite pour avoir fait face à des défis et à des choses qui impliquent un effort s'inscrit dans le cadre d'un apprentissage de l'acceptation de votre propre valeur – une partie du renforcement de l'estime de soi. Qu'est-ce que ce qui s'est passé dans votre façon de parler de vous-même, des autres et de la façon dont le monde fonctionne ? Compte tenu de ce qui s'est passé, quelles prédictions feraient meilleur sens la prochaine fois que vous aborderez ce type de situation ? Quelles stratégies générales pourriez-vous adopter, basées sur ce qui s'est passé ici, qui vous aideraient à gérer encore plus efficacement des situations similaires à l'avenir ?

UN EXEMPLE : KATE VA FAIRE DES COURSES

Kate a besoin d'acheter une nouvelle machine à laver. Elle a expérimenté avec succès le fait de demander à son patron l'argent qu'il lui devait, et a découvert que ses prédictions étaient inexactes. Cependant, elle restait encore sceptique quant à sa capacité à demander ce dont elle avait besoin. Elle a prédit que si elle prenait le temps de s'informer pleinement sur les options disponibles, et ne comprenait pas immédiatement les détails techniques, le vendeur s'impatienterait et lui manquerait de respect. Elle le savait parce que le vendeur aurait un ton cassant, la laisserait pour s'occuper d'un autre client, et la renverrait vers d'autres vendeurs. Son habitude en terme de stratégie auto-protectrice dans ce genre de situation était de faire semblant de comprendre, de regarder uniquement un ou deux modèles, et de s'excuser d'avoir pris du temps au vendeur.

Elle a donc décidé de poser beaucoup de questions, car elle avait besoin, pour être claire sur les différentes options, d'examiner les fourchettes de prix des modèles, et d'être agréable et sympathique mais pas du tout de s'excuser. Après avoir repensé à sa prédiction, elle en est venue à la conclusion que, même si la réaction qu'elle craignait arrivait, elle était peu probable, et en dirait peut-être plus à propos du vendeur qu'à propos d'elle-même. Cela lui a donné le courage d'y aller.

À son grand désarroi, dans la première boutique, elle a essayé, l'assistant s'est comporté presque exactement comme elle l'avait prévu. Il était dédaigneux, se retournait pour parler à d'autres personnes, et ne semblait pas se soucier de savoir si elle achèterait ou non une machine. Heureusement, elle a eu l'occasion le soir même de parler de ce qui s'était passé avec un ami. L'ami lui a dit qu'il avait eu la même expérience dans le même magasin, et a recommandé d'essayer avec un autre qui proposait un meilleur service à la clientèle. Cela a permis à Kate de comprendre ce qui s'était passé d'une manière nouvelle, plutôt que de simplement supposer que ses prévisions initiales devaient être correctes. Cela lui a remonté le moral pour s'y rendre une seconde fois.

Elle a découvert qu'il était possible de donner suite à sa nouvelle stratégie plus affirmée sans se pénaliser. Elle a posé beaucoup de questions, a demandé au vendeur de répéter un certain nombre de fois les informations, a examiné un certain nombre de modèles, et à la fin n'a rien acheté. Le vendeur l'a traité avec courtoisie, et lui a donné son numéro de téléphone et sa carte au cas où elle aurait d'autres questions. D'autres expériences dans d'autres magasins ont confirmé cette nouvelle expérience. La conclusion de Kate était : « Je suis en droit de prendre autant de temps que je le veux pour prendre la décision de dépenser mon argent. Poser des questions et montrer mon ignorance est normal – sinon comment pourrais-je savoir ce que je dois savoir ? Si les gens sont impolis, c'est leur problème – cela ne veut rien dire sur moi ».

© Dunod – Toute reproduction non autorisée est un délit.

RÉSUMÉ DU CHAPITRE

1. Dans le cas où les règles de vie liées à une faible estime de soi peuvent être rompues, le schéma est activé et déclenche des prédictions sur ce qui pourrait mal se passer.
2. Ces prévisions sont influencées par les préjugés : surestimer les chances que quelque chose se passe mal ; surestimer à quel point ce serait mauvais si cela tournait mal, et sous-estimer les ressources personnelles et externes qui pourraient aider à rendre la situation gérable.
3. Afin d'éviter que les prédictions ne se réalisent, les gens prennent des précautions. En effet, celles-ci sont inutiles et elles font qu'il est impossible de découvrir si les prévisions sont correctes ou non.
4. Afin de briser le cercle vicieux et de s'attaquer aux prédictions anxieuses, il faut d'abord apprendre à repérer quand elles arrivent, et observer leur impact sur l'émotion et les sensations corporelles, et les précautions inutiles auxquelles elles mènent.
5. L'étape suivante consiste à remettre en question les prévisions par l'examen de l'évidence pour et contre, et la recherche d'alternatives plus réalistes.
6. La dernière étape est d'obtenir une preuve directe par l'expérience de la précision des prédictions et des nouvelles alternatives, face à des situations qui sont habituellement évitées, et prendre le risque de laisser tomber les précautions inutiles.

NOTES

© Dunod – Toute reproduction non autorisée est un délit.

Chapitre 5

Combattre l'autocritique

Objectifs

- Comprendre le rôle et l'impact de l'autocritique dans le maintien de la faible estime de soi
- Repérer vos pensées autocritiques
- Les questionner et les mettre à distance

SOMMAIRE

DANS LA FAIBLE ESTIME DE SOI, la pensée autocritique suit l'idée que les croyances négatives sur soi (le schéma) ont été confirmées par l'expérience. Elle contribue à maintenir une faible estime de soi car elle déclenche des sentiments comme la culpabilité, la honte et la tristesse, et perpétue ainsi l'activation du schéma.

L'IMPACT DE L'AUTOCRITIQUE

Les personnes atteintes de faible estime de soi sont dures avec elles-mêmes. Pour elles, l'autocritique peut être plus ou moins un mode de vie. Elles s'appellent par des noms d'oiseau, se disent qu'elles devraient faire mieux et se cachent lorsque les choses tournent mal. Elles sont à l'affût de toutes les faiblesses et erreurs. Celles-ci ne font pas partie de la fragilité normale ou d'une erreur humaine naturelle – elles sont la preuve de l'inadéquation ou de l'échec, un signe que l'on n'est tout simplement pas assez bon. Les personnes atteintes de faible estime de soi se critiquent pour toutes les choses qu'elles devraient faire et ne font pas – et pour toutes les choses qu'elles ne devraient pas faire et font. Elles peuvent même se reprocher d'être autant critiques.

Les personnes atteintes de faible estime de soi prévoient certaines difficultés, ou quelque chose de profondément mauvais en elles, et sur cette base, portent des jugements sur elles-mêmes (« stupide », « incompétent », « peu attrayant », « mère pourrie », etc.) Ces jugements ignorent complètement l'autre côté du miroir, les aspects qui ne sont pas conformes à ça. Le résultat final est un point de vue biaisé, plutôt qu'un point de vue équilibré. Et le biais s'exprime par les pensées autocritiques.

Les pensées autocritiques provoquent des sentiments douloureux (de tristesse, de déception, de colère, de culpabilité), et maintiennent la faible estime de soi.

Prenez **Jim**, par exemple, l'homme qui a accidentellement renversé et tué une femme qui descendait du trottoir (page 35). À un moment donné, après avoir été perturbé plusieurs mois par ce qui s'était passé, Jim s'est senti beaucoup mieux quelques temps. L'accident semblait être un peu moins présent dans son esprit, et il s'est senti plus détendu, plus au-dessus des choses et comme dans son état normal.

Puis, un jour, sa fille est rentrée très tard à la maison. Jim était terrifié. Il était persuadé que quelque chose de terrible lui était arrivé. En fait, il avait oublié qu'elle allait chez un ami. Quand elle est rentrée, il a piqué une crise. Par la suite, il s'est senti tout honteux de lui-même. Quelle belle façon de se comporter ! « Ce qui prouve », pensait-il. « Je suis vraiment perdu. Je suis totalement fichu ». Il se sentait de plus en plus bouleversé. « Reprends-toi », se disait-il à lui-même. « C'est pathétique. Ressaisis-toi ». Cet épisode a confirmé ses pires soupçons à propos de lui-même : Il était une *épave névrotique*, il n'y avait pas de doute à ce sujet. Et il semblait qu'il y avait peu de chance de changement. Jim était sur le point d'abandonner.

Vous pouvez avoir une idée de l'impact émotionnel des pensées autocritiques en réalisant l'expérience suivante. Lisez attentivement la liste de mots ci-dessous. Imaginez qu'ils s'appliquent à vous, et remarquez quel est leur impact sur votre confiance en vous et sur votre humeur :

Inutile	Pathétique	Incapable
Non attrayant	Indésirable	Truand
Faible	Inférieur	Stupide
Antipathique	Sans valeur	Pas à la hauteur

La pensée autocritique sabote tout sentiment positif de soi et vous tire vers le bas. Certains des mots de la liste peuvent même être familiers pour vous. Si c'est le cas, soulignez-les. Quels autres mots utilisez-vous pour vous décrire au moment où vous vous autocritiquez ? Prenez note. Ce sont des mots dont vous aurez besoin pour voir au-delà.

Ce chapitre va vous orienter vers une vision plus équilibrée de vous-même en vous aidant à remarquer quand vous vous autocritiquez, et à observer soigneusement l'impact de l'autocritique sur vos sentiments et sur votre mode de fonctionnement dans les situations du quotidien. Ceci est la partie du cercle vicieux sur laquelle nous allons travailler :

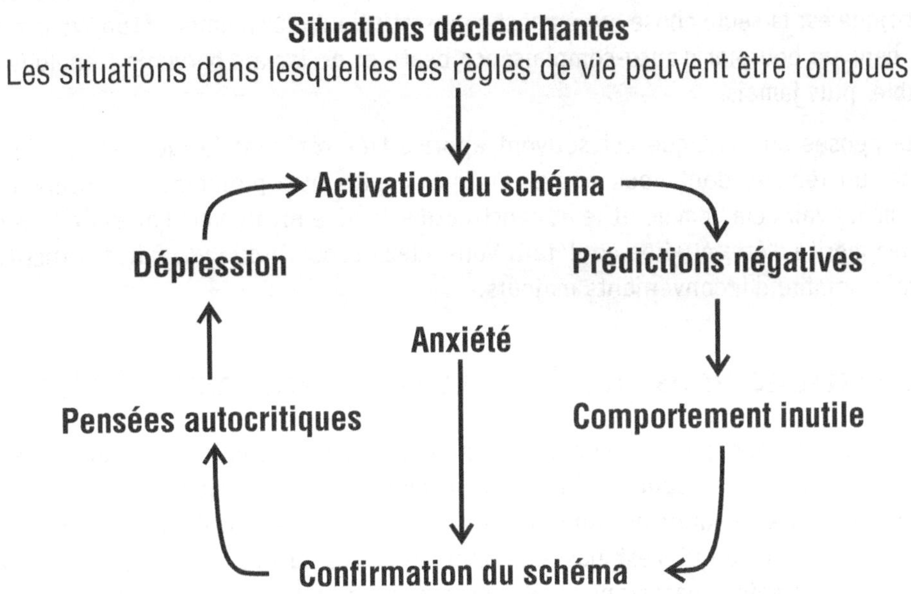

Figure 5.1. Le cercle vicieux : Le rôle de l'autocritique dans le maintien d'une faible estime de soi

Vous allez apprendre à questionner les pensées autocritiques et à rechercher des solutions de rechange, comme vous avez appris à remettre en question vos prédictions anxieuses.

© Dunod – Toute reproduction non autorisée est un délit.

Vous aurez aussi besoin d'apprendre à devenir plus conscients des aspects positifs de vous-même, et à accorder plus d'attention à vos points forts, à vos qualités et à vos talents. Vous trouverez des idées sur la façon d'aller vers cela dans le prochain chapitre.

POURQUOI L'AUTOCRITIQUE FAIT PLUS DE MAL QUE DE BIEN

Dans de nombreuses cultures, l'autocritique est perçue comme une chose bonne et utile. Cette idée est présente dans des dictons comme « Qui aime bien châtie bien », ce qui suggère que le développement se fait à travers la correction et la punition. Parfois, les gens craignent que bien penser de soi-même conduit à la vantardise et à la grosse tête (nous reviendrons sur cette idée plus tard, dans le chapitre sur l'amélioration de l'acceptation de soi). Ainsi, les enfants apprennent à mieux se comporter et à travailler plus dur en voyant leurs défauts soulignés, plutôt que leurs vertus et leurs réussites. Les parents et les enseignants peuvent passer leur temps à souligner ce que les enfants ont fait de mal, au lieu de les aider à tirer parti de ce qu'ils ont fait de bien. Cela peut engendrer un sentiment que l'autocritique est la seule chose qui empêche de sortir du droit chemin – Stop, vous pourriez tomber dans un bourbier d'auto-complaisance béate et ne jamais parvenir à quelque chose de valable, plus jamais.

Donc, la pensée autocritique est souvent apprise très tôt dans la vie. Cela devient une habitude, un réflexe, dont vous pouvez ne même plus être pleinement conscient. Vous pouvez même voir cela comme utile et constructif – la voie royale vers l'amélioration de soi. Cette idée mérite d'être étudiée en détail. Vous allez découvrir que, en fait, l'autocritique a un certain nombre d'inconvénients majeurs.

L'autocritique vous paralyse et vous rend mal à l'aise

Imaginez une personne que vous connaissez qui est tout à fait confiante. Imaginez la suivre partout, en soulignant chaque petite erreur qu'elle fait, lui dire que ce qu'elle a fait est très bien, mais qu'elle aurait pu faire mieux / plus rapide / plus efficace, en l'insultant et en minimisant tout ce qui s'est passé de bien, tous les succès. Au fur et à mesure que les jours et les semaines passeront, quel impact pensez-vous que cette critique constante, semée goutte après goutte, aura ? Comment cette personne se sentira-t-elle ? Comment cela affectera-t-il sa confiance dans sa capacité à faire face et à réussir dans la vie ? Comment cela influencera-t-il sa capacité à prendre des décisions et à prendre des initiatives ? Cela rendra-t-il sa vie plus facile ou plus difficile ? Envisageriez-vous même de le faire à l'un de vos amis ? Si non, pourquoi ?

Si vous avez l'habitude de l'autocritique, alors c'est probablement ce que vous faites avec vous-même, peut-être sans même en être particulièrement conscient. Les pensées autocritiques sont comme un perroquet sur l'épaule, qui répète constamment sa désapprobation dans votre oreille. Pensez à la façon dont cela peut être décourageant, démoralisant à force et à quel point cela peut paralyser vos efforts pour changer et évoluer.

L'autocritique est injuste

Être autocritique signifie que vous réagissez même à de petites erreurs, à des échecs ou à des erreurs de jugement comme s'ils racontaient toute votre histoire. Votre radar pour les défauts et les faiblesses est très sensible et, quand vous en détectez, vous les utilisez comme un signal pour vous déprécier totalement. Vous vous dites que vous êtes mauvais, pathétique ou stupide en tant que personne. Est-ce juste ?

En fait, vous êtes constitué de millions d'actions, sentiments et pensées – certaines bonnes, certaines mauvaises et d'autres indifférentes. Lorsque vous vous condamnez en tant que personne sur la base d'une erreur ou de quelque chose que vous regrettez, vous tirez une conclusion générale sur vous-même sur la base d'éléments de preuve biaisés, en prenant seulement en compte les aspects négatifs de vous-même. Soyez réaliste : donnez crédit à vos atouts et à vos forces en reconnaissant que, comme le reste de l'espèce humaine, vous avez des faiblesses et des défauts.

L'autocritique bloque l'apprentissage

L'autocritique sabote votre confiance et vous fait vous sentir plus bas que terre, découragé, démoralisé et mauvais. Loin de vous aider à surmonter les problèmes, elle vous empêche de penser clairement sur vous et votre vie et modifie les aspects de vous-même que vous voulez vraiment changer. De façon générale, les gens apprennent plus quand leurs succès sont récompensés et encouragés que quand ils sont critiqués et punis pour leurs échecs. L'autocritique souligne simplement que vous avez eu tort – elle ne vous donne pas le moindre indice quant à la façon de faire mieux la prochaine fois. Si vous faites attention à ce que vous faites mal, vous perdez la possibilité d'apprendre et de répéter ce que vous faites bien. De même, si vous vous démolissez chaque fois que vous faites une erreur, vous perdez la possibilité d'apprendre de vos erreurs et de travailler de manière constructive sur les aspects de vous-même que vous souhaitez modifier.

© Dunod – Toute reproduction non autorisée est un délit.

L'autocritique ne tient pas compte des réalités

Quand les choses vont mal, en plus de vous critiquer pour ce que vous avez fait, vous allez probablement vous dire que vous auriez dû agir différemment. Peut-être que vous êtes en droit de penser qu'agir autrement aurait été au mieux dans vos intérêts. Avec le recul, il est souvent facile de voir comment on aurait pu gérer les choses différemment. Mais comment cela est-il apparu pour vous à l'époque ? En réalité, les chances sont que vous avez eu de bonnes raisons d'agir comme vous l'avez fait, même si à la fin de votre plan d'action il s'est avéré que vous vous êtes trompé, égaré ou que vous avez regretté. Compte tenu de toutes les circonstances (vous étiez fatigué, vous ne pensiez pas clairement, vous n'avez pas eu toutes les informations dont vous aviez besoin pour faire face à la situation de la meilleure façon possible), vous devriez avoir agi exactement comme vous l'avez fait.

Cela ne veut pas dire vous laisser vous en tirer si vous avez vraiment fait quelque chose digne de regret, ou que vous ignorez les erreurs réelles que vous avez faites. Si vous ne pouvez pas voir les choses plus clairement avec du recul, utilisez vos nouvelles connaissances pour apprendre de l'expérience. Ensuite, si une situation similaire se présente à nouveau, vous aurez un point de vue différent sur la façon de la gérer. Mais ruminer sur le passé et utiliser des choses que vous regrettez comme un bâton pour se faire battre vous fera seulement vous sentir mal et vous paralysera. Cela ne vous aidera pas à penser plus clairement et mieux la prochaine fois.

L'autocritique vous enfonce quand vous êtes déprimé

Parfois, les gens se démoralisent et ont encore moins confiance en eux-mêmes en se critiquant pour avoir été trop peu sûrs d'eux, trop peu affirmé, anxieux ou déprimé. Mais ces problèmes sont courants, et pourraient probablement affecter la plupart (voire la totalité) d'entre nous, étant donné les circonstances qui s'y prêtent.

Comme nous l'avons vu, les difficultés personnelles sont souvent une réaction naturelle à des événements stressants, et, en général, sont le produit compréhensible d'un apprentissage précoce. Elles ne signifient pas qu'il y a quelque chose de fondamentalement mauvais en vous. Selon toute probabilité, ceux qui ont eu les expériences que vous avez eues ont fait ce que vous faites, avec le même impact sur leur vie quotidienne. Avec l'aide de ce livre, et d'autres ressources si besoin est, vous serez en mesure de trouver des façons de gérer le doute de soi et ses conséquences avec plus de succès. Ce qui est certain, c'est que vous critiquer pour avoir connu des difficultés ne vous aidera pas à les résoudre.

COMBATTRE LES PENSÉES AUTOCRITIQUES

Maintenant que nous avons établi la nocivité des pensées autocritiques, comment pouvez-vous composer avec elles ? Les compétences nécessaires sont très similaires à celles que vous avez utilisées lorsque vous avez appris comment interroger et tester vos prédictions anxieuses (chapitre 4). Elles sont les suivantes :

Les étapes du combat contre les pensées autocritiques

- Augmenter la conscience des pensées autocritiques
- Questionner les pensées autocritiques
- Expérimenter en vous regardant plus positivement

Chacune de ces étapes va maintenant être examinée plus en détail.

AUGMENTER LA CONSCIENCE DES PENSÉES AUTOCRITIQUES

Devenir plus conscient de vos propres pensées autocritiques n'est pas toujours aussi facile qu'il y paraît. Surtout si vous avez manqué d'estime de soi pendant longtemps, l'autocritique peut être devenue une habitude dont vous êtes à peine conscient – une partie de la routine dans la façon dont vous pensez à vous-même. Donc la première étape est d'apprendre à observer lorsque vous vous rabaissez, et d'observer l'impact que cela a sur la façon dont vous vous sentez et comment vous allez entreprendre votre vie.

Quand vous êtes autocritique, vos sentiments sont affectés. Les changements dans votre état émotionnel sont souvent votre meilleur signal que l'autocritique est passée par là, surtout si l'autocritique est une habitude bien rodée dont vous n'êtes pas pleinement conscient. Les émotions que vous ressentez lorsque vous êtes dur envers vous-même sont probablement différentes de l'anxiété, de l'appréhension, de la peur ou de la panique qui se déclenchent lorsque vous prédisez que les choses sont sur le point de vous tromper. Vous êtes plus susceptible de vous sentir :

Coupable	Honteux
Triste	Embarrassé
Déçu de vous-même	En colère contre vous-même
Frustré	Déprimé
Sans espoir	Désespéré

© Dunod – Toute reproduction non autorisée est un délit.

Comme vous le savez, depuis que vous avez travaillé sur les prévisions anxieuses, la première étape vers le changement des vieilles habitudes de pensée est d'être capable de les repérer quand elles se produisent. Au lieu d'être emporté par les sentiments qui vont avec l'autocritique, vous pouvez apprendre à les utiliser comme un repère pour l'action. L'utilisation de la feuille d'enregistrement, « Le repérage des pensées autocritiques » à la page 101 est une bonne façon de procéder. L'utilisation de la feuille vous invite à remarquer ce qui se passe dans votre tête quand vous vous sentez mal dans votre peau, et à mieux comprendre comment ces pensées affectent votre vie et comment elles maintiennent le cercle vicieux de la faible estime de soi. Vous découvrirez peut-être que les mêmes pensées (ou de très similaires) apparaissent encore et encore.

En quelques jours, vous deviendrez plus sensible aux changements de vos sentiments, et des pensées autocritiques qui les déclenchent. Assurez-vous que vous gardez à l'esprit que ces pensées sont une question d'opinion ou une vieille habitude, pas un reflet de la personne que vous êtes vraiment. De cette façon, vous pourrez commencer à vous éloigner d'elles, avant même de commencer le processus de questionnement systématique.

COMMENT FAIRE POUR UTILISER « LE REPÉRAGE DES PENSÉES AUTOCRITIQUES »

La feuille d'enregistrement est conçue pour encourager la conscience de soi, pour vous aider à vous brancher sur les pensées autocritiques comme une première étape pour les interroger et rechercher des alternatives plus utiles et réalistes. Vous verrez un exemple vierge à la page 101, et un exemple achevé à la page 102 (d'autres exemplaires vierges sont fournis en Annexe).

Comme avec les prévisions anxieuses, une feuille d'enregistrement structurée avec des titres peut être plus utile pour vous qu'un journal quotidien. Elle vous aidera à commencer à penser clairement à ce qui se passe, au lieu de vous perdre à raconter l'histoire tout en étant bouleversé. Ceci est particulièrement important maintenant que vous travaillez sur l'autocritique, parce que les pensées autocritiques sont souvent des pensées très proches du schéma et ainsi peuvent paraître particulièrement convaincantes pour vous.

La meilleure façon de devenir plus conscients des pensées autocritiques, c'est de les noter dès qu'elles apparaissent. Vous verrez que les rubriques de la fiche d'enregistrement sont très similaires à celles des « feuilles d'enregistrement des prédictions et précautions » (page 73). Vous aurez besoin d'écrire :

Tableau 5.1.

Date/heure	**Situation** Que faisiez-vous et ou étiez-vous quand vous avez commencé à vous sentir mal par rapport à vous-même ?	**Émotions et sensations physiques** (ex : tristesse, colère, culpabilité). Évaluez de 0 à 100 l'intensité	**Pensées autocritiques** Qu'est-ce qui vous est venu à l'esprit quand vous avez commencé à vous sentir par rapport à vous-même ? (ex : des pensées en mots, des images). Évaluez de 0 à 100 % le degré de conviction	**Comportement auto-destructeur** Qu'avez-vous fait à la suite de votre pensée autocritique ?

Tableau 5.2.

Date/heure	**Situation** Que faisiez-vous et ou étiez-vous quand vous avez commencé à vous sentir mal par rapport à vous-même ?	**Émotions et sensations physiques** (ex : tristesse, colère, culpabilité). Évaluez de 0 à 100 l'intensité	**Pensées autocritiques** Qu'est-ce qui vous est venu à l'esprit quand vous avez commencé à vous sentir par rapport à vous-même ? (ex : des pensées en mots, des images). Évaluez de 0 à 100 % le degré de conviction	**Comportement auto-destructeur** Qu'avez-vous fait à la suite de votre pensée autocritique ?
5.3.2009	Je me suis mis en colère contre Kelly parce qu'elle était rentrée tard. J'avais complètement oublié qu'elle allait chez Jan	Coupable 80 Marre de moi-même 100 Désespoir 95	Ca le prouve – Je suis un perdant 100 % Je suis un gâchis total 95 % Je dois me ressaisir 100 % C'est pathétique 100 % Quel est le problème avec moi ? Je ne pense pas que je pourrai jamais revenir à ce que j'étais 95 %	Nous sommes sortis de la maison et sommes allés au pub. Nous sommes rentrés tard et je me suis enfermé dans la cave seul pour regarder la télévision. Je n'en ai parlé à personne.

La date et l'heure

Quand êtes-vous mal dans votre peau ? Utilisez cette information pour noter les schémas au fil du temps, comme vous l'avez fait avec vos prédictions négatives.

La situation

Qu'est-ce qui s'est passé au moment où vous avez commencé à vous sentir mal dans votre peau ? Où étiez-vous ? Avec qui étiez-vous ? Que faisiez-vous ? Décrivez brièvement ce qui s'est passé (par exemple « j'ai invité une fille à danser – elle a refusé » ou « Mon patron m'a demandé de réécrire un rapport »). Il se peut que vous n'ayez pas été en train de faire quelque chose en particulier (par exemple, la vaisselle, regarder la télévision) et que ce qui a déclenché l'autocritique ne correspondait pas à ce qui se passait autour de vous, mais plutôt à quelque chose dans votre cheminement de pensée en général. Dans ce cas, notez le thème général en vous concentrant dessus (par exemple, « Penser à mon ex-mari qui doit prendre les enfants pour le week-end » ou « Se souvenir d'une moquerie à l'école »). Vos pensées exactes seront décrites, mot pour mot, dans la colonne « pensées autocritiques ».

Les émotions et les sensations corporelles

Vous pouvez avoir ressenti une seule émotion (tristesse, par exemple) ou avoir ressenti un mélange d'émotions (par exemple, non seulement la tristesse, mais aussi la culpabilité et la colère). Comme avec l'anxiété, vous pouvez aussi avoir connu des changements dans votre état corporel (par exemple, un sentiment d'angoisse, un estomac ballonné ou une sensation de poids sur vos épaules). Écrivez chaque émotion et sensation corporelle, et donnez-lui une note entre 0 et 100 selon son intensité. Rappelez-vous : une note de 5 signifie une réaction émotionnelle ou physique très faible, une note de 50 signifie un niveau modéré, et une note de 100 signifie que l'émotion ou la sensation était aussi forte qu'elle pourrait l'être. Vous pouvez mettre une note n'importe où entre 0 et 100.

Les pensées autocritiques

Qu'est-ce qui s'est passé dans votre tête quand vous avez commencé à vous sentir mal dans votre peau ? Tout comme l'anxiété, vos pensées peuvent être apparues en mots, comme une conversation ou un commentaire dans votre esprit. Vous pouvez vous appeler par certains noms, par exemple, ou vous dire que vous auriez pu faire mieux. Écrivez vos pensées, dans la mesure du possible, mot pour mot. D'autre part, certaines de vos pensées peuvent prendre la forme d'images dans votre esprit. Geoff, par exemple, le garçon dont l'énergie et la

© Dunod – Toute reproduction non autorisée est un délit.

curiosité lui ont valu des ennuis en tant qu'enfant, voyant le visage de son père en colère, affichant la désapprobation. Décrivez brièvement l'image, telle qu'elle est apparue à votre esprit. Si vous le pouvez, notez le message que l'image vous donne (pour Geoff, le message était qu'il avait eu tort, encore une fois).

Il peut y avoir des moments où vous vous sentez bouleversé, mais où vous ne pouvez pas identifier des pensées ou des images en tant que telles. Si c'est le cas, demandez-vous quel est le sens de la situation. Que dit-elle de vous-même ? Est-ce qu'une personne qui se trouverait dans cette situation agirait de la même façon ? Quelles sont les implications sur ce que les autres pensent de vous ? Qu'est-ce que cela dit à propos de votre avenir ? Cela peut vous donner un indice quant aux raisons pour lesquelles la situation vous dérange. Un désaccord, par exemple, peut vouloir dire qu'une personne ne vous aime pas. Le fait qu'un ami vous raconte sa nouvelle histoire d'amour pourrait signifier que, contrairement à d'autres personnes plus dignes, vous ne trouverez pas quelqu'un qui vous aime. Réfléchissez à la situation dans laquelle vous avez commencé à vous sentir mal, explorez sa signification et, quand vous l'aurez trouvée, notez-la. Vous serez alors en mesure de remettre en question les images et les significations et de leur trouver des alternatives, tout comme vous pourrez questionner et trouver des alternatives aux pensées.

Comme avec les prévisions anxieuses, donnez à chaque pensée autocritique ou image une note comprise entre 0 et 100 %, selon la force avec laquelle vous y avez cru quand elle est apparue. 100 % signifierait que vous y avez adhéré totalement, sans l'ombre d'un doute ; 50 % voudrait dire que vous étiez mitigé ; 5 % que vous y croyiez un peu. Encore une fois, vous pourriez mettre une note n'importe où entre 0 et 100 %.

Le comportement autodestructeur

Quel impact a eu votre pensée autocritique sur votre comportement ? Les pensées autocritiques affectent non seulement la façon dont les gens se sentent, mais ont aussi une incidence sur la façon dont ils agissent. Elles peuvent vous amener à adopter des comportements qui ne sont pas au mieux de vos intérêts, et qui ont tendance à maintenir votre faible estime de soi.

Dans la dernière colonne de la feuille d'enregistrement, notez tout ce que vous avez fait, ou pas fait, suite à ces pensées. Par exemple :

- Vous êtes-vous excusé ?
- Vous êtes-vous retiré dans votre coquille ?
- Avez-vous évité de demander quelque chose dont vous aviez besoin ?
- Vous êtes-vous traité comme un paillasson ou rabaissé ?
- Avez-vous évité une opportunité que vous auriez pu prendre ?

TIRER LE MEILLEUR PARTI DU « REPÉRAGE DES PENSÉES AUTOCRITIQUES »

Pourquoi prendre la peine de l'écrire ?

Pourquoi ne pas simplement noter mentalement ce qui se passe lorsque vous rencontrez des pensées autocritiques ? Christine Padesky, une thérapeute cognitiviste de Californie, a déclaré : « Si vous ne l'écrivez pas, ce n'est pas arrivé. » Cela met en évidence la façon dont un écrit peut vous aider. Cela signifie que vous avez quelque chose de concret à penser et à réfléchir, et que ces incidents ont moins de chance d'être oublié. Vous pouvez remarquer des schémas répétitifs, envisager comment les pensées affectent votre comportement dans différentes situations et prendre conscience des mots exacts que vous utilisez quand vous vous autocritiquez.

De même, les gens trouvent souvent que le fait d'écrire encourage à éloigner les pensées. Cela les fait sortir de votre tête (façon de parler), à un moment où il est difficile de remettre en question leur vérité, car elles semblent tellement faire partie de vous, le fait de les déposer sur le papier vous permet de commencer à prendre du recul et d'envisager une perspective différente. Cela vous aidera à vous déplacer vers un point où vous pourrez commencer à dire : « Oh, oh, il y en a un d'autres comme celles-ci », et de les voir comme quelque chose que vous faites, plutôt que comme un véritable reflet de vous-même.

Combien de temps dois-je conserver cette feuille ? Combien de pensées ai-je besoin d'enregistrer ?

Ce travail se poursuivra aussi longtemps qu'il le faudra pour obtenir une compréhension claire de votre autocritique et de son impact sur votre état émotionnel et votre comportement. Vous pourriez commencer par noter un ou deux exemples par jour. Essayez d'obtenir un échantillon représentatif de vos pensées autocritiques. Lorsque vous sentez que vous avez atteint le point où vous remarquez et observez que leur impact est devenu assez automatique, vous serez prêt à passer à l'étape de trouver des alternatives à vos pensées. Cela peut vous prendre quelques jours. Mais si votre habitude de pensées autocritiques est bien ancrée et principalement hors de votre champ de conscience, cela peut vous prendre plus de temps.

Quand dois-je remplir la feuille ?

Comme avec les prévisions anxieuses, l'idéal est d'écrire vos pensées autocritiques dès qu'elles apparaissent. Cela signifie garder votre feuille sur vous pendant quelques jours. La

© Dunod – Toute reproduction non autorisée est un délit.

raison en est que, bien que les pensées autocritiques puissent avoir un effet très puissant quand elles se produisent, il peut être difficile par la suite de se rappeler exactement ce qui vous a traversé l'esprit. Cela rendra les choses difficiles pour vous lorsque vous chercherez à remettre en question vos idées avec des alternatives de pensées.

Mais, bien sûr, l'idéal n'est pas toujours possible. Vous pouvez être en pleine réunion ou à une fête, ou être en train de changer le bébé, ou de conduire sur une autoroute bondée. Si vous ne pouvez pas écrire au moment où cela se produit, assurez-vous qu'au moins vous notez mentalement ce qui vous contrarie, ou que vous vous mettez un rappel sur n'importe quel morceau de papier à portée de main (comme le dos d'une enveloppe, votre agenda ou votre liste des courses). Puis mettez-la de côté pour plus tard, afin de faire un compte-rendu écrit et détaillé. Procédez à un « rembobinage » dans votre esprit – rappelez-vous aussi vivement que vous le pouvez où vous étiez et ce que vous faisiez, à partir du moment où vous avez commencé à vous sentir mal : ce qui vous a traversé l'esprit à ce moment-là, et ce que vous avez fait en réponse à vos pensées.

Le fait de me concentrer sur mes pensées ne va-t-il pas me perturber ?

Être en face à face avec vos pensées peut sembler une perspective intimidante, surtout si elles reflètent fidèlement votre schéma et vous semblent très convaincantes, et si vous avez l'habitude de l'autocritique. Vous pourriez être tenté d'éviter d'y regarder de trop près. Peut-être que vous avez peur qu'elles ne vous dérangent. Et si elles se révèlent être vraies ? Ou peut-être qu'une partie de vous sait déjà qu'elles sont biaisées ou exagérées, et vous pensez que vous devriez être en mesure de les mettre à distance plutôt que de continuer à être en difficulté.

Il est naturel de vouloir éviter de se focaliser sur des idées bouleversantes, surtout si l'on soupçonne qu'elles peuvent être vraies. Vous pouvez vous sentir naturellement réticents à déposer ces jugements accablants de vous-même sur le papier. Mais si vous voulez combattre vos pensées autocritiques efficacement, il faut d'abord les regarder droit dans les yeux. Vous avez besoin de connaître la nature de l'ennemi. Alors méfiez-vous des excuses (« Je le ferai plus tard », « Il ne faut pas s'attarder sur ces choses »). Si vous faites cela, vous vous privez d'une chance de développer une perspective plus gentille sur vous-même. Et ignorer les pensées ne les fera pas disparaître.

QUESTIONNER LES PENSÉES AUTOCRITIQUES

Développer une conscience de vos pensées autocritiques est la première étape vers leur remise en cause, au lieu de les accepter comme un reflet de la réalité des choses. Vous avez déjà pratiqué cette compétence lorsque vous avez appris à vérifier vos prédictions anxieuses (se rappeler des questions de la page 82). Le but ici est d'arrêter de considérer vos pensées autocritiques comme si elles étaient des expressions d'une quelconque vérité sur vous-même, et de commencer à trouver des perspectives alternatives qui vont vous apporter une vision plus équilibrée.

À la page 108, vous trouverez une fiche d'enregistrement vierge appelée « Lutter contre les pensées autocritiques » ; d'autres exemplaires vierges sont fournis en Annexe. Un exemple est proposé à la page 109.

Vous verrez que les quatre premières colonnes de cette feuille sont identiques à celles du « Repérage des pensées autocritiques » (date/heure de la situation, émotions/état corporel, pensées autocritiques). Cependant, la nouvelle feuille ne s'arrête pas là. Elle vous demande également d'enregistrer les « perspectives alternatives », et d'évaluer l'impact qu'elles ont sur ce que vous avez initialement pensé et ressenti. Enfin, elle vous demande de décider d'un plan d'action afin de tester la façon dont les différents points de vue sont utiles pour vous.

En plus de continuer à collecter les informations auxquelles vous avez été confrontées en complétant le « Repérage des pensées autocritiques », vous aurez besoin d'écrire :

Les perspectives alternatives

Vous n'aurez pas à vous arracher des alternatives à vos pensées autocritiques. Vous pouvez utiliser la série de questions résumées à la page 115 et discutée en détail plus loin dans ce chapitre, pour vous aider à générer des alternatives et à regarder vos pensées sous des angles nouveaux. Notez pour chacune votre niveau d'adhésion selon la force avec laquelle vous y croyez, tout comme vous l'avez fait pour les pensées autocritiques (100 pour cent si vous y croyez complètement, 0 pour cent si vous n'y croyez pas du tout, et ainsi de suite). Vous n'avez pas à croire à 100 pour cent à toutes vos réponses. Elles doivent cependant être suffisamment convaincantes pour marquer au moins une différence dans la façon dont vous vous sentez.

Le résultat

Allez, revenons à vos émotions et sensations corporelles initiales. Quelle est leur intensité à présent ? Évaluez chacune sur 100. Puis retournez à vos pensées autocritiques. Maintenant

© Dunod – Toute reproduction non autorisée est un délit.

Tableau 5.3.

Date/heure	Situation	Émotions et sensations physiques	Pensées autocritiques	Perspectives alternatives	Résultat
		Évaluer l'intensité de 0 à 100.	Évaluer de 0 à 100 % le degré de conviction	Utiliser les questions clés pour trouver d'autres alternatives. Évaluer de 0 à 100 % le degré de conviction	1. Maintenant que vous avez trouvé des alternatives à vos pensées autocritiques, comment vous sentez-vous (0-100) ? 2. À quel point croyez-vous maintenant en vos pensées autocritiques (0-100 %) ? 3. Qu'est-ce que vous pouvez faire ? (plan d'action, expérimentations)

Tableau 5.4.

Date/heure	**Situation**	**Émotions et sensations physiques** Évaluer l'intensité de 0 à 100.	**Pensées autocritiques** Évaluer de 0 à 100 % le degré de conviction	**Perspectives alternatives** Utiliser les questions clés pour trouver d'autres alternatives. Évaluer de 0 à 100 % le degré de conviction	**Résultat** 1. Comment vous sentez-vous à présent (0-100) ? 2. À quel point croyez-vous maintenant en vos pensées autocritiques (0-100 %) ? 3. Qu'est-ce que vous pouvez faire ?
8.3.2009	Je me suis à nouveau disputé avec Kelly, elle voulait sortir sur la moto d'un ami	Coupable 80 En colère contre moi-même 100 Désespéré 80	Je perds encore une fois mon sang-froid pour rien. Je suis une épave 100 % Je dois me maîtriser, ou je vais perdre tout ce que j'ai 100 % Il n'y a pas de fin à ça 90 %	Il est vrai que j'étais plus en colère que la situation ne le justifiait. Mais c'est parce que j'ai peur pour elle. Les motos sont très dangereuses, et j'ai peur de la perdre. Donc, ce n'était pas vraiment pour rien. 100 % Je n'ai pas besoin de faire quelque chose à propos de tout cela, c'est vrai. J'ai beaucoup changé. Mais je suis passé par quelque chose de vraiment mauvais, alors peut-être il n'est pas surprenant que je ne sois pas comme d'habitude. 90 % Je ne sais pas comment répondre à cela. Cela dure depuis un certain temps. Je n'aime pas le faire, mais peut-être qu'il est temps de demander de l'aide. 50 %	1 Coupable 40 En colère contre moi-même 30 Désespoir 40 2 30 % 20 % 50 % 3 Dire à Kelly que je suis désolé de lui avoir crié dessus et lui expliquer pourquoi En parler à Viv (ma femme) et lui dire ce que je ressens au lieu de me fermer Demander de l'aide ?

que vous leur avez trouvé des alternatives, dans quelle mesure pensez-vous y adhérer ? Donnez à chacune une nouvelle note sur 100. Si vos réponses ont été efficaces, vous devriez constater que votre croyance dans les pensées autocritiques, ainsi que les émotions douloureuses qui les accompagnaient, ont diminué dans une certaine mesure.

Le plan d'action

On retrouve ici l'idée d'expériences qui a été explorée dans le chapitre 4. Calculez ce que vous devez faire afin de tester vos nouvelles perspectives dans le monde réel, plutôt que de les laisser sur le papier ou dans votre tête. L'expérience est le meilleur professeur : vous y trouverez vos solutions de rechange plus convaincantes si vous avez découvert par vous-même l'impact qu'elles ont, et comment elles changent vos sentiments et les possibilités qui s'offrent à vous.

TIRER LE MEILLEUR PARTI DE LA « LUTTE » CONTRE LES PENSÉES AUTOCRITIQUES

Combien de temps faut-il pour trouver de bonnes alternatives à mes pensées autocritiques ?

Questionner vos pensées autocritiques et rechercher des perspectives alternatives n'est probablement pas quelque chose que vous avez l'habitude de faire. Dans un premier temps, vous pouvez trouver que les mêmes pensées anciennes surgissent encore et encore. Il peut être difficile de libérer votre pensée et de trouver des solutions de rechange qui font une grande différence dans la façon dont vous vous voyez ou dans ce que vous ressentez (bien que certaines personnes trouvent que cela fait une différence notable tout de suite). Ne précipitez pas les choses – donnez-vous la chance de pratiquer, d'apprendre de vos erreurs et de développer vos compétences.

L'habitude de l'autocritique prend du temps à se briser. Changer votre façon de penser est un peu comme prendre le pli d'un exercice que vous n'avez jamais essayé auparavant. Il vous est demandé de développer les muscles mentaux que vous n'utilisez pas habituellement. Ils se plaignent et se sentent maladroits et mal à l'aise. Mais, avec une pratique régulière, ils deviendront solides, flexibles et capables de faire ce dont vous avez besoin. Et l'exercice lui-même se pratique bien, sans parler de ses résultats.

L'objectif de cette étape est d'atteindre le point où vous remarquerez automatiquement, répondrez et rejetterez les pensées autocritiques de sorte qu'elles n'influenceront plus vos sentiments ou votre manière d'agir. Une pratique régulière de tous les jours (un ou deux exemples écrits par jour) est le meilleur moyen d'y parvenir. Plus tard, vous serez en mesure de trouver des réponses aux pensées autocritiques dans votre tête sans avoir besoin d'écrire quoi que ce soit. Finalement, vous pourrez constater que la plupart du temps, vous n'aurez même pas besoin de répondre à des pensées dans votre tête – elles n'apparaîtront plus souvent. Malgré tout, vous pourrez toujours trouver la feuille d'enregistrement utile pour faire face aux pensées particulièrement difficiles, ou à des moments où vous vous sentez sous pression ou malheureux pour quelque raison que ce soit. La feuille d'enregistrement est quelque chose que vous aurez toujours dans votre « boîte à outils » pour faire face aux difficultés futures et aux situations difficiles. Mais les enregistrements quotidiens sont nécessaires jusqu'à ce que vous ayez atteint l'objectif de faire face aux pensées autocritiques.

Comment puis-je m'attendre à penser différemment quand je me sens vraiment contrarié ?

Si quelque chose se produit et vous dérange profondément, vous trouverez probablement qu'il est très difficile de trouver des alternatives à vos pensées autocritiques. Au lieu de saisir qu'il s'agit d'une difficulté naturelle, vous risquez de tomber dans le piège de la voir encore comme une autre raison de vous critiquer. La chose la plus utile à faire est simplement de mettre une note à ce qui s'est passé pour vous contrarier, à vos sentiments et à vos pensées, mais de laisser la recherche d'alternatives de côté jusqu'à ce que vous vous sentiez plus calme. Vous serez dans une meilleure position pour voir les choses clairement, après avoir passé la tempête.

À quel point l'enregistrement doit être bon ?

Beaucoup de gens avec une faible estime de soi sont des perfectionnistes qui attendent d'atteindre la norme la plus élevée possible dans tout ce qu'ils entreprennent. "Assez bien" n'est pas assez bon. Nous reviendrons aux règles perfectionnistes dans le chapitre 7. Pour le moment, cependant, il est important de garder à l'esprit le but de l'enregistrement : augmenter la conscience de soi et accroître la flexibilité dans votre manière de penser. Entreprendre l'enregistrement de manière perfectionniste ne vous aidera pas à atteindre cet objectif – Cela va générer une pression à accomplir, et étouffer la créativité. Votre enregistrement ne doit pas être un chef-d'œuvre littéraire, ou répondre à une écriture parfaite avec tous les accents et pointillés. Vous n'avez pas à trouver la bonne réponse ou la réponse que vous pensez que vous devriez noter. La « bonne » réponse est la réponse qui fonctionne pour vous – la réponse qui fait sens pour vous, qui change pour le mieux vos sentiments, et ouvre des pistes pour une action constructive. Il n'y a pas de réponse

© Dunod – Toute reproduction non autorisée est un délit.

unique, mais une qui peut vous sembler judicieuse. Vous avez besoin de trouver ce qui fonctionne le mieux pour vous.

Que faire si mes solutions ne fonctionnent pas ?

Parfois, les gens trouvent que les réponses qu'ils développent n'ont pas l'effet escompté – elles font peu de différence sur la façon dont ils se sentent, et elles n'aident pas à fonctionner différemment. Si c'est le cas pour vous, il se peut que vous soyez en train de disqualifier la réponse d'une certaine façon – peut-être tout simplement une rationalisation, ou vous dire qu'elle pourrait s'appliquer à d'autres personnes, mais pas à vous. Si vous avez des « oui, mais » comme celui-ci, écrivez-les dans la colonne « pensées autocritiques » et interrogez-les.

Ne vous attendez pas à ce que votre croyance dans les vieilles pensées et en vos sentiments douloureux soit réduite à zéro tout de suite, surtout si cela reflète des croyances sur vous-même qui sont en place depuis de nombreuses années. La pensée autocritique peut être comme une paire de vieilles chaussures – pas très agréable, mais vous êtes habitué à elles et elles sont moulées à votre pied. De nouvelles perspectives, en revanche, sont comme des chaussures neuves – inconnues et raides, et non confortables dans un premier temps. Vous aurez besoin de temps et de pratique pour renforcer le point de vue alternatif, et vous aurez également besoin d'expérimenter à plusieurs reprises d'agir différemment afin d'acquérir en profondeur que l'acceptation de soi fonctionne mieux pour vous que l'autocritique.

Que faire si je ne suis pas bon à cela ?

Ne vous laissez pas prendre au piège de l'autocritique lorsque vous enregistrez vos pensées autocritiques. Changer la façon dont vous pensez à vous-même n'est pas une tâche facile. Il faut du temps et de la pratique pour construire la compétence. Alors méfiez-vous du fait d'être dur avec vous-même lorsque vous allez trouver cela difficile. Si vous aviez un ami qui tentait de s'attaquer à quelque chose de difficile, quel serait selon vous le plus utile pour lui ? La critique et la punition, ou l'encouragement et les félicitations ? Vous pouvez vous surprendre à penser « Je dois être vraiment stupide pour penser de cette façon » ou « Je ne fais pas assez de ceci » ou « Je ne vais jamais avoir le coup de main ». Si vous avez des pensées comme celles-ci – écrivez-les et répondez-y.

LES QUESTIONS CLÉS POUR VOUS AIDER À TROUVER DES ALTERNATIVES AUX PENSÉES AUTOCRITIQUES

Les gens réussissent rarement à trouver tout de suite des solutions de rechange aux pensées autocritiques. Les questions résumées à la page 115 et détaillées ci-dessous sont conçues pour vous aider à explorer de nouvelles perspectives et à reconnaître à quel point vos pensées autocritiques sont sujettes à des biais et à des distorsions. Vous trouverez peut-être d'abord utile d'utiliser la liste dans son ensemble pour vous aider à vous mettre dans le bain du questionnement de vos pensées autocritiques. Comme vous allez les lire, remarquez quelles questions semblent particulièrement utiles dans la lutte contre votre propre style de pensée autocritique (par exemple, vous pouvez constater que vous avez l'habitude de vous blâmer pour des choses qui ne sont pas de votre responsabilité, ou que le fait de tenir compte de ce que vous diriez à une autre personne dans votre situation vous ouvre de nouvelles perspectives). Vous pourriez écrire ces questions particulièrement utiles sur une petite carte qui pourrait tenir dans votre portefeuille ou dans votre sac à main, et les utiliser pour libérer votre esprit lorsqu'apparaît la pensée autocritique. Avec la pratique, les questions utiles feront partie de votre mobilier mental. À ce stade, vous n'aurez plus besoin d'écrire.

Quelles sont les preuves ?

■ Est-ce que je confonds une pensée avec un fait ?

Ce n'est pas tout simplement parce que vous croyez que quelque chose est vrai que ce quelque chose l'est. Je pourrais croire que je suis une girafe. Mais est-ce que cela en fait une de moi pour autant ? Vos pensées autocritiques peuvent constituer des opinions en fonction de malheureuses expériences d'apprentissage que vous avez eues, et non pas être un reflet de votre véritable moi.

■ Quelles sont les preuves en faveur de ce que je pense à propos de moi-même ?

Qu'allez-vous faire, quand vous vous serez jugé de façon critique ? Quelle preuve réelle avez-vous pour valider ce que vous pensez de vous-même ? Quels sont les faits ou observations (plutôt que des idées ou des avis) qui valident votre pensée autocritique ?

© Dunod – Toute reproduction non autorisée est un délit.

■ Quelles sont les preuves qui vont à l'encontre de ce que je pense à propos de moi-même ?

Pouvez-vous penser à quelque chose qui indique que votre mauvaise opinion de vous-même n'est pas tout à fait vraie ? Ou bien qui la contredit ? Par exemple, si vous vous êtes vous-même critiqué d'avoir été stupide, pouvez-vous penser à quelque chose à propos de vous, passé et présent, qui ne correspond pas à l'idée que vous êtes stupide ?

Trouver une contre-preuve peut ne pas être facile, car vous aurez tendance à la rejeter. Cela ne signifie pas qu'elle n'existe pas.

Quelles sont les perspectives alternatives ?

■ Est-ce que je considère que ma perspective sur moi-même est la seule possible ?

Toute situation peut être considérée sous différents points de vue. Comment verriez-vous cette situation particulière en ce jour où vous vous sentez plus à l'aise ? Comment pensez-vous que vous la verriez dans dix ans ? Que diriez-vous si l'un de vos amis avait connu ce problème ? Si votre perte de confiance est relativement récente, comment auriez-vous vu la situation auparavant ? N'oubliez pas de vérifier les différents points de vue contre, les éléments de preuve disponibles. Une alternative qui n'a absolument aucun fondement dans la réalité ne vous sera pas utile.

Quel est l'effet de penser comme je le fais ?

■ Ces pensées autocritiques sont-elles utiles pour moi, ou sont-elles bloquantes ?

Dans cette situation spécifique, que voulez-vous ? Quels sont vos buts et objectifs ? Rappelez-vous la discussion précédente sur les avantages et les inconvénients de l'autocritique. À l'heure actuelle, les inconvénients ne l'emportent-ils pas sur les avantages ? Est-ce la meilleure façon d'obtenir ce que vous voulez pour sortir de la situation, ou une approche plus équilibrée, avec bienveillance, une perspective encourageante pourrait-elle être plus utile ? Vos pensées autocritiques vous aident-elles à gérer les choses de façon constructive, ou vous encouragent-elles à adopter un comportement autodestructeur ?

Quels sont les biais dans ma façon de penser sur moi-même ?

■ Est-ce que je tire des conclusions hâtives ?

Cela signifie décider comment les choses sont sans preuves suffisantes pour soutenir votre point de vue – par exemple, en concluant que le fait que quelqu'un ne vous a pas appelé signifie que vous avez fait quelque chose qui l'a offensé, alors qu'en réalité, vous n'avez aucune idée de ce qui pourrait être à l'origine de son comportement. Les personnes atteintes de faible estime de soi ont pour habitude de tirer des conclusions hâtives qui reflètent quelque chose de négatif sur elles-mêmes. Est-ce une habitude chez vous ? Si c'est le cas, pensez à considérer les preuves, les faits. Quand vous regardez le tableau d'ensemble, vous pouvez découvrir que votre conclusion critique sur vous-même est incorrecte.

Questions-clés pour vous aider à trouver des alternatives aux pensées autocritiques

Quelles sont les preuves ?

- Est-ce que je confonds une pensée avec un fait ?
- Quelles sont les preuves en faveur de ce que je pense de moi-même ?
- Quelles sont les preuves contre ce que je pense de moi-même ?
- Quelles sont les perspectives alternatives ?
- Puis-je considérer que mon point de vue est le seul possible ?
- Quelles preuves soutiennent d'autres perspectives ?

Quel est l'effet de penser comme je le fais ?

- S'agit-il de pensées autocritiques utiles pour moi, ou sont-elles au contraire bloquantes ?
- Quelle perspective peut-être plus utile pour moi ?
- Quels sont les biais dans ma façon de penser sur moi-même ?
- Est-ce que je tire des conclusions hâtives ?
- Est-ce que je juge avec partialité ?
- Est-ce que je pense en termes de tout-ou-rien ?
- Est-ce que je peux me condamner en tant que personne sur la base d'un événement unique ?
- Est-ce que je me focalise sur mes faiblesses en oubliant mes forces ?
- Puis-je me blâmer pour des choses qui ne sont pas vraiment de ma faute ?
- Est-ce que je dois attendre de moi d'être parfait ?

☞

© Dunod – Toute reproduction non autorisée est un délit.

☞

Que puis-je faire ?

- Comment puis-je mettre en pratique une nouvelle perspective plus aimable ?
- Y a-t-il quelque chose que je doive faire pour changer la situation ? Même si cela n'est pas le cas, que puis-je faire pour changer ma propre pensée à ce sujet à l'avenir ?
- Comment puis-je expérimenter le fait d'agir d'une manière moins vouée à l'échec ?

■ Est-ce que je juge avec partialité ?

Les personnes atteintes de faible estime de soi sont souvent beaucoup plus dures avec elles-mêmes qu'elles ne le seraient avec quelqu'un d'autre. Leurs critères pour elles-mêmes sont beaucoup plus élevés, plus rigides et plus inatteignables que les critères attendus pour d'autres personnes. Est-ce que vous attendez plus de vous-même que vous ne le faites pour d'autres personnes ? Souhaitez-vous être aussi dur avec elles ?

Pour savoir si vous jugez avec partialité, demandez-vous ce que votre réaction serait si quelqu'un dont vous vous souciez s'était présenté avec le même problème. Souhaiteriez-vous lui dire qu'il a été faible ou stupide ou pathétique, ou qu'il devrait faire mieux ? Ou seriez-vous encourageant et sympathique et essaieriez-vous de l'aider à mettre le problème en perspective et à chercher des façons constructives d'y faire face ? Les personnes atteintes de faible estime de soi craignent parfois que si elles deviennent plus respectueuses d'elles-mêmes, elles cesseront de faire quelque chose de leur vie. En fait, l'inverse est probablement vrai. Pensez à un enfant qui apprend à marcher et à parler. Si les parents de l'enfant lui crient dessus, le critiquent et l'appellent par son nom à chaque fois qu'il touche quelque chose ou dit un mot de travers, quel impact pensez-vous que cela aura ? Traiteriez-vous un enfant de cette façon ? Si non, comment se fait-il que vous le fassiez avec vous-même ?

Pourquoi ne pas essayer autre chose ? Prenez un peu de recul à partir de votre point de vue habituellement critique et réprobateur et soyez gentil, sympathique et encourageant avec vous-même, comme vous le feriez pour une autre personne. Vous pouvez constater que, si vous vous accordez plus de bienveillance, vous vous sentirez mieux et serez mieux en mesure de penser clairement et d'agir de façon constructive.

■ Est-ce que je pense en termes de tout ou rien ?

Le tout-ou-rien (ou « noir et blanc ») fait que les choses sont pensées de manière ultra-simplifiée. Presque tout est relatif (parfois, pas toujours, un peu, pas complètement, d'autres, ni tout ni rien). Ainsi, par exemple, les gens ne sont généralement pas tout bons ou tout mauvais, mais un mélange des deux. Les événements ne sont pas des catastrophes en général ou le bonheur total, mais quelque part au milieu. Envisagez-vous vous-même en termes de tout ou rien ? Les mots que vous utilisez ici sont peut-être un indice. Méfiez-vous des mots extrêmes (toujours/jamais, tout le monde/personne, tout/rien). Ils peuvent refléter une pensée en noir et blanc. En fait, les choses sont sans doute moins tranchées que cela. Regardez donc les nuances de gris.

■ Est-ce que je me condamne en tant que personne sur la base d'un événement unique ?

Les personnes atteintes de faible estime de soi procèdent souvent des jugements globaux sur elles-mêmes sur la base d'une chose qu'elles ont dite ou faite, un problème qu'elles ont, un seul aspect d'elles-mêmes. Elles éprouvent des difficultés à dire qu'elles ont de la valeur en tant que personne. Faites-vous ce genre de jugement de vous-même ? Une personne ne vous aime pas, et cela veut dire que quelque chose cloche avec vous ? Une erreur, et vous êtes un raté ? Un coup de téléphone manqué, et vous êtes irresponsable et égoïste ? Vous jugez-vous en tant que personne sur la base d'une simple chose que vous avez fait n'a pas de sens. À supposer que vous ayez fait une chose vraiment bien – cela ferait-il de vous une personne tout à fait merveilleuse ? Probablement que vous n'auriez même pas rêvé de penser ainsi. Mais quand il s'agit de vos faiblesses, échecs et erreurs, vous êtes prêt à vous déprécier. Vous avez besoin de regarder le tableau d'ensemble. Et rappelez-vous surtout que quand vous vous sentez mal dans votre peau, ou déprimé, c'est parce que vous vous serez focalisé sur quelque chose qui correspond à votre mauvaise opinion de vous-même, et que vous aurez écarté tout ce qui ne lui correspond pas. Cela fausse encore plus votre jugement. Donc retenez-vous de porter des jugements globaux, sauf si vous avez pris tous les éléments en compte.

■ Est-ce que je me concentre sur mes faiblesses en oubliant mes points forts ?

La faible estime de soi fait que vous vous concentrez sur vos faiblesses et ne tenez pas compte de vos atouts. Les personnes atteintes de faible estime de soi ignorent souvent les problèmes qu'elles ont gérés avec succès dans le passé, oublient les ressources qui pourraient les aider à surmonter les difficultés actuelles et oublient leurs forces et leurs qualités. Au lieu de cela, elles se concentrent sur les échecs et les faiblesses. Au quotidien, cela peut signifier noter et se souvenir de tout ce qui s'est mal passé dans la journée, et oublier ou ignorer les choses que vous avez appréciées ou atteintes. Il peut être difficile parfois de penser à une seule bonne qualité ou talent.

Il est important d'essayer de garder une vision équilibrée de vous-même. Bien sûr, il y a des choses qui ne sont pas très bonnes, des choses que vous avez faites que vous regrettez, et des choses sur vous-même que vous préféreriez changer. C'est vrai pour tout le monde. Mais

© Dunod – Toute reproduction non autorisée est un délit.

qu'en est-il de l'autre côté ? Quelles sont les choses qui font que vous êtes bon ? Qu'est-ce que d'autres personnes apprécient chez vous ? Qu'aimez-vous à propos de vous-même ?

Comment avez-vous fait face à des difficultés et contraintes dans votre vie ? Quelles sont vos qualités, forces et ressources ? (Nous reviendrons sur ce point plus en détail dans le chapitre 6.)

Burka et Yuen (1983) ont une façon intelligente de décrire cette tendance à se concentrer sur le mauvais et à ignorer le bon. Ils suggèrent que les personnes qui se rabaissent ont un « procureur interne » extrêmement vigilant, puissant et efficace qui est en alerte pour tous les défauts et les faiblesses et prêt à condamner. Un « protecteur interne » tout aussi fort est nécessaire, qui va présenter la preuve de la défense. Et, plus important encore, un « juge interne » doit être développé qui, comme un vrai juge, aura tous les éléments à prendre en compte et parviendra à une vision juste et équilibrée, plutôt que de condamner uniquement sur la base des éléments de preuve présentés par l'accusation.

■ Est-ce que je me blâme pour des choses qui ne sont pas vraiment de ma faute ?

Quand les choses vont mal, considérez-vous toutes les raisons possibles pour lesquelles cela pourrait être le cas, ou avez-vous tendance à prendre immédiatement cela pour vous ? Si un ami vous a posé un lapin, par exemple, en déduisez-vous automatiquement que vous avez fait quelque chose qui l'a embêté, ou qu'il ne veut pas vous voir ?

Il y a toutes sortes de raisons pour lesquelles les choses ne marchent pas. Parfois, bien sûr, ce sera effectivement le résultat de quelque chose que vous avez fait. Mais souvent, d'autres facteurs sont impliqués. Par exemple, votre ami peut avoir oublié, ou avoir été exceptionnellement occupé, ou avoir mal compris vos arrangements. Si vous en assumez automatiquement la responsabilité lorsque les choses tournent mal, vous ne serez pas dans la meilleure position pour découvrir les véritables raisons à ce qui s'est passé. Si l'un de vos amis était dans cette situation, comment expliqueriez-vous ce qui s'est passé ? À combien de raisons possibles pouvez-vous penser ? Si vous garder l'esprit ouvert et que vous vous demandez quelles autres explications il pourrait y avoir, vous pourriez découvrir que vous êtes moins à blâmer que vous ne l'aviez pensé – en fait, ce qui s'est passé n'avait peut-être absolument rien à voir avec vous.

■ Est-ce que j'attends de moi d'être parfait ?

Comme nous l'avons dit, les personnes ayant une faible estime de soi ont souvent des normes très élevées pour elles-mêmes (nous reviendrons sur la question des normes au chapitre 7). Par exemple, elles peuvent penser qu'elles devraient être en mesure de faire face calmement et avec compétence à ce que la vie jette sur elles. Ou elles peuvent croire que tout ce qu'elles font doit être fait le plus parfaitement possible, indépendamment des circonstances et des coûts personnels. Ce n'est tout simplement pas réaliste, et cela ouvre la porte à l'autocritique et aux sentiments douloureux de culpabilité, à la dépression et à l'inaptitude. Il n'est tout simplement pas possible d'avoir toujours raison à 100 pour cent. Si vous vous attendez à cela, vous vous mettrez tout simplement en échec.

Accepter que vous ne pouvez pas être parfait ne signifie pas que vous devez renoncer à chercher à bien faire les choses. Mais cela signifie que vous pouvez vous fixer des objectifs réalistes, et vous accorder du mérite lorsque vous les atteignez, même si c'était moins que parfait. Cela vous encouragera à vous sentir mieux dans votre peau, et vous motivera à continuer et à essayer de nouveau. Cela signifie également que vous pouvez apprendre de vos difficultés et de vos erreurs, plutôt que d'être en colère et même paralysé par elles. Rappelez-vous ce que Gary Emery, un thérapeute américain cognitiviste, dit : « Si une chose vaut la peine, elle vaut la peine de la faire mal ».

■ Que puis-je faire ?

Que pouvez-vous faire pour mettre votre nouveau point de vue plus aimable en pratique ? Comment pourrez-vous constater que cela fonctionne mieux pour vous ? Y a-t-il quelque chose que vous puissiez faire pour changer la situation qui a déclenché les pensées autocritiques (par exemple, changer ou quitter un emploi où vous n'êtes pas valorisé ou mettre fin à une relation avec une personne qui se nourrit de votre vision négative de vous-même) ? Ou y a-t-il quelque chose à propos de vos propres réactions que vous pourriez changer ? Les vieilles habitudes ont la vie dure – que ferez-vous si à l'avenir vous vous trouvez à penser, sentir et agir de la même manière que par le passé ? Comment voulez-vous gérer la situation différemment la prochaine fois que cela se produira ?

Il s'agira notamment de repérer et de gérer les pensées autocritiques. Il peut aussi s'agir d'expérimenter de nouvelles manières de se comporter qui sont moins vouées à l'échec (en acceptant gracieusement les compliments, en ne vous excusant pas d'être vous-même, en prenant les opportunités, en faisant valoir vos propres besoins, etc.). Notez vos idées sur la feuille, puis saisissez toutes les occasions de les essayer, de développer et de renforcer de nouvelles perspectives sur vous-même.

© Dunod – Toute reproduction non autorisée est un délit.

RÉSUMÉ DU CHAPITRE

1. La pensée autocritique apparaît lorsque vous avez le sentiment que l'expérience a confirmé votre schéma. Ce chapitre se concentre sur les étapes qui vous aideront à lutter contre l'autocritique et à rechercher des moyens plus réalistes et utiles de penser à vous-même.
2. La pensée autocritique est une habitude apprise. Elle ne reflète pas nécessairement la vérité sur vous-même.
3. L'autocritique fait plus de mal que de bien. Croire en vos pensées autocritiques vous rend mal à l'aise et vous encourage à agir d'une façon qui est vouée à l'échec.
4. Vous pouvez apprendre à prendre du recul par rapport à vos pensées autocritiques, et les voir comme quelque chose que vous faites plutôt que comme un miroir de votre véritable moi.
5. Les pensées autocritiques, comme les prévisions anxieuses, sont ouvertes au questionnement. Vous pouvez apprendre à observer et à consigner leur impact sur votre état corporel et sur votre comportement, et rechercher des perspectives plus équilibrées et plus bienveillantes sur vous-même.
6. La dernière étape consiste à expérimenter le fait de vous traiter moins sévèrement, à valoriser vos forces, vos qualités, et atouts comme vous le feriez avec une autre personne. Ce sera l'objet du prochain chapitre.

NOTES

© Dunod – Toute reproduction non autorisée est un délit.

Chapitre 6

Améliorer l'acceptation de soi

Objectifs

- ❑ Mettre en avant vos qualités
- ❑ Prendre conscience de ces qualités au quotidien grâce au cahier des positifs
- ❑ Introduire des changements
- ❑ Profiter des bonnes choses

© Dunod – Toute reproduction non autorisée est un délit.

Dans le chapitre 2, nous avons vu comment la faible estime de soi est maintenue par deux biais de pensée complémentaires : un biais de perception, et un biais d'interprétation. La correction de ces biais, en donnant plus de poids à vos points forts et en luttant contre l'autocritique, vous fait vous sentir mieux dans votre peau au jour le jour. C'est également un élément essentiel de la mise en place et du renforcement d'un nouveau schéma plus positif et plus réaliste.

Le chapitre 5 était axé sur le biais d'interprétation : la façon dont les croyances négatives sur vous-même vous attirent dans le piège de l'autocritique. Vous avez appris à repérer et à répondre aux pensées autocritiques. Dans ce chapitre, nous allons examiner l'autre côté de la médaille : le biais de perception qui fait écran aux aspects positifs de vous-même, et ignore ou rabaisse les bonnes choses de votre vie.

Le chapitre commence par un rappel de la façon dont ce mécanisme fonctionne, et passe ensuite par des suggestions dans la façon de changer le parti pris contre vous afin que vous arrêtiez de focaliser sur des aspects de vous-même avec lesquels vous n'êtes pas heureux, et commenciez à améliorer la prise de conscience de vos qualités personnelles : les actions et les ressources, les talents et les forces. Vous pouvez trouver que ce changement de parti pris n'est pas aussi facile dans la pratique que cela puisse paraître en théorie. Tout comme l'habitude de l'autocritique est souvent apprise très tôt dans la vie, l'interdiction de penser du bien de soi-même peut aussi être inculquée à un âge précoce. Sauf si vous y êtes attentif et prêt à contrer ses effets, cette interdiction peut vous empêcher d'utiliser les méthodes décrites dans ce chapitre pour améliorer votre estime de soi.

LE TABOU CONTRE LA PENSÉE POSITIVE

- *Je suis beau.*
- *Je suis intelligent.*
- *Je suis un cuisinier brillant.*
- *J'ai un excellent sens de l'humour.*
- *J'ai des dons musicaux exceptionnels.*
- *Je suis adorable.*
- *Je suis super.*

Si vous entendiez quelqu'un dire ces choses, quelle serait votre réaction immédiate ? Seriez-vous heureux de rencontrer quelqu'un d'aussi doué ? Ou vous sentiriez-vous mal à l'aise et désapprobateur ? Est-ce que vous vous murmureriez à vous-même « Vantard » ou « Qui sur terre pense qu'il/elle l'est ? » Souhaiteriez-vous instantanément tenir pour acquis que ces choses doivent être vraies ? Ou penseriez-vous que c'est pour se mettre en valeur, se vanter ? Souhaiteriez-vous que cette personne se casse la figure, et qu'il est temps qu'on lui coupe l'herbe sous le pied ?

Si vous avez une faible estime de vous, le fait de penser à l'idée de formuler des déclarations comme celles-ci est inconfortable, risqué, ou simplement mal avisé. Bien penser de vous-même, vous permettre de reconnaître vos points forts, peut vous sembler ressembler à de la vantardise. Y penser peut vous mettre très mal à l'aise. Vous pouvez également craindre que, si l'on admet quelque chose de positif sur vous-même, quelqu'un d'autre interviendra et dira : « Oh, non, ce n'est pas toi », ou « Vous croyez ? Je n'avais pas remarqué », ou « Vraiment ? Je dois dire, ce n'est pas du tout comme ça que je vous vois ». Naturellement, ces idées et ces sentiments font obstacle à l'amélioration de l'estime de soi.

Comme d'habitude avec l'autocritique, voir l'acceptation de soi comme l'équivalent d'une autosatisfaction béate est souvent appris très tôt dans la vie. Tout comme les enfants apprennent à se concentrer sur leurs erreurs et fautes commises, de sorte qu'ils peuvent rencontrer la désapprobation et le ridicule s'ils montrent des signes d'appréciation de leurs propres succès. Cela peut arriver, par exemple, pour des enfants intelligents, doués (en particulier peut-être, les filles), qui réussissent bien à l'école et reçoivent des félicitations de la part des enseignants. Les camarades les appellent les « intellos ». À la maison, du moins jusqu'à récemment, on leur a peut être transmis le message selon lequel l'intelligence n'était pas une qualité désirable chez une femme. À l'adolescence, les garçons peuvent se sentir mal à l'aise et éviter les filles brillantes comme celles-ci. En conséquence, les filles peuvent apprendre à sous-performer ou à cacher leurs réussites, à les mettre sur le compte de la chance plutôt que sur celui de leurs propres dons. Le problème est que ces stratégies peuvent devenir une partie intégrante de leur fonctionnement de pensée. Ils arrêtent de valoriser leurs talents et leurs accomplissements, et en viennent à croire que tout ce qu'ils font de bien est un coup de chance, pas un reflet de qualités intrinsèques et d'un travail acharné. Ce processus peut prendre du temps et nécessiter de la persévérance pour s'inverser.

Hans Christian Andersen a écrit une histoire intitulée « La Reine des Neiges ». Au début de l'histoire, le diable dispose d'un miroir. Aucun de ceux qui se regarde dans le miroir ne voit un reflet de son véritable soi, mais plutôt une image déformée, tordue et laide. Si vous avez une faible estime de vous, vous vous voyez de cette façon déformée sans avoir besoin du miroir du diable. Ce qui vous saute au visage c'est ce que vous n'aimez pas en vous-même – les faiblesses et les défauts qui sont une partie inévitable de l'être humain. Vos qualités, ressources, forces et compétences sont beaucoup plus difficiles à accepter.

Comme l'autocritique, le fait d'ignorer ou sous-estimer les aspects positifs de vous-même est injuste. L'idée que l'acceptation de soi – remarquer et prendre plaisir à vos forces et qualités et vous traiter comme quelqu'un qui mérite les bonnes choses de la vie – va conduire à la complaisance n'a pas de sens. L'acceptation de soi (c'est-à-dire une évaluation réaliste de vos points forts, tout simplement) fait partie de l'estime de soi, pas de l'auto-complaisance.

© Dunod – Toute reproduction non autorisée est un délit.

Le fait d'ignorer le positif contribue à maintenir la faible estime de soi, parce que cela vous empêche d'avoir une vision équilibrée qui tienne compte des bonnes choses sur vous ainsi que des lacunes réelles et des choses que vous aurez intérêt à changer.

Alors tentez cette expérience : utilisez les méthodes décrites ci-dessous pour accroître votre attention sur le positif et votre acceptation des bonnes choses sur vous-même, et notez l'impact que cela a sur la façon dont vous vous sentez dans votre vie quotidienne. En le faisant, vous réduirez également petit à petit votre schéma et jetterez les bases d'un nouveau point de vue plus positif sur vous-même.

METTRE DES QUALITÉS POSITIVES EN AVANT

Un point de départ utile dans l'amélioration de votre appréciation de vous-même est de faire une liste de vos qualités, talents, compétences et points forts. Cette tâche permet de faire d'une pierre deux coups. Elle vous aidera à construire et à renforcer une vision plus positive de vous-même. Elle vous rendra également de plus en plus conscient de la façon dont vous vous orientez vers le repérage et la prise en compte des aspects positifs et donc vers des expériences qui pourraient vous amener à revoir votre opinion de vous-même dans un sens plus favorable. Ainsi, alors que vous travaillez sur la mise en lumière des qualités positives, soyez attentif aux pensées autocritiques qui disqualifient vos points forts et allez vers une façon de développer une approche plus équilibrée, un point de vue plus positif sur vous-même. Votre but est d'atteindre le point où vous pourrez tranquillement remarquer les avertissements (« Oh, regarde, il y en a un autre ») et les laisser passer leur chemin, plutôt que de les prendre au sérieux et d'être frappé de plein fouet par eux. Si vous ne pouvez pas le faire, il suffit de les mettre de côté et de poursuivre votre tâche. S'ils sont trop persistants ou semblent trop convaincants, écrivez-les sur la feuille « Combattre les pensées autocritiques » et répondez-y avant de continuer. Rappelez-vous : c'est une habitude qui va les affaiblir, tant que vous gardez une perspective et refusez de leur permettre de vous empêcher d'adopter un point de vue plus positif sur vous-même.

Certaines personnes trouvent le fait de faire une liste de qualités positives assez facile. Leurs doutes sur elles-mêmes peuvent être relativement faibles, ou ne surgir que dans des situations particulièrement difficiles. Tout comme un point de vue négatif d'eux-mêmes, ils peuvent aussi avoir des opinions positives, utiles, auxquelles ils peuvent faire appel quand il s'agit d'identifier les points positifs. D'autres personnes, avec des schémas très puissants et convaincants, peuvent percevoir la liste des qualités positives comme une tâche presque impossible à accomplir. L'habitude de les mettre à l'écart et de les disqualifier peut être si forte qu'il est difficile au début d'accepter les points positifs.

Cela peut être très différent de ce que serait votre réaction si on vous demandait de faire une liste de vos faiblesses et échecs. Vous pourriez bien trouver tout de suite du papier, vous affairer à griffonner. Si vous avez été découragé du fait de bien penser de vous-même, si vos accomplissements ont été ignorés, et vos besoins considérés comme sans importance, alors il sera difficile pour vous de commencer à vous voir de manière aimable et bienveillante. Cela ne veut pas dire que, avec du temps et de la patience, vous ne serez pas en mesure de voir de bonnes choses sur vous-même et de les valoriser. Toutefois, il se peut que vous ayez besoin d'un peu d'aide, peut-être d'un ami proche ou d'une autre personne que vous aimez. Il est important d'investir du temps dans cette tâche. Même si cela prend un certain temps de faire une bonne liste, le fait de prendre conscience de vos qualités positives au jour le jour aura un impact considérable au fil du temps sur la façon dont vous vous sentez.

Afin de commencer, sélectionnez un moment où vous êtes sûr que vous ne serez pas interrompu et installez-vous avec une feuille de papier et un stylo ou un crayon. Assurez-vous que vous vous asseyez dans un endroit confortable, où vous vous sentez calme et détendu. Vous pourriez peut-être mettre de la musique que vous aimez. Maintenant, faites une liste du plus grand nombre de bonnes choses sur vous-même auxquelles vous pouvez penser. Vous pouvez être en mesure d'en énumérer plusieurs. Ou vous pouvez avoir du mal à penser ne serait-ce qu'à une ou deux. Donnez-vous suffisamment de temps, et ne vous inquiétez pas si la tâche est difficile au début. Vous essayez quelque chose de nouveau, un regard neuf sur vous-même, un changement d'orientation. Faites votre liste du mieux que vous le pouvez, et si vous sentez que vous en avez défini autant que possible pour le moment, arrêtez. Mettez la liste quelque part dans un endroit facilement accessible – cela peut même être utile de la transporter avec vous. Au cours des prochains jours, même si vous ne travaillez pas dessus, gardez-la dans un coin de votre esprit et ajoutez-y au fur et à mesure les choses qui se produisent à vous. Soyez content, même si vous ne trouvez qu'une ou deux choses pour commencer. Vous avez procédé à un bon départ dans la libération de votre pensée et franchi la première étape cruciale vers la reconnaissance et l'acceptation de bonnes choses sur vous-même.

LES QUESTIONS UTILES POUR VOUS AIDER

Si votre estime de vous-même est faible depuis longtemps, vous éprouverez très probablement des difficultés à identifier vos points forts et vos qualités. Cela ne signifie pas que vous n'en avez pas – cela signifie que vous avez perdu l'habitude de les noter et de leur accorder du crédit. Voici quelques questions pour vous aider à commencer (vous les trouverez résumées dans le tableau ci-dessous).

© Dunod – Toute reproduction non autorisée est un délit.

■ Qu'aimez-vous de vous-même, même petit et éphémère ?

Soyez vigilant à toute petite chose à propos de vous-même que vous avez déjà été en mesure d'apprécier, même si ce n'était que momentané.

■ Quelles sont les qualités positives que vous possédez ?

Inclure les qualités que vous sentez ne pas posséder à 100 pour cent, ou que vous ne montrez pas tout le temps. Personne n'est totalement, absolument, complètement honnête/ponctuel/réfléchi/compétent/tout le temps. Accordez-vous du crédit pour ces qualités, plutôt que de les rabaisser parce que vous estimez que ce n'est pas parfait.

Questions pour vous aider à identifier vos points forts

- Qu'est-ce que vous aimez en vous, même petit et éphémère ?
- Quelles sont les qualités positives que vous possédez ?
- Qu'avez-vous accompli dans votre vie, même de petit ?
- Quelles difficultés avez-vous rencontré ?
- Quels dons ou talents avez-vous, même modestes ?
- Quelles compétences avez-vous acquises ?
- Qu'est-ce que d'autres personnes apprécient en vous ?
- Quelles sont les qualités et les actions que vous appréciez chez d'autres personnes et que vous partagez ?
- Quels sont les aspects de vous-même que vous apprécieriez s'il s'agissait de ceux d'une autre personne ?
- Quels sont les petits aspects positifs que vous avez minimisés ?
- Quelles sont les mauvaises choses que vous n'êtes pas ?
- Comment une autre personne qui se soucie de vous vous décrirait ?

■ Qu'avez-vous accompli dans votre vie, même de petit ?

Vous n'êtes pas ici à la recherche de quelque chose d'exceptionnel (gagner les Jeux Olympiques, être le premier à traverser l'Antarctique à dos d'âne). Prenez en compte les difficultés que vous avez maîtrisées et les étapes que vous avez franchies avec succès. Ma liste, par exemple, commencerait par apprendre à faire du tricycle en appuyant sur les pédales.

■ Quelles difficultés avez-vous rencontrées dans votre vie ?

Quels angoisses et problèmes avez-vous essayé de surmonter ? Quelles difficultés avez-vous géré ? Quelles sont les qualités que ces efforts reflètent ? Faire face aux défis et à l'anxiété nécessite du courage et de la persévérance, que vous ayez ou non résolu le problème avec succès. Accordez-vous du mérite pour cela.

■ Quels dons ou talents avez-vous, aussi modestes soient-ils ?

Que faites-vous de bien ? Prenez note : « bien », pas « parfaitement » ! Encore une fois, n'oubliez pas d'inclure les petites choses. Vous n'avez pas besoin d'être Michel-Ange ou Beethoven. Si vous pouvez faire bouillir un œuf, ou siffler une mélodie, ou faire des bruits de pet en soufflant sur le ventre de votre bébé, ajoutez-le à la liste.

■ Quelles compétences avez-vous acquises ?

Que savez-vous faire ? Pensez à inclure les compétences professionnelles, les compétences domestiques, les habiletés, les compétences académiques, les compétences et les aptitudes sportives, de loisirs. Par exemple, savez-vous comment utiliser un téléphone, un ordinateur, un micro-ondes ou une scie ? attraper une balle ? Pouvez-vous conduire une voiture ou rouler à vélo ? Savez-vous comment nager, coudre ou la façon de nettoyer une salle de bains ? Êtes-vous à l'écoute des gens, et appréciez-vous leurs blagues ? Pouvez-vous lire de façon réfléchie ? Avez-vous appris des langues ? Pensez à tous les domaines de votre vie et notez vos compétences dans chacun d'eux, même partielles ou basiques.

■ Qu'est-ce que d'autres personnes apprécient en vous ?

De quoi vous remercient-ils, que vous demandent-ils de faire, ou pour quoi vous félicitent-ils ? Qu'est-ce qu'ils apprécient ? Vous n'avez sans doute pas accordé beaucoup d'attention à ce sujet. C'est maintenant le temps de commencer.

■ Quelles sont les qualités et les actions que vous appréciez chez d'autres personnes et que vous partagez ?

Il peut être plus facile pour vous de voir les points forts des autres plutôt que les vôtres. Parmi les qualités positives que vous appréciez chez d'autres, lesquelles partagez-vous ? Méfiez-vous ici des comparaisons défavorables. Vous n'avez pas besoin d'être ou de faire quoi que ce soit comme/totalement/aussi bien/ou au même degré que l'autre personne, mais simplement de reconnaître que vous partagez la qualité, même si ce n'est que dans une certaine mesure.

© Dunod – Toute reproduction non autorisée est un délit.

■ Quels sont les aspects de vous-même que vous apprécieriez si c'étaient ceux d'une autre personne ?

Rappelez-vous du jugement partial dont nous avons discuté dans le chapitre sur l'autocritique. Vous pouvez très bien être beaucoup plus disposé à reconnaître et à accepter les qualités ou les points forts que vous pouvez observer chez d'autres personnes qui ont les mêmes qualités et atouts que vous. Soyez juste. S'il y a des aspects de vous-même que vous apprécierez si c'étaient ceux d'une autre personne, écrivez-les sur votre liste. Pensez aussi à ce que vous faites que vous apprécieriez et à la valeur que vous lui accorderiez si une autre personne l'avait fait. Notez tout ce qui serait considéré comme positif si cela avait été fait par quelqu'un d'autre.

■ Quels sont les petits aspects positifs que vous avez minimisés ?

Vous pouvez penser que vous ne devez inclure que les aspects positifs majeurs dans votre liste. Souhaitez-vous minimiser les petits de la même manière ? Sinon, écrivez les petits points positifs. Sans cela, il sera impossible d'atteindre un point de vue équilibré.

■ Quelles sont les mauvaises choses que vous n'êtes pas ?

Parfois, les gens trouvent qu'il est plus facile de penser à des qualités positives si elles commencent par faire activement appel à l'esprit aux qualités négatives. La comparaison met en évidence les points forts et positifs qui pourraient autrement être pris pour acquis. Alors, pensez à certaines mauvaises qualités (par exemple, irresponsable, cruel, malhonnête, inattentionné). Êtes-vous cela ? Si votre réponse est « non », alors, par définition, vous devez être quelque chose d'autre. Qu'êtes-vous (par exemple, responsable, gentil, honnête ou attentionné) ? Notez les images miroir des mauvaises qualités pour vous identifier. Encore une fois, ne les rejetez pas parce qu'elles vous paraissent être moins que parfaites.

■ Comment une autre personne qui se soucie de vous vous décrirait ?

Pensez à quelqu'un que vous connaissez qui se soucie de vous, vous respecte et qui est de votre côté. Quel genre de personne dirait-il que vous êtes ? Quels mots utiliserait-il pour vous décrire ? Comment pourrait-il vous voir en tant qu'ami, parent, collègue ou membre de la communauté ? Les gens qui vous connaissent et vous souhaitent du bien peuvent avoir une vision plus aimable, plus équilibrée de vous que vous de votre côté.

En fait, s'il y a quelqu'un près de vous, que vous respectez et en qui vous avez confiance, il pourrait être très utile pour vous de lui demander de faire une liste des choses qu'il aime en vous. Assurez-vous que vous vous approchez de quelqu'un qui va effectuer cette tâche dans l'esprit pour lequel elle est destinée. Sinon, cela peut induire un retour de flamme. Ne demandez pas à quelqu'un qui a contribué à l'élaboration de votre mauvaise opinion de vous-même, ou dont le comportement l'alimente. De même, ne demandez pas à quelqu'un qui croit fermement au fait que bien penser de soi-même est mauvais – la tâche peut être trop difficile pour eux. Choisissez quelqu'un en qui vous avez de bonnes raisons de croire qu'il se soucie de vous et vous veut du bien (par exemple, un parent, un frère ou une sœur, un conjoint, un enfant, un ami ou un collègue avec qui vous êtes étroitement lié). Vous pouvez trouver dans leur liste une révélation, et cela permettra de renforcer votre relation. Mais encore une fois, attention aux pensées qui vous amènent à rabaisser et à dévaluer ce que vous lisez (par exemple, qu'ils ne font que par gentillesse). Si vous avez des idées comme celles-ci, écrivez-les et répondez-y sur une feuille « Combattre les pensées autocritiques ».

Sarah, l'artiste dont les parents n'ont jamais pu apprécier son talent, a eu quelques difficultés avec sa liste, comme vous pouvez l'imaginer. L'expérience lui avait appris à placer très peu de valeur sur elle-même, et en particulier à dévaluer ce que d'autres personnes auraient perçu comme un véritable cadeau. Au départ, elle ne pouvait penser à rien pour sa liste, à l'exception de « bonne enfant » et « travailleuse ». Elle a constaté que, dans un premier temps, tenter d'ajouter d'autres éléments réveillait toutes sortes de réserves (par exemple « Mais d'autres personnes sont mieux à ça que moi » et « Mais ce n'est pas vraiment important »). Après quelques essais, elle a utilisé les questions de la page 128 pour s'aider. Par moments, elle s'est sentie coincée et a abandonné sa liste deux ou trois fois, mais a, part la suite, ajouté « réfléchie », « esprit pratique », « bon sens de la couleur », « persistante », « créative », « aimable », « bon goût » « aventurière culinaire » et « ouverte aux idées nouvelles ». En outre, elle a pris son courage à deux mains et a demandé à un ami de confiance s'il pouvait aussi faire une liste de ses points positifs. Il a dit qu'il était temps qu'elle prenne confiance en elle, et s'attelle à la tâche. Sarah a été bouleversée et ravie par l'affection qui transparaissait à travers sa liste. Il faisait écho à certains des éléments de sa propre liste, et a ajouté « me fait rire », « bon auditeur », « bon compagnon de beuverie », « a une maison accueillante », « intelligente », « sensible » et « chaleureuse ».

RENDRE L'ABSTRAIT CONCRET

Une liste des qualités positives est la première étape. Toutefois, ce n'est pas suffisant. Vous pouvez la mettre dans une armoire ou un tiroir – ou dans la corbeille à papier – et tout oublier. Vous tirerez plus d'avantages de celle-ci si vous l'utilisez comme base pour élever votre conscience de la façon dont vos points forts transparaissent au quotidien. L'idée est que, finalement, la conscience des qualités, des forces et des compétences que vous avez identifiées fera partie de votre mobilier mental. Vous les remarquerez et les accepterez, sans avoir besoin de faire un effort particulier. Avant d'en arriver à ce stade, cependant, vous

© Dunod – Toute reproduction non autorisée est un délit.

aurez besoin d'un certain temps pour vous habituer à diriger délibérément votre attention vers les aspects positifs de vous-même.

Accordez-vous quelques jours pour relever d'autres éléments à ajouter à votre liste, puis, quand vous sentirez que vous en avez noté suffisamment, encore une fois trouvez-vous un coin confortable et relaxant et lisez votre liste. Ne la parcourez pas à toute vitesse. Faites des pauses et attardez-vous sur chaque qualité que vous avez notée. Laissez la faire son effet. Lorsque vous l'aurez lu lentement et avec attention, retournez en haut de votre liste. Maintenant, en considérant chaque élément, pensez à un moment précis où vous avez mis en avant chaque qualité dans votre manière de vous comporter. Prenez le temps de rendre le souvenir le plus clair et le plus vivant possible. Essayez de vous remettre dans le bain de l'expérience comme si celle-ci se déroulait de nouveau. Fermez les yeux, et rappelez-vous en détail de quand ça s'est produit, d'où vous étiez, avec qui vous étiez, de ce que vous avez fait exactement qui a mis en évidence cette qualité, et des conséquences qui se sont ensuivies.

Sarah, par exemple, s'est rappelée d'un moment où alors qu'elle était chez elle, une amie l'a appelé, apparemment pour prendre quelques nouvelles. Sarah a alors perçu quelque chose dans la voix de son amie qui l'a incitée à lui demander si tout allait bien ? Son amie a alors fondu en larmes et lui a confié qu'elle s'était disputée avec son petit ami et se sentait vraiment très déprimée. Elle était heureuse d'avoir l'occasion d'en parler. Sarah a pu accepter cela comme un exemple de sa sensibilité.

Remarquez l'effet que cet exercice a sur votre humeur et sur la façon dont vous vous sentez. Si vous pouvez vous en imprégner entièrement, vous constaterez que les éléments de votre liste deviennent beaucoup plus vifs et significatifs pour vous. Vous devriez voir votre humeur reboostée, et un sentiment d'acceptation de soi et de confiance glisser en vous.

Si ce n'est pas le cas, il se pourrait que d'une certaine façon vous disqualifiez ce que vous avez écrit. Tout au long de l'exercice, gardez un œil vigilant aux sentiments de honte, d'embarras ou d'incrédulité. Ces sentiments peuvent être un signal que les pensées autocritiques traversent votre esprit. Vous êtes-vous dit, par exemple, que c'était mal d'être content de soi ? Vous êtes-vous senti comme si vous vous mettiez en avant ? Avez-vous pensé que ce que vous aviez fait était insignifiant – que n'importe qui aurait pu le faire ? Vous êtes-vous dit que c'était seulement ce que l'on attendrait de n'importe quel être humain ? Ou que vous auriez pu faire mieux ? ou plus rapidement ? ou de manière plus efficace ? Ou que vous étiez aimable/soutenant/compétent une certaine partie du temps, mais pas tout le temps, et que si ce n'était pas 100 pour cent du temps alors ça ne comptait pas ? Avez-vous dévalorisé des qualités parce que d'autres les avaient aussi – Elles sont trop ordinaires pour être intéressantes ?

Lorsque des avertissements de ce genre font irruption, il suffit de remarquer leur présence (après tout, les vieilles habitudes ont la vie dure, ce n'est donc guère surprenant), puis revenez à votre liste en vous concentrant sur vos qualités positives. Si les avertissements sont trop forts pour être ignorés avec succès, cependant, vous pouvez utiliser les compétences que vous avez déjà apprises pour faire face aux pensées autocritiques.

PRENDRE CONSCIENCE DE VOS POINTS FORTS QUOTIDIENNEMENT : LE « CAHIER DES POSITIFS »

Faire une liste de vos qualités est la première étape vers l'amélioration de la faible estime de soi. Se concentrer sur des souvenirs précis de ces qualités en action les rend réels pour vous, plutôt que quelque chose qui reste théorique sur un morceau de papier que vous pouvez ranger.

La prochaine étape est de prendre conscience d'un événement chaque jour, plutôt que quelque chose que vous allez cultiver sur de courtes périodes de temps, lorsque vous n'êtes pas trop occupé. Ce que vous devez faire ici c'est de commencer à noter vos points forts chaque jour, à mesure qu'ils surviennent, tout comme vous avez noté des exemples de prédictions anxieuses et de pensées autocritiques. Votre objectif est d'atteindre le moment où vous remarquerez automatiquement les bonnes choses que vous faites, sans avoir besoin d'aucun aide-mémoire. Vous pourrez y parvenir dans quelques semaines, ou cela pourra prendre plus de temps. Une fois que vous y arriverez, il ne sera plus nécessaire de le faire par écrit.

Un outil particulièrement utile pour renforcer la prise de conscience de vos points forts consiste en un « cahier des positifs ». Achetez-vous un cahier spécial avec une couverture attrayante, assez petit pour tenir dans une poche, un portefeuille ou un sac à main. L'utilisation d'un cahier spécial, au lieu d'un vieux morceau de papier montre que vous êtes déterminé à connaître et à mettre en valeur des aspects de vous-même vous avez jusque-là ignoré, nié ou pris pour acquis.

L'objectif est d'utiliser le cahier pour enregistrer des exemples de vos points forts à mesure qu'ils surviennent. L'idée est de mettre en valeur vos qualités positives, en les mettant sur le devant de la scène au lieu de les laisser dans les coulisses. Utilisez votre liste de qualités, de compétences, de forces et de talents comme une invitation pour vous aider à démarrer. Assurez-vous de garder le cahier avec vous, afin de pouvoir écrire les choses dès qu'elles se produisent. Dans le cas contraire, des exemples pourront être négligés, oubliés ou rétrospectivement minimisés. Prenez une page pour chaque jour, et décidez à l'avance de combien d'exemples de qualités vous souhaitez noter. Beaucoup de gens trouvent que trois est un bon chiffre pour commencer. Si cela vous semble trop, cependant, alors n'ayez pas peur de commencer par deux, voire une seule. Chaque fois que vous commencez,

© Dunod – Toute reproduction non autorisée est un délit.

immergez-vous dedans, vous serez alors en mesure d'en ajouter. Lors de l'enregistrement, si trois devient facile, passez alors à quatre. Lorsque quatre devient facile, allez jusqu'à cinq, et ainsi de suite. D'ici là, cela sera devenu assez automatique.

Pour chaque élément noté dans le cahier, écrivez ce que vous avez fait, et quelle qualité cela illustre. Voici, à titre d'exemple, quelques-uns des éléments de la première semaine de Sarah :

- J'ai passé plusieurs heures à faire un grand tableau de paysage (travailleuse).
- Je suis sortie pour la soirée avec Simon – nous n'avons pas autant ri depuis des lustres (bon compagnon de beuverie, drôle).
- J'ai acheté des fleurs (participation à un foyer accueillant).
- Tentative de cuisine d'un curry thaï pour la première fois – bizarre au goût, mais c'était mangeable (aventureuse culinaire).
- J'ai appelé ma mère pour son anniversaire (aimable).
- Rayonnage fixé dans l'atelier (esprit pratique).

À la fin de chaque journée, peut-être juste avant d'aller vous coucher, prenez le temps de vous détendre et de vous mettre à l'aise et passez en revue ce que vous avez noté. Regardez ce que vous avez écrit, et tentez de recréer le souvenir de ce que vous avez fait dans les moindres détails. Laissez venir, de sorte que cela affecte vos sentiments. Vous pouvez également consulter le cahier sur la semaine entière, pour voir le tableau d'ensemble, et décider de combien d'exemples de points positifs vous noterez la semaine prochaine. En outre, le cahier deviendra une boutique de souvenirs agréables que vous pourrez appeler à tout moment où vous vous sentirez stressé ou mal dans votre peau.

PROFITER DES BONNES CHOSES DE LA VIE

Tout comme elles ne remarquent pas ou ne valorisent pas leurs points forts, les personnes ayant une faible estime de soi passent souvent à côté de la richesse de l'expérience quotidienne de deux manières : elles ne se donnent pas la peine de rendre la vie agréable et satisfaisante, et elles ne s'accordent pas de mérite pour ce qu'elles font. Ce sous-chapitre décrit les façons de rendre votre vie plus agréable et satisfaisante, et vous montre comment améliorer l'estime de soi en se donnant du mérite pour des réussites et des accomplissements au quotidien, aussi petits soient-ils. Ces éléments seront particulièrement utiles si votre humeur est déprimée, en fait, ils ont été initialement mis au point dans le cadre de la thérapie cognitive pour la dépression. L'un des principaux effets secondaires de plus de plaisir dans votre vie et du fait de vous concentrer sur vos points forts est de rebooster l'humeur. Et en faisant remonter l'humeur, il est plus facile de lutter contre l'autocritique et de briser le cercle vicieux qui maintient la faible estime de soi.

AUGMENTER LE PLAISIR ET LA SATISFACTION : « LE JOURNAL D'ACTIVITÉS QUOTIDIENNES » (DAD[1])

La première étape pour tirer le meilleur parti de vos expériences au quotidien est d'avoir une image claire de la façon dont vous dépensez votre temps, de comment vos habitudes de vie sont perçues comme satisfaisantes, et de comment vous êtes bon à reconnaître vos accomplissements et réussites. Cette auto-observation est le point de départ à toutes les modifications que vous souhaitez apporter.

Le « Journal d'Activités Quotidiennes » (DAD) est un moyen d'obtenir les informations dont vous avez besoin. Vous trouverez un exemple vierge pages 136 et 137, et une copie supplémentaire est proposée en Annexe.

L'exemple, partiellement exécuté pages 141 et 142 va vous donner une idée de la façon dont le journal peut être utilisé dans la pratique. Vous verrez que cela ressemble à un calendrier scolaire, avec les jours dans la partie supérieure et les heures sur le côté gauche. Chaque jour est divisé en intervalles horaires, dans lesquels vous pouvez enregistrer ce que vous faites et ce que vous gagnez de ce que vous faites. Cela signifie noter combien vous appréciez vos activités et dans quelle mesure vous vous donnez du mérite pour ce que vous faites.

Le journal peut vous aider à identifier les changements que vous souhaitez apporter dans la façon dont vous dépensez votre temps, à concentrer votre attention sur les aspects positifs de votre expérience (comme vous avez mis l'accent sur les aspects positifs de vous-même), et à vous accorder la possibilité d'être rabat-joie avec les pensées qui nuisent à votre plaisir et avec les pensées autocritiques qui vous amènent à minimiser et à disqualifier vos succès. Si vous ne souhaitez pas utiliser le DAD, vous pouvez utiliser à la place une autre forme de carnet (votre agenda, par exemple). L'avantage d'un agenda, heure par heure, c'est qu'il vous invite à remarquer ce qui se passe en détail. À la fin de la journée, vous avez un relevé avec beaucoup d'informations utiles, plutôt qu'une vague impression de la façon dont les choses se sont passées. Donc, choisir d'enregistrer votre journée selon un format horaire sera probablement plus utile pour vous, du moins jusqu'à ce que vous ayez une idée claire de la façon dont vous dépensez votre temps.

1. Note de la traductrice. L'abréviation DAD en anglais signifie « Daily Activity Diary ».

© Dunod – Toute reproduction non autorisée est un délit.

Tableau 6.1.

	Lundi	Mardi	Mercredi	Jeudi	Vendredi	Samedi	Dimanche
6-7							
7-8							
8-9							
9-10							
10-11							
11-12							
12-13							
13-14							
14-15							
15-16							
16-17							
17-18							

Tableau 6.2.

	Lundi	Mardi	Mercredi	Jeudi	Vendredi	Samedi	Dimanche
18-19							
19-20							
20-21							
21-22							
22-23							
23-24							

Notez (qu'est-ce que vous avez noté concernant votre journée ? Qu'est-ce que vous avez travaillé ?
Qu'est-ce que vous n'avez pas travaillé ?
Qu'est-ce que vous aimeriez changer ?
Lundi :
Mardi :
Mercredi :
Jeudi :
Vendredi :
Samedi :
Dimanche :

LA PREMIÈRE ÉTAPE : L'AUTO-OBSERVATION

Durant une semaine ou deux, tenez un inventaire détaillé de vos activités quotidiennes, heure par heure. Vous recueillerez des informations plus utiles si vous enregistrez la semaine typique de votre vie actuelle. Ce sont les informations qui seront les plus utiles lorsque vous arriverez à tenir compte des changements que vous souhaitez effectuer. Si vous enregistrez vos activités sur une semaine exceptionnelle (par exemple, vous étiez en vacances, vous avez été en congé maladie, ou votre mère était venue en séjour chez vous), l'information recueillie ne correspondra pas directement à des moments de votre vie au quotidien.

Pour chaque heure, écrivez :

Ce que vous avez fait

Il suffit de noter l'activité (ou les activités) dans laquelle vous vous êtes engagé, y compris le sommeil et « ne rien faire en particulier ». Même « ne rien faire » c'est être en train de faire quelque chose. Qu'est-ce que cela signifie exactement ? être assis, les yeux dans le vide ? faire des tâches domestiques mineures ? être assis affalé sur le canapé ? zapper les chaînes de la télévision ?

Notes de plaisir (P) et de maîtrise (M)

■ PLAISIR (P)

À quel point avez-vous apprécié de ce que vous avez fait ? Donnez à chaque activité une note comprise entre 0 et 10. « P10 » signifie que vous avez beaucoup apprécié. Sur l'agenda partiellement rempli des pages 141 et 142, par exemple, Sarah a donné « P10 » pour une soirée au théâtre avec des amis. Elle s'était beaucoup amusée. La pièce était excellente, drôle et stimulante, et elle a passé un très bon moment avec des gens qu'elle connaissait très bien et avec qui elle s'est sentie complètement détendue. « P5 » signifie un plaisir modéré. Ainsi, par exemple, Sarah a donné « P5 » pour une promenade. Elle a apprécié la chaleur de la journée ensoleillée, mais avait mal calculé la distance, de sorte qu'elle était très fatiguée au moment où elle est revenue à sa voiture. « P0 » voudrait dire que vous ne prenez pas du tout plaisir à une activité. Sarah a donné « P0 » à une rencontre avec son agent, qui l'a harcelé pour exposer ses récentes peintures – même si normalement elle aurait apprécié sa compagnie, étant donné qu'elle l'appréciait et le respectait.

Vous pouvez, bien sûr, utiliser n'importe quel chiffre entre 0 et 10 pour montrer combien vous avez apprécié une activité particulière. Comme Sarah, vous constaterez probablement que votre niveau de plaisir varie, en fonction de ce que vous faites. Cette variation sera une source d'information utile pour vous. Elle vous montre ce qui fonctionne pour vous et ce qui ne fonctionne pas. Elle peut vous donner des indices sur les pensées qui parasitent la satisfaction et le plaisir (par exemple, Sarah savait qu'elle ne pouvait pas profiter de la discussion avec son agent parce qu'elle était préoccupée par l'appréhension d'exposer son travail au public).

■ MAÎTRISE (M)

Dans quelle mesure chaque activité a été une réussite, une expérience maîtrisée ? « M10 » signifierait un progrès considérable. Sarah s'est donnée « M10 » pour l'appel téléphonique qu'elle a passé à son agent quelques jours après leur conversation. C'est parce qu'elle a accepté de soumettre son travail à une exposition, en dépit de ses angoisses. Elle s'est accordée une note « M » élevée comme une reconnaissance du fait que c'était une chose difficile à faire pour elle, elle a dû se forcer la main, mais elle l'a fait. « M5 » signifierait un succès modéré. Sarah s'est donné « M5 » le lendemain quand elle s'est levée pour achever un tableau, elle a travaillé, malgré une sensation de fatigue. Sa première réaction a été que se lever n'avait rien de spécial, mais elle s'est rendue compte que, compte tenu de la façon dont elle se sentait fatiguée, c'était tout un exploit. « M0 » signifierait aucune sorte d'accomplissement du tout. Sarah s'est donné « M0 » pour une soirée à la maison à regarder la télévision. C'était par pure indulgence, et elle a adoré, mais cela n'impliquait aucune sorte de réalisation et ainsi elle s'est sentie heureuse de se donner un 0 pour « M ».

Encore une fois, comme Sarah, vous pouvez utiliser n'importe quel chiffre entre 0 et 10 pour juger à quel point vous avez ressenti la maîtrise dans l'accomplissement d'une activité particulière.

Il est important de réaliser que la « maîtrise » ne renvoie pas seulement à de grandes réalisations comme l'obtention d'une promotion, l'organisation d'une fête pour 100 personnes, ou le nettoyage de printemps de toute la maison. Comme vous l'avez compris à partir des prises de notes de Sarah, les activités quotidiennes peuvent être des réalisations concrètes, pour lesquelles vous méritez de vous accorder du mérite. Cela est particulièrement le cas si vous vous sentez stressé, fatigué, malade ou déprimé. Lorsque vous n'êtes pas dans un bon état émotionnel, les activités de routine, même relativement mineures (récupérer les enfants à l'école, répondre au téléphone, faire un casse-croûte, se rendre au travail à l'heure – même sortir de son lit) peuvent représenter des activités importantes. Ne pas le reconnaître conduit souvent les personnes ayant une faible estime de soi à dévaloriser ce qu'ils font et, bien sûr, cela a pour effet de maintenir la faible estime de soi.

Ainsi, lorsque vous donnez une note « M », assurez-vous de prendre en compte la façon dont vous vous êtes senti à ce moment-là. Demandez-vous : « Quel exploit représentait cette activité, compte tenu de ce que je ressentais à ce moment-là ». Si la réalisation de l'activité

© Dunod – Toute reproduction non autorisée est un délit.

représente un triomphe sur le vécu négatif, un réel effort, confronté à une difficulté, alors vous méritez de vous accorder du mérite, même si cela était de la routine, ne correspondait pas à votre niveau habituel de fonctionnement, ou n'a pas été mené à son terme.

Assurez-vous que toutes les activités sont évaluées à la fois en termes de P et de M (par exemple les fonctions, les obligations, les tâches) sont principalement des activités M. Certaines sont principalement P (les activités de détente et de plaisir que nous faisons pour nous-mêmes). De nombreuses activités sont un mélange des deux. Par exemple, se rendre à une fête pourrait justifier une note M si le fait d'être en société vous rend anxieux, car cela représente un triomphe sur vos prédictions négatives. Mais une fois que vous êtes arrivé et avez commencé à vous détendre et passez un bon moment, la fête pourrait aussi devenir agréable. À long terme, vous visez un équilibre entre M et P. Donner les deux notes pour toutes vos activités vous aidera à atteindre cet objectif.

Révision

À la fin de chaque journée, prenez quelques minutes pour regarder votre journal. Une brève revue quotidienne vous encouragera à réfléchir sur ce que vous avez fait, plutôt que de simplement écrire et le mettre de côté. Que remarquez-vous à propos de votre journée ? Qu'est-ce que l'enregistrement dit de la façon dont vous dépensez votre temps, et combien de plaisir et de satisfaction vous obtenez à partir de ce que vous faites ? Qu'est-ce qui a fonctionné pour vous ? Qu'est-ce qui n'a pas fonctionné ? Quels ont été les temps forts, à la fois en termes de plaisir et de maîtrise ? Quels ont été les points faibles ? Que voulez-vous de plus ? de moins ? de différent ?

LE DAD : TIRER LE MEILLEUR PARTI DE L'AUTO-OBSERVATION

■ Combien de temps devrais-je continuer l'enregistrement ?

L'objectif de ce journal est de vous donner une idée claire de la façon dont vous dépensez votre temps, et vous donne l'occasion de voir comment vos activités quotidiennes sont agréables et satisfaisantes. Le journal est aussi l'occasion de commencer à remarquer la façon dont les schémas de pensée négatifs (pensées autocritiques, prévisions anxieuses) peuvent vous empêcher de tirer le meilleur parti de vos expériences. Donc continuez le journal jusqu'à ce que vous sentiez que vous avez suffisamment d'informations pour que ces objectifs soient atteints. Pour beaucoup de gens, une semaine ou deux suffisent. Mais

Tableau 6.3. Exemple de Sarah

	Lundi	Mardi	Mercredi	Jeudi	Vendredi	Samedi	Dimanche
6-7				Sommeil	Sommeil	Sommeil	Sommeil
7-8				Sommeil	Sommeil M0 P3	Sommeil	Sommeil
8-9				Sommeil M0 P5	Lever, café, douche M3 P2	Sommeil	Sommeil M0 P5
9-10				Lever, petit-déjeuner, radio M1 P4	Achat de matériel de peinture	Sommeil M0 P5	Lever/ petit-déjeuner, M5 P2
10-11				Travail M2 P4	- M3 P4	Lever, petit-déjeuner M2 P4	Travail M5 P2
11-12				M2 P6	Café avec M M0 P6	Conduite à Henley M3 P4	M4 P5
12-13				- M1 P6	Travail M6 P3	Déjeuner avec les cousins M1 P6	- M4 P5
13-14			Je rencontre l'agent M5 P0	Déjeuner au parc M2-P6	- M6 P5	-	Déjeuner avec J. M0 P6
14-15			- M4 P1	Nettoyage de l'appartement M7 P0	- M4 P7	-	- M0 P8

Tableau 6.4.

	Lundi	Mardi	Mercredi	Jeudi	Vendredi	Samedi	Dimanche
15-16			Je vais voir F. M0 P1	- M8 P0	Appel à mon agent pour donner mon accord pour l'exposition M10 P2	Promenade seule le long de la rivière M2 P5	Zoo avec J. M0 P8
16-17			M0 P5	Je m'assois et je lis M1 P4	Travail M4 P6	- M3 P5	-
17-18			Travail M6 P3	Courses M2 P3	- M4 P6	- M8 P3	Maison M0 P2
18-19			- M4 P6	J'invite J. & F. à boire et à manger M1 P6	- M3 P7	Conduite à la maison M3 P2	Travail M2 P4
19-20			Dîner M1 P4	Théâtre M0 P10	Dîner M1 P4	Appel maman M4 P1	- M5 P2
20-21			P. Est venue, déprimée M4 P2	-	Télévision M0 P6	J'écoute de la musique, je pense à mon travail	- M3 P4

Tableau 6.5.

	Lundi	Mardi	Mercredi	Jeudi	Vendredi	Samedi	Dimanche
21-22			- M4 P4	-	- M0 P8	- M0 P6	- M2 P6
22-23			Lecture M0 P6	Pub M0 P8	- M0 P7	Bar avec P M1 P1	Coucher M0 P5
23-24			Coucher M0 P4	Retour à l'appartement de J. M0 P8	Coucher M0 P4	-	
						Coucher M0 P8	

Notez (qu'est-ce que vous avez noté concernant votre journée ? Qu'est-ce que vous avez travaillé ? Qu'est-ce que vous n'avez pas travaillé ?
Qu'est-ce que vous aimeriez changer ?
Lun :
Mar :
Mer : Je n'ai pas aimé du tout le déjeuner. Il m'a harcelé. Comme d'habitude, je ne pouvais pas croire que quelqu'un aimerait vraiment mon travail.
Jeu : du bon travail et j'ai beaucoup apprécié. Grande soirée – une valeur de plus de cette planification.
Ven : Difficile de se lancer dans le travail, mais je m'y suis tenu et cela a payé. J'ai appelé l'agent et ai dit oui – terrifiant, mais j'avais besoin de le faire. Me suis offert une soirée détendue, à la maison.
Sam : Marcher était une bonne idée mais trop long.
Dim : repas prévu avec J un grand succès. Beaucoup de plaisir à aller au théâtre.

si vous sentez que vous avez besoin de plus de temps pour vous observer, alors il n'est pas nécessaire de s'arrêter là.

■ Quand dois-je remplir la feuille d'enregistrement ?

Il est important d'enregistrer ce que vous avez fait, et vos notes de 0 à 100, sur le moment, autant que possible. Au cours d'une journée bien remplie, les choses sont facilement oubliées. Par ailleurs, les préjugés contre vous-même qui marquent la faible estime de soi sont susceptibles d'effacer de votre mémoire des choses qui ne leur correspondent pas, et d'écarter ou minimiser les plaisirs, les succès et les accomplissements. Ce le sera d'autant plus si vous vous sentez généralement faible et mal dans votre peau. Noter vos activités et les évaluer sur le moment aidera à contrer ce biais. Les évaluations immédiates vous aident aussi à affiner les notes, même pour les petits plaisirs et maîtrises qui pourraient autrement passer inaperçus. Enfin, si vous êtes réticent à enregistrer ce que vous faites, vous êtes plus susceptible d'oublier de le faire, de remettre au lendemain, ou peut-être de tout abandonner avant d'avoir collecté les informations dont vous avez besoin.

■ Que faire si je découvre que je ne profite pas de bonnes choses ?

Ce pourrait être parce que vous ne laissez pas d'espace dans votre journée pour des activités agréables. Vous pouvez utiliser le DAD pour vérifier si tel est le cas. Peut-être que vous ne sentez pas que vous méritez de vous amuser. Sarah, par exemple, a pris conscience en regardant l'enregistrement que, une fois qu'elle s'était engagée dans quelque chose, notamment un travail, elle ne se sentait pas le droit de prendre le temps pour des activités agréables jusqu'à ce qu'elle l'ait terminé et ait été approuvée.

Ou peut-être que vous vous sentez mal à l'aise de vous mettre en avant, ou juste de prendre le temps de vous détendre (c'est un piège fréquent pour les parents, par exemple). Si vous pensez que cela peut être le cas, examinez attentivement le relevé de votre journée. Quelle est la proportion de temps consacrée à des activités qui sont relaxantes, agréables, amusantes, juste pour vous ? Rappelez-vous le vieux dicton : « Travail sans loisir rend Jack triste sire. » Si votre journée est remplie de tâches, d'obligations, de devoirs et de choses que vous faites en ayant d'autres personnes à l'esprit, augmenter la capacité à prendre du plaisir dans des activités peut être l'un de vos objectifs pour l'étape suivante.

D'autre part, il se pourrait que vous vous engagiez dans des activités potentiellement agréables, mais que « les pensées rabat-joie » vous empêchent d'en jouir pleinement. Vous pouvez également utiliser l'enregistrement pour commencer à prendre conscience de ces pensées. Recherchez des exemples d'activités qui semblent intuitivement agréables, mais qui en fait ne le sont pas. Qu'est-ce qui s'est passé quand vous vous êtes engagé dedans ? Avez-vous été entièrement absorbé par ce que vous faisiez ? ou étiez-vous préoccupé par d'autres choses (comme Sarah avec son agent) ? ou vous êtes-vous comparé à d'autres personnes, qui semblaient prendre plaisir plus que vous ? ou avez-vous comparé avec la façon dont vous faisiez les choses à un certain moment dans le passé ? ou avec la façon dont vous pensez que les choses devraient être faites ?

Si, lorsque vous vous engagez dans des activités potentiellement agréables, votre esprit est ailleurs, alors vous ne pourrez pas en profiter. Donc prêtez attention à ces « pensées rabat-joie » et tentez de les mettre de côté et de vous concentrer sur ce que vous faites. Si elles sont trop fortes pour être mises à distance, écrivez-les et cherchez leur des réponses. C'est toute la beauté des compétences que vous avez acquises pour faire face aux pensées négatives. Vous pouvez les appliquer à des pensées anxieuses, à des pensées autocritiques, à des pensées rabat-joie – et, en fait, à toutes les autres pensées qui vous dérangent.

Il y a une autre possibilité, si vous trouvez que vous ne profitez pas vraiment. C'est l'un des signes classiques de la dépression. Donc, si votre capacité à éprouver du plaisir semble altérée sur toute la ligne, revenez aux signes de la dépression décrits dans le chapitre 1 (page 12). Si ce tableau vous correspond, vous devriez peut-être solliciter un traitement pour la dépression. Un bon point de départ pourrait être de lire le livre de Christine Mirabel-Sarron dans cette série, *La Dépression : comment s'en sortir*. Si cela ne vous aide pas, allez consulter votre médecin.

■ Que faire si je n'arrive pas à réaliser quoi que ce soit ?

Si cela semble être le cas, utilisez votre enregistrement et l'observation de vos pensées sur ce que vous faites pour en savoir plus sur ce qui se passe. Il se pourrait que la faible estime de soi (des prédictions particulièrement anxieuses et des pensées autocritiques) limite votre champ d'activité. Ne ratez-vous pas des occasions, par exemple, de dépasser votre anxiété en pensant que vous ne serez pas en mesure d'y faire face ? Avez-vous évité les contacts sociaux, de peur de passer pour fou, ou que les gens ne vous rejettent ? N'avez-vous pas évité les défis, convaincu que vous ne seriez pas en mesure d'y répondre ? Si c'est le cas, continuer à travailler sur vos pensées anxieuses et autocritiques peut être utilisé comme une première étape pour étendre votre gamme ou expérimenter une vaste gamme d'activités, ce qui vous permettra d'avoir une vision plus positive de vos capacités et d'améliorer votre sens de l'accomplissement.

Sinon, il se pourrait que vous vous soyez déjà engagé dans un large éventail d'activités, y compris certaines assez difficiles qui nécessitent beaucoup d'efforts, mais que vous permettez à la pensée autocritique de nuire à votre sens de l'accomplissement. Comme nous l'avons vu, la pensée autocritique sape la motivation et donne la fausse impression que vous n'avez rien atteint. Elle peut être fondée sur des exigences très élevées que vous avez pour vous-même (vos règles de vie). Peut-être celles-ci vous empêchent-elles de reconnaître et

© Dunod – Toute reproduction non autorisée est un délit.

d'accepter les petites réussites et les réalisations parce qu'elles ne sont pas assez spéciales, ou auraient pu être mieux faites ou plus vite ou plus entièrement.

Le genre de pensées qui nuisent à la manière de donner du poids aux qualités positives peut également vous empêcher de vous accorder du mérite pour vos réalisations. Regardez ce qui traverse votre esprit lorsque vous effectuez une tâche. Vos pensées vous font-elles vous sentir bien et vous motivent-elles à en faire plus ? Ou bien vous démoralisent-elles et vous découragent-elles en vous laissant le sentiment que vous n'avez pas très bien fait et qu'il y a peu d'intérêt à continuer ? Si c'est le cas, vous aurez besoin de les écrire et de les résoudre, en utilisant les compétences que vous avez acquises.

Sarah a certainement trouvé que c'était le cas quand elle a commencé son enregistrement dans le DAD. Voici quelques exemples de ses pensées autocritiques et de la façon dont elle leur a répondu :

Tableau 6.6. Les pensées autocritiques de Sarah

Pensées autocritiques	Alternatives
Je ne le finirai jamais	Prend une seule chose à la fois. Tu t'en sors bien. Concentre-toi sur ce que tu as accompli, et non sur ce que tu as encore à faire. Et donne-toi du crédit pour ce que tu as fait, même si tu n'obtiens pas tout.
Ce n'est pas la peine de le faire	Tu le penses toujours jusqu'à ce que quelqu'un te dise que ce que tu as fait est bien. Peu importe ce que pensent les autres – ces couleurs sont superbes. Et ce tableau est un véritable voyage de découverte pour toi – d'autres personnes peuvent penser que cela valait la peine ou non.
Je suis sorti du lit. Et après ?	C'est si bon pour moi. Je suis vraiment épuisé. J'aurais pu traîner toute la journée, et je ne l'ai pas fait.
Je ne devrais pas prendre ma soirée. Je n'en ai pas assez fait	Faire les choses que j'aime m'aide à me sentir mieux dans ma peau, à me détendre et à penser de façon plus créative. Si je conduis moi-même non-stop et me précipite sur les choses, je vais m'arrêter. Je sais par expérience que je fais plus quand je me donne du temps libre que quand je travaille malgré tout.

Ceci renvoie à ce qui a été dit dans le chapitre 5 sur le fait d'expérimenter une manière d'être plus bienveillante et tolérante avec vous-même, au lieu de vous rabaisser et de vous encourager à vous engager dans un comportement autodestructeur. Vous pouvez voir comment les pensées qui empêchent Sarah de tirer le meilleur parti de ses expériences sont des ramifications de son schéma (« Je suis sans importance, inférieure ») et de l'une de ses règles de vie (« Rien de ce que je fais n'est utile sauf si c'est reconnu par les autres »). Vous pouvez voir Sarah apprendre à être plus encourageante et reconnaissante envers elle-même, à remarquer et à s'appuyer sur ses réussites, et à se traiter comme quelqu'un qui mérite des éloges, de la détente et du plaisir. Faire ces choses ébrèche son schéma et l'aide à agir contre ses règles, avant qu'elle ne soit prête à commencer à s'y attaquer de front.

LA DEUXIÈME ÉTAPE : L'INTRODUCTION DE CHANGEMENTS

Maintenant que vous pouvez voir comment vous dépensez votre temps, l'étape suivante consiste à utiliser vos observations comme base pour introduire des changements qui permettront d'accroître votre plaisir et votre sens de la maîtrise et de la réussite. Votre revue quotidienne de votre journal devrait déjà vous avoir donné une bonne idée de certains des changements que vous aimeriez apporter. Vous pouvez maintenant utiliser les observations que vous avez faites et les conclusions auxquelles vous êtes parvenu pour planifier l'avenir, de manière à assurer un équilibre entre les activités de Maîtrise (devoirs, défis, obligations, tâches) et les activités de Plaisir (relaxation, plaisirs).

Au départ, il peut être intéressant de le faire de manière assez systématique, en utilisant le DAD. Cela peut se révéler particulièrement important si, en ce moment, vous vous sentez plutôt faible et éprouvez des difficultés à vous motiver. Cela peut également être utile si l'auto-observation vous a montré (par exemple) que vous aviez de fortes exigences perfectionnistes qui faisaient qu'il était difficile pour vous de vous donner du mérite pour ce que vous faisiez, ou que vous avez des difficultés à vous mettre en avant, déprimé face à des choses que vous deviez faire, mais qui ont été remises à plus tard. Sinon, faire une liste tous les jours de deux ou trois choses particulières que vous voulez faire (tâches que vous avez évitées, peut-être, ou des choses que vous apprécieriez de faire) peut suffire à modifier l'équilibre de vos activités d'une manière qui fonctionne pour vous.

De toute façon, une fois que vous obtenez le coup de main de planifier à l'avance, vous découvrirez peut-être que vous prenez soin de vous automatiquement en équilibrant Maîtrise et Plaisir sans avoir besoin d'écrire quoi que ce soit. Vous pouvez toutefois continuer à trouver le fait d'écrire utile à certains moments, par exemple lorsque vous êtes particulièrement débordé ou sous pression. Ensuite, cela devient simplement un aspect d'une gestion efficace du temps, et un rappel que le besoin d'être occupé n'exclut pas nécessairement le plaisir et la détente.

Si vous avez décidé d'expérimenter systématiquement le fait de planifier à l'avance, vous aurez besoin d'écrire :

© Dunod – Toute reproduction non autorisée est un délit.

Votre projet pour la journée

Vous préférerez peut-être que cela soit la première chose à faire le matin, ou le soir. Choisir une heure sera probablement plus utile pour vous. Par exemple, si votre journée est généralement follement prise par les enfants et le boulot, vous pourriez oublier cette tâche supplémentaire. Préférez dans ce cas le soir (peut-être quand vous vous détendez juste avant d'aller au lit) à la place. Si, d'autre part, vous êtes habituellement trop fatigué le soir pour penser correctement, mais êtes le plus souvent réveillé avec une sensation de fraîcheur, préférez la matinée. Vous pouvez rédiger votre projet au crayon sur le DAD lui-même, si vous le souhaitez, ou sur le dos de la feuille, ou sur un morceau de papier à part.

Chaque jour, visez à un équilibre entre le plaisir et la maîtrise. Si vous remplissez votre temps d'obligations et de tâches, et ne vous permettez aucun temps pour le plaisir ou la détente, vous pourrez vous retrouver fatigué et irrité. D'autre part, si vous ignorez complètement les choses que vous avez à faire, vous pouvez trouver votre plaisir atténué par le sentiment que rien n'a été fait, et la liste des tâches que vous avez à faire restera dans un coin de votre esprit, ce qui rendra difficile de tirer le meilleur parti de vos plaisirs.

Notez ce que vous faites

Utilisez votre projet comme un guide pour la journée, et écrivez ce que vous faites dans le DAD. Si vous avez écrit votre projet au crayon, écrivez ce que vous avez réellement fait dans une couleur différente de sorte qu'il soit facile de voir ce qui a pu être fait. Mettez une note de Plaisir et de Maîtrise sur 10 pour chaque activité, tout comme vous l'avez fait pour l'auto-observation.

Examinez votre journée

À la fin de chaque journée, prenez quelques minutes pour vous asseoir confortablement, détendez-vous, et passez en revue ce que vous avez fait. Examinez soigneusement la façon dont vous avez passé votre temps. Jusqu'où avez-vous été fidèle à votre plan ? Si vous ne l'avez pas été, pourquoi ?

Vous êtes-vous laissé distraire ? Quelque chose est-il arrivé que vous n'aviez pas prévu ? Aviez-vous prévu trop pour commencer ? Combien de plaisir et de satisfaction avez-vous ressenti dans ce que vous avez fait ? Quel était l'équilibre entre P et M ? Que voulez-vous de plus ? de moins ? de différent ?

Cette information vous aidera à vous faire une idée plus claire des changements que vous aimeriez apporter à la configuration de votre journée.

TIRER LE MEILLEUR PARTI DE LA PLANIFICATION

Et si mon plan est un succès ?

Le succès signifie l'élaboration d'un plan réaliste, avec un bon équilibre entre activités agréables et réalisations, accomplir ce que vous vous apprêtez à faire, et obtenir le plaisir et le sentiment de contrôle que vous souhaitiez. Si votre plan fonctionne pour vous de cette façon, vous avez quelque chose de vraiment positif à construire. Vous avez trouvé un modèle pour la journée qui fonctionne bien pour vous, et que vous voulez répéter.

Cependant, même si de manière générale votre plan est un succès, vous trouverez peut-être utile de procéder à quelques ajustements. Par exemple, vous voudrez peut-être ajouter une activité physique régulière, ou du temps à consacrer à votre famille. Vous pouvez décider de reprendre contact avec quelqu'un que vous avez perdu de vue, ou de vous attaquer à une tâche particulière que vous avez remis à plus tard. Vous pourriez prendre le temps enfin d'essayer quelque chose que vous avez toujours voulu faire, ou de faire les premiers pas vers de nouveaux défis ou procéder à des changements de style de vie que vous aviez envisagé.

Que faire si mon plan est un échec ?

Les plans peuvent ne pas fonctionner pour de nombreuses raisons. Bien que vous puissiez vous sentir déçu de voir que les choses ne fonctionnent pas comme vous l'aviez espéré, « l'échec » de votre plan est, en effet, susceptible d'être très utile pour vous. Il se pourrait bien que cela vous dise des choses que vous devez savoir à propos de la façon dont votre modèle d'activité ne fonctionne pas bien pour vous.

Peut-être que vous ne vous en êtes pas tenu à votre plan pour une raison qui faisait qu'il n'a pu être satisfait. Supposons, par exemple, que vous aviez prévu de passer une soirée au cinéma avec un ami, mais qu'un collègue vous a convaincu de travailler tard à la place. Ou supposons que vous aviez prévu de passer une matinée entière à trier vos papiers administratifs, mais que c'est une tâche que vous avez toujours remise à plus tard. Voici des informations potentiellement précieuses sur ce qui pourrait vous empêcher de tirer le meilleur parti de vos expériences. Quel était exactement le problème ? Avez-vous surestimé ce que vous pourriez faire sur une période de temps donnée ? Avez-vous planifié trop : cela vous a-t-il épuisé ? Avez-vous passé la journée à faire les choses que vous pensiez devoir faire, plutôt que des choses que vous appréciez ? Avez-vous oublié d'inclure des pauses : du temps de détente ? À l'inverse, avez-vous gaspillé votre temps sur rien en particulier, et fini par sentir que vous aviez perdu votre journée ? Avez-vous fini par faire ce que tout le monde voulait, plutôt que ce qui aurait été bon pour vous ? Ces tendances sont-elles familières pour vous ? Y a-t-il d'autres situations dans lesquelles vous procédez de la même

© Dunod – Toute reproduction non autorisée est un délit.

manière ? Pensez-vous que ce qui n'allait pas avec votre plan pourrait être le reflet d'une règle plus générale ou d'une stratégie ?

Si vous pouvez comprendre la nature du problème, vous serez en mesure de commencer à y faire face, en procédant à des changements pratiques, en identifiant et en interrogeant les pensées vouées à l'échec (comme Sarah, à la page 146) qui vous maintiennent coincé. Vous découvrirez peut-être que ce qui vous a empêché de remplir votre plan opère également dans d'autres domaines de votre vie.

Que faire si je ne peux pas penser à quelque chose d'agréable à faire ?

Surtout si la faible estime de soi vous a empêché de prendre soin de vous et de prendre du plaisir dans la vie, vous pourriez bien trouver qu'il est difficile de penser à des choses à faire que vous pourriez apprécier. Il peut être utile de gérer cette difficulté comme un projet spécial : à combien de façons de s'amuser pouvez-vous penser, aussi improbables soient-elles ?

Vous pouvez tout d'abord vous rendre compte de ce que les autres font pour le plaisir. Qu'en est-il de vos amis et d'autres personnes que vous connaissez ? Qu'en est-il de ce que vous voyez dans les médias ? Qu'en est-il de toutes les activités proposées sur le tableau d'affichage de votre mairie, école ? Que remarquez-vous des plaisirs des personnes que vous observez à l'extérieur ? Faites une liste.

Alors maintenant pensez à vous-même. Même si vous ne faites pas beaucoup pour le plaisir en ce moment, y a-t-il eu des moments dans le passé où vous avez fait des choses que vous avez appréciées ? Quelles étaient-elles ? Y a-t-il quelque chose que vous avez toujours imaginé faire, mais jamais eu le temps ? Quelles sont toutes les choses possibles que vous pourriez faire, même si vous n'avez jamais essayé ? Ajouter ces choses à votre liste.

Pensez à toutes les sortes de plaisirs que vous pourriez avoir dans des circonstances différentes. Que pourriez-vous faire seul (par exemple lire, regarder la télévision ou vous promener) ?

Que pourriez-vous faire avec d'autres personnes (par exemple, aller au pub, vous joindre à un cours du soir ou vous rendre à une exposition) ? Que pourriez-vous faire qui nécessite du temps (par exemple les vacances, les excursions ou rester avec des gens) ? Que pourriez-vous faire facilement à un moment de votre journée (par exemple, une tasse de thé spécial ou un verre de bière, faire trempette dans un bain chaud parfumé ou prendre le temps de regarder par la fenêtre) ? Que pourriez-vous faire qui coûte de l'argent (par exemple, acheter des fleurs, aller au cinéma ou aller au restaurant) ? Que pourriez-vous faire de gratuit (par exemple, regarder un coucher de soleil, faire du lèche-vitrines ou rechercher d'anciennes photographies) ? À quelles activités physiques pourriez-vous penser (par exemple, aller nager, faire voler un cerf-volant ou se faire faire un massage) ? À quels plaisirs pourriez-vous penser qui ferait marcher votre esprit (par exemple écouter un débat, faire un puzzle ou des mots croisés) ? Que pourriez-vous faire à l'extérieur (par exemple, prendre soin de votre jardin, aller à la plage ou faire un tour en voiture) ? Et que pourriez-vous faire à la maison (par exemple, choisir des vêtements sur un catalogue, écouter de la musique ou faire des jeux sur l'ordinateur) ? Ajouter toutes ces choses à votre liste.

Une fois que vous avez une liste de plaisirs potentiels, planifiez-les sur votre journée. Vous pouvez avoir encore des doutes quant à savoir s'ils vont fonctionner pour vous. Il n'y a qu'une seule façon de le savoir ! Et n'oubliez pas de rester vigilant aux pensées rabat-joie. Mettez-les de côté, si vous le pouvez, écrivez-les et répondez-y si elles persistent. Quand vous vous accordez des plaisirs, vous vous traitez comme quelqu'un que vous aimez et dont vous vous souciez. C'est exactement l'approche que vous devez avoir pour améliorer votre estime de vous-même. Alors prenez soin de vous. Vous le méritez.

Comment puis-je composer avec le fait que ma journée soit vraiment pleine d'obligations ?

Si votre journée est vraiment prise par les choses que vous avez à faire, il peut être difficile de prendre du temps pour le plaisir et la détente. Comment pouvez-vous tout faire tenir sur une seule journée ? Les personnes ayant un emploi et des familles, les personnes qui s'occupent seuls de jeunes enfants ou de parents âgés et les personnes avec de lourds engagements dans la vie publique – en fait, chacun d'entre nous, à un moment ou un autre – ont du mal à parvenir à un équilibre entre obligations et plaisirs. Il est très important de réaliser, cependant, que le fait de ne pas prendre le temps de vous faire plaisir peut se retourner contre vous. Vous pouvez constater que vous devenez de plus en plus fatigué et stressé de sorte que, à la fin, vous n'êtes plus capable de faire toutes les choses que vous aviez à faire aussi bien que vous le souhaitez. Votre santé peut même en être affectée. Donc, trouver du temps pour la détente est extrêmement important pour votre bien-être et celui de votre entourage.

Si vous adoptez la position de vous donner le droit à la détente et au plaisir, et que vous méritez de prendre soin de vous-même comme vous pourriez prendre soin d'une autre personne, vous serez mieux en mesure de faire de la place pour les petits plaisirs, même les jours de grand débordement. Considérez-les comme des récompenses pour tous vos efforts, auxquelles vous avez parfaitement droit. Prenez cinq minutes pour une tasse de café et une promenade courte autour de chez vous. Prenez dix minutes pour prendre une douche avec un savon spécial. Choisissez quelque chose à manger pour le souper que vous aimez vraiment. Achetez un petit bouquet de fleurs qui ne coûte pas cher. Écoutez votre émission

© Dunod – Toute reproduction non autorisée est un délit.

préférée à la radio pendant que vous faites le repassage ou réparez la voiture. Profitez de votre bébé qui dort pour vous asseoir et lire un magazine au lieu de vous sentir obligé de rattraper le ménage. Soyez ingénieux et créatif, et ne vous laissez pas écraser par une ronde incessante de tâches et obligations. À long terme, vous ne ferez rien de bon pour vous même ou pour les autres.

Comment lutter contre toutes les choses que j'ai remises à plus tard ?

Si vous avez mis des choses au placard depuis un certain temps, la perspective d'y faire face peut sembler un peu intimidante. Cependant, s'attaquer à des problèmes pratiques améliore le sentiment de compétence et contribue ainsi à l'estime de soi. À l'inverse, éviter les problèmes et les tâches contribuera sans doute à porter atteinte à votre idée d'avoir votre vie en main, et contribuera à vous sentir mal.

Vous pouvez commencer à avoir une emprise sur les problèmes que vous avez remis à plus tard en suivant ces étapes :

1. Faites une liste des tâches que vous avez remises à plus tard et des problèmes que vous avez eus en les évitant, dans n'importe quel ordre.
2. Si vous le pouvez, classez les éléments de la liste par ordre d'importance. Qu'est-ce qui doit être fait en premier ? Et puis quoi ? Et puis quoi ? Si vous ne pouvez pas décider, ou que cela n'a vraiment pas d'importance, il suffit de les numéroter par ordre alphabétique ou par ordre d'apparition dans la liste.
3. Prenez la première tâche ou problème sur la liste. Détaillez-la en petites étapes gérables. Répétez les étapes dans votre esprit. En même temps que vous le faites, notez les problèmes pratiques que vous pourriez rencontrer à chaque étape, et travaillez sur ce qu'il faudrait faire. Il peut s'agir de demander de l'aide ou des conseils, ou d'obtenir plus d'informations.
4. En même temps que vous répétez ce que vous comptez faire, rester vigilant aux pensées qui font qu'il est difficile pour vous de résoudre des problèmes ou de vous atteler à la tâche. Vous pouvez repérer les prévisions anxieuses (par exemple, vous ne serez pas en mesure de trouver une solution, vous ne pourrez jamais tout faire). Ou vous pouvez retrouver des pensées autocritiques (par exemple, vous devriez l'avoir déjà fait, vous êtes paresseux). Si cela se produit, écrivez vos pensées et cherchez-leur des alternatives plus utiles, comme vous avez déjà appris à le faire.
5. Une fois que vous avez un plan étape par étape, que vous vous sentez assez confiant, attelez-vous à la tâche ou au problème une étape à la fois et faites face à toutes

les difficultés pratiques et aux pensées anxieuses ou autocritiques telles qu'elles se produisent – comme vous l'avez déjà fait.

6. Notez le résultat final sur votre journal d'activités quotidiennes, et donnez-vous une note pour P et M. Rappelez-vous que même une petite tâche terminée, ou un problème mineur résolu, mérite une tape dans le dos, si vous l'avez mis hors tension ! Reconnaissez ce que vous avez accompli, plutôt que de ressasser tout ce que vous avez encore à faire.
7. Prenez la tâche suivante sur la liste, et abordez-la de la même manière.

RÉSUMÉ DU CHAPITRE

1. Renforcer l'estime de soi implique de se concentrer et de prêter attention à vos points forts et aux bonnes choses dans votre vie, ainsi que de lutter contre les prévisions anxieuses et les pensées autocritiques.
2. Le fait d'ignorer vos points forts et de minimiser vos accomplissements fait partie des préjugés contre vous-même qui maintiennent la faible estime de soi.
3. Vous pouvez contrecarrer ce biais en listant vos qualités, compétences, talents et forces et en prenant note des exemples de ceux-ci au quotidien (le cahier des positifs).
4. Vous pouvez également utiliser un journal des activités quotidiennes pour observer la façon dont vous dépensez votre temps et repérer combien de plaisir et de satisfaction vous obtenez à partir de ce que vous faites.
5. Ces observations constituent une base de départ pour vous traiter bien, en maximisant les plaisirs et les réalisations au jour le jour.

NOTES

NOTES

© Dunod – Toute reproduction non autorisée est un délit.

Chapitre 7

Changer les règles

Objectifs

- Comprendre ce que sont les règles de vie et d'où elles proviennent
- Apprendre à repérer vos propres règles de vie : la technique de la flèche descendante
- Apprendre à suivre son contraire
- Faire l'expérience de nouvelles règles de vie

SOMMAIRE

LES PRÉVISIONS ANXIEUSES et les pensées autocritiques ne sortent pas de nulle part. Comme vous l'avez appris dans le chapitre 3, elles sont généralement le fruit des règles de vie sous-jacentes, souvent formées tôt dans la vie et conçues pour aider une personne à se débrouiller dans le monde, compte tenu de la vérité apparente du schéma. Le but des règles est de rendre la vie plus facile à gérer. Mais en fait, à long terme, ils s'en tiennent à la façon d'obtenir ce que vous voulez de la vie, et vous empêchent de vous accepter tel que vous êtes.

Les règles de vie se reflètent au quotidien dans des stratégies, des façons d'agir qui assurent que leurs conditions sont remplies. Lorsque vous avez une faible estime de soi, vos règles personnelles déterminent les exigences que vous attendez de vous-même, ce que vous devez faire pour être aimé et accepté, et comment vous devez vous comporter de manière à sentir que vous êtes une personne bonne et valable. Les règles personnelles vous maintiennent sur le droit chemin. Elles peuvent également préciser les conséquences si vous ne les respectez pas.

La règle de Briony sur les relations en serait un bon exemple : « Si je laisse quelqu'un m'approcher, il va me faire du mal et m'exploiter ». Comme les conséquences de la violation des règles sont généralement douloureuses, vous êtes peut-être extrêmement sensible à des situations où leurs conditions pourraient ne pas être satisfaites. Ce sont les situations qui sont susceptibles d'activer votre schéma, leader dans le cercle vicieux de la prédiction anxieuse et de la pensée autocritique décrites au chapitre 3.

À l'heure actuelle, vous avez découvert combien il est utile de consulter les prévisions anxieuses et de lutter contre les pensées autocritiques. Toutefois, s'arrêter au niveau des pensées, sentiments et comportements, en laissant vos règles de vie et votre schéma intacts, pourrait représenter l'équivalent de traiter les mauvaises herbes dans votre jardin en coupant la tête plutôt que de creuser leurs racines. Ce chapitre vous explique comment vous y prendre pour identifier vos propres règles personnelles. Il vous aidera à voir comment elles contribuent à la faible estime de soi, et suggérera comment s'y prendre pour les changer et formuler de nouvelles règles qui vous permettront une plus grande liberté de mouvement et vous encourageront à vous accepter tel que vous êtes.

Lorsque vous lirez ce chapitre, il sera intéressant de résumer par écrit ce que vous découvrirez au sujet de vos règles, votre argumentation lorsque vous les interrogerez, la nouvelle règle et votre plan d'action pour sa mise en pratique. Vous y trouverez des rubriques proposées à la page 159, et l'exemple d'un résumé à la page 162. Les titres font écho aux questions que vous trouverez plus loin dans ce chapitre, et vous aideront à organiser vos pensées sous une forme sur laquelle vous pourrez revenir et utiliser par la suite pour vous assurer que cette nouvelle compréhension a un impact sur votre vie. Ceci est important parce que les règles de vie inutiles peuvent être difficiles à changer. Une argumentation qui semble claire pour vous lorsque vous lirez le chapitre peut devenir floue et difficile à saisir la prochaine fois que vous serez dans une situation problématique et en aurez un réel besoin. Un résumé écrit vous aidera à garder votre nouvelle perspective en vue et rendra plus facile pour vous d'agir sur elle, même quand les choses se corseront.

D'OÙ VIENNENT LES RÈGLES DE VIE ?

Les règles peuvent être utiles. Elles nous aident à donner un sens à ce qui nous arrive, à reconnaître les schémas répétitifs, et à répondre à de nouvelles expériences. Elles peuvent même nous aider à survivre (par exemple, « Je dois toujours regarder des deux côtés avant de traverser la route »). Les règles font partie de la façon dont la société est organisée. Les constitutions, les idéologies politiques, les cadres juridiques, les croyances religieuses, la déontologie et les codes de comportement à l'école – sont autant de règles.

Tableau 7.1. Changer les règles : Rubriques du résumé écrit

Mon ancienne règle est :	Énoncez la règle avec vos propres mots
Cette règle a les répercussions suivantes sur ma vie :	Résumez la façon dont votre vieille règle vous a touché
Je sais que cette règle est active parce que :	Notez les indices qui vous indiquent que votre vieille règle est active (pensées, sentiments, comportements)
Il est compréhensible que j'ai cette règle parce que :	Résumez les expériences qui ont conduit à l'élaboration de la règle et l'ont renforcé
Cependant cette règle n'est pas raisonnable parce que :	Résumez la façon dont votre règle ne correspond pas à la façon dont le monde fonctionne
Les avantages d'obéir à cette règle sont :	Résumez les avantages de l'obéissance à la règle et les risques de la lâcher. Vérifiez pour voir si elles sont plus apparentes que réelles
Les inconvénients d'obéir à cette règle sont :	Résumez les effets secondaires nocifs de l'obéissance à la règle
Une règle plus réaliste et utile serait :	Rédigez votre nouvelle règle, avec vos propres mots
Dans le but de tester cette nouvelle règle, j'ai besoin de :	Notez comment vous avez l'intention de renforcer votre nouvelle règle et comment la mettre en pratique dans la vie quotidienne

Les parents transmettent à leurs enfants les règles, de sorte qu'ils soient en mesure de faire face à la vie de manière autonome (par exemple « Assurez-vous d'avoir une alimentation

© Dunod – Toute reproduction non autorisée est un délit.

équilibrée »). Les enfants absorbent également les règles de leurs familles et de leurs parents uniquement par l'observation. Ils remarquent les liens (par exemple, « Si je ne range pas bien ma chambre, Maman va le faire pour moi »), et ceux-ci peuvent devenir une base à des règles plus générales (par exemple : « Si les choses tournent mal, quelqu'un sera là pour ramasser les morceaux »). Ils vont se caler sur des attentes qui ne seront jamais mises en mots. Ils remarquent ce que l'on félicite et ce qui est critiqué, ce qui apporte un sourire sur le visage d'un parent et ce qui cause un froncement de sourcils. Toutes ces expériences peuvent servir de base pour les règles personnelles avec un impact durable sur la façon dont ils vont vivre leur vie.

Les règles utiles ont tendance à être testées et éprouvées, basées sur une solide expérience. Elles sont flexibles et permettent à la personne de s'adapter aux changements de circonstances et de répondre différemment à différentes personnes. Ainsi, par exemple, une personne qui se déplace d'une culture à l'autre sera en mesure de s'adapter avec succès aux conventions sociales locales, pour autant que les règles sur la façon de lier les gens sont flexibles et ouvertes. Mais si leurs règles sociales sont rigides, et surtout si elles sont considérées comme étant « la bonne façon de se comporter », la personne pourra rencontrer des difficultés.

Certaines règles, au lieu de nous aider à donner un sens au monde et à composer avec nos exigences, nous piègent dans des habitudes inutiles et nous empêchent d'atteindre nos objectifs de vie. Elles sont conçues pour maintenir l'estime de soi – en fait, elles y portent atteinte, car elles nous imposent des exigences qui sont impossibles à satisfaire. Elles ne font aucune concession face à des circonstances ou à des besoins particuliers (par exemple : « Vous devez toujours vous donner à 110 pour cent, quel que soit le coût »). Ces règles extrêmes et inflexibles génèrent des difficultés. Elles sont comme une camisole de force, ce qui restreint la liberté de mouvement et toute possibilité de changement.

Les règles qui rendent vulnérable à une faible estime de soi peuvent fonctionner dans de nombreux domaines de votre vie. Elles peuvent déterminer la performance que vous attendez de vous-même dans un ensemble de situations différentes. Les règles perfectionnistes comme celles de Jesse, par exemple, peuvent non seulement exiger de grandes performances dans le travail, mais peuvent également exiger la perfection en termes d'apparence physique, dans la manière de vivre ou dans la façon dont vous effectuez la plus banale des activités de la vie quotidienne.

Les règles peuvent restreindre votre liberté à être véritablement vous-même avec les autres. Comme Kate, vous pouvez avoir le sentiment que l'approbation, la sympathie, l'amour et l'intimité sont tous dépendants de votre « je » (ou être) d'une certaine manière. Les règles peuvent même influencer la façon dont vous réagissez à vos propres sentiments et pensées. Comme Jim, vous pouvez baser votre bonne opinion de vous-même sur le fait d'être pleinement dans le contrôle de vos émotions, de vos pensées et de ce que la vie jette sur votre route. Les règles inutiles comme celles-ci vous emprisonnent. Elles construisent un mur d'attentes, de normes et d'exigences tout autour de vous. Vous avez ici une chance d'en sortir.

LA RELATION ENTRE LES RÈGLES DE VIE ET LE SCHÉMA

Les règles inutiles sont comme des clauses dérogatoires, un moyen de contourner la vérité apparente du schéma. Par exemple, au fond de vous-même, vous pourriez vous croire incompétent. Mais aussi longtemps que vous travaillez très dur et vous fixez des exigences élevées, vous pouvez prendre le pas sur votre incompétence et vous sentir bien avec vous-même. Ou vous pourriez vous croire peu attrayant. Mais si vous déversez un flot d'histoires drôles, peut-être que personne ne le remarquera et que vous pourrez vous sentir à nouveau bien avec vous-même.

Des règles comme celles-ci peuvent très bien fonctionner, la plupart du temps. Pendant de longues périodes, il peut être possible de maintenir une bonne opinion de vous-même en leur obéissant. Malheureusement, il y a un problème fondamental avec cette manière d'aborder les choses. Les règles font écran à ce que vous ressentez comme étant la vérité sur vous-même (votre schéma). Mais elles ne la changent pas. En effet, plus elles ont du succès, plus vous devez répondre à leurs demandes, et moins de chances vous avez de prendre du recul, de remettre en question votre schéma, et d'adopter un point de vue plus ouvert et bienveillant. Ainsi, le schéma reste intact, en attente d'être réactivé chaque fois que vos règles risquent d'être brisées. Vous pouvez voir comment ce système fonctionnait pour Jesse à la page 162.

QUE SONT LES RÈGLES ?

Les règles sont apprises

Les règles inutiles sont rarement formellement enseignées, mais sont acquises par l'expérience et l'observation. C'est un peu comme un enfant qui apprend à parler sans avoir appris les règles formelles de la grammaire. En tant qu'adulte, vous parlez grammaticalement (sinon, vous ne pouvez pas vous faire comprendre), mais, sauf si vous avez fait des études spéciales, vous êtes probablement tout à fait ignorants des règles de grammaire auxquelles vous obéissez. Par conséquent, vous trouverez peut-être difficile, voire impossible, de les mettre en mots.

© Dunod – Toute reproduction non autorisée est un délit.

Schéma
Je ne suis pas assez bon

↓

Règles de vie
Sauf si je fais bien, je n'irai jamais nulle part dans la vie
Si quelqu'un me critique, cela signifie que je n'ai pas réussi

↓

Politique
Faire à la perfection à chaque fois
Faire tout mon possible pour éviter les critiques

↓

Avantage
Je fais beaucoup de travail vraiment bien et j'obtiens de bons retours

↓

MAIS: problème
Au fond, je crois toujours en mon schéma à 100 pour cent
Obéir aux règles me maintient tranquille, mais ca ne va pas plus loin

↓

Plus:
Toutefois j'ai beau essayer, il n'est pas possible d'être parfait et d'éviter toute critique tout le temps

↓

Plus je réussis, plus je suis anxieux.
Je me sens en fraude – À chaque instant, je peut être sur la corde raide.
Et chaque fois que quelque chose va mal, ou que quelqu'un n'est pas tout à fait positif sur moi,
je me sens mal – Je reviens directement au schéma.

Figure 7.1. Les règles de vie et le schéma : Jesse

Les règles de vie personnelles répondent à un processus similaire – vous pouvez toujours agir en conformité avec elles, sans jamais avoir eu à les exprimer avec autant de mots. C'est probablement parce qu'elles reflètent les décisions que vous avez prises sur la façon de fonctionner dans le monde, quand vous étiez trop jeune pour avoir une perspective plus large d'adulte. Vos règles étaient probablement tout à fait logiques quand elles ont été rédigées, mais elles étaient basées sur une connaissance incomplète et une expérience disponible limitée à l'époque, et peuvent donc être mises au jour et être non pertinentes au jour d'aujourd'hui.

Les règles font partie de la culture dans laquelle nous grandissons

Les règles font partie de notre patrimoine social et familial. Pensez, par exemple, aux stéréotypes de genre, la société a évolué avec des règles sur ce que les hommes et les femmes devraient être. Nous apprenons ces règles dès nos premières années et, même si nous sommes en désaccord avec elles, il peut être difficile d'agir contre. Nous pouvons être punis par la désapprobation sociale pour avoir tenté de le faire. Les femmes ont encore des difficultés à progresser dans le monde du travail et la lutte pour laisser une place aux hommes dans la garde des enfants, en seraient des exemples.

Les règles de vie sont souvent comme des versions exagérées des règles de la société dans laquelle nous avons grandi. La société occidentale, par exemple, accorde une grande importance à l'indépendance et à l'accomplissement. Chez un individu donné, ces pressions sociales peuvent être exprimées par des règles telles que « Je ne dois jamais demander de l'aide » et « Si je ne suis pas au top, ça veut dire que je suis nul ». Les règles sociales et culturelles peuvent évoluer, et ces changements (par l'intermédiaire de la famille) auront un impact sur les règles personnelles. En Angleterre, par exemple, le « sang-froid » a toujours été très apprécié. Chez un individu, cela pourrait s'exprimer ainsi : « Si je montre mes sentiments, les gens vont me traiter comme une mauviette » ou « Relève toi ! ». Plus récemment, toutefois, l'influence de personnes comme la princesse Diana a souligné l'importance d'exprimer ouvertement la vulnérabilité et l'émotion de manière générale. Chez un individu, cela pourrait devenir : « Si je ne jette pas tous mes sentiments sur la table, cela signifie que je suis dur et inhumain ». La culture à partir de laquelle dérivent des règles personnelles opère à tous les niveaux – des systèmes politiques, des groupes ethniques et religieux, des communautés, l'école. Quel que soit votre milieu, il y a des chances pour que vos règles personnelles reflètent la culture dans laquelle vous avez grandi.

Vos règles sont propres à vous

Bien que vos règles puissent avoir beaucoup en commun avec celles d'autres personnes qui grandissent dans la même culture, personne ne partagera exactement vos expériences de vie. Même au sein d'une même famille, l'expérience de chaque enfant est différente. Même si les parents sont attentifs à être justes envers leurs enfants, chacun sera traité un peu différemment, aimé d'une manière différente. Ainsi, vos règles sont uniques.

© Dunod – Toute reproduction non autorisée est un délit.

Les règles sont rigides et résistent au changement

C'est parce qu'elles influencent la façon dont vous voyez les choses et les interprétez au quotidien. Les biais de perception et d'interprétation examinés dans le chapitre 2 (pages 39) les renforcent. Les règles vous encouragent à adopter des comportements qui font qu'il est difficile pour vous de découvrir à quel point elles sont inutiles.

Pensez au travail que vous avez fait sur la vérification des prévisions anxieuses. Vous avez vu comment les précautions inutiles vous empêchent de découvrir si vos craintes sont exactes. Les règles fonctionnent de la même manière, mais à un niveau plus général. Ainsi, Jesse, par exemple, non seulement s'efforce d'être excellent à 100 % de sa mission, mais dans un sens plus général a des normes perfectionnistes pour tout ce qu'il fait. Cela signifie qu'il n'a pas la possibilité de découvrir que, compte tenu de ses talents naturels et de ses compétences, il n'a pas de réel besoin de se mettre une telle pression.

Les règles sont liées à des émotions fortes

Lorsque vous avez enfreint les règles, ou lorsque vous êtes à risque de le faire, vos émotions peuvent être fortes. Vous vous sentez déprimé ou désespéré, pas triste. Vous ressentez de la rage, pas de l'irritation. Vous avez des réactions de peur, pas d'appréhension ou d'inquiétude. Ces émotions fortes sont un signe que la règle est en action et que le schéma se prépare à être activé. En ce sens, elles sont des indices utiles. Cependant, leur force peut aussi rendre difficile l'observation de ce qui se passe de manière détachée.

Les règles sont déraisonnables

Comme les prévisions anxieuses et les pensées autocritiques, les règles de vie ne correspondent pas aux faits. Elles ne correspondent pas à la façon dont le monde fonctionne, ou à ce que l'on peut raisonnablement attendre de l'être humain. Jesse (page 162) reconnaît cela quand il convient qu'il n'est pas toujours possible d'être parfait ou d'éviter les critiques. Nous reviendrons sur ce point plus en détail lorsque vous arriverez à reformuler vos règles personnelles.

Les règles sont excessives

Les règles inutiles sont des surgénéralisations. Elles ne reconnaissent pas qu'il existe des changements utiles et adaptés en fonction des circonstances dans lesquelles vous vous trouvez. Elles ne répondent pas aux variations de temps et de lieu, ou ne reconnaissent pas que ce qui fonctionne dans une situation ou à un moment de votre vie ne fonctionnera pas dans un autre. Cela se traduit dans leur langue par : « toujours »/« jamais », « tout le monde »/«personne », « tout »/«rien ». Elles vous empêchent de procéder à des changements, de prendre chaque situation selon ses mérites, d'adopter une approche souple et de choisir le meilleur plan d'action, en fonction notamment de vos besoins à un moment donné dans le temps.

Les règles sont absolues, elles ne permettent pas la nuance. Encore une fois, cela se reflète dans leur langue par « Je dois... », « Je devrais... », plutôt que « Il serait dans mon intérêt de.. » ou « Je préfère... » ; « J'ai besoin... », plutôt que « Je veux... » ou « Je voudrais... ». Cette façon de voir en noir et blanc peut s'expliquer par le fait qu'elles ont été acquises quand vous étiez très jeune, avant que vous n'ayez l'étendue de l'expérience pour voir les choses selon une perspective plus complexe.

Les règles garantissent la continuité de la faible estime de soi

La séquence que Jesse a identifiée à la page 162 illustre un point important. Il a remarqué que ses règles nécessitaient une caractéristique impossible à atteindre : être sans faille à 100 % et de ne jamais rencontrer la critique. Ceci est caractéristique des règles inutiles liées à la faible estime de soi. Elles signifient que votre sens de votre propre valeur dépend de ce qui est impossible (par exemple en étant parfait, en gardant toujours le contrôle de ce qui vous arrive), ou hors de votre contrôle (par exemple, être accepté et aimé par tout le monde). Les gens évaluent l'estime de soi selon toute une série de valeurs.

Critères d'évaluation de la faible estime de soi

- Être jeune
- Être beau
- Être en forme et en bonne santé
- Avoir un emploi rémunéré
- Être parent
- Avoir de l'argent
- Avoir un statut
- Être à la bonne école
- Avoir un partenaire
- Avoir un poids et une silhouette particuliers
- Être le boss
- Réussir
- Être célèbre

☞

© Dunod – Toute reproduction non autorisée est un délit.

☞

- Être aimé
- Avoir des enfants qui se débrouillent bien
- Être stable
- Être sexuellement attirant...

La liste est sans fin. Le problème est qu'aucune de ces choses ne peut être garantie. Nous serons tous vieux, nous tomberons tous malades de temps en temps, nous serons peut-être atteints de lésions cérébrales ou invalides, nous risquons de perdre notre emploi, nos enfants quitteront la maison (ou s'ils ne le font pas, cela devient un sujet de préoccupation), il y a des moments dans nos vies où nous n'aurons personne de spécial pour nous aimer ou des moments où nos avenirs seront précaires, et ainsi de suite. Toutes ces choses sont fragiles et pourraient disparaître. Cela signifie que, si nous comptons sur elles pour nous sentir bien dans notre peau, notre estime de soi est aussi fragile. Être heureux tout simplement d'exister, tel que vous êtes, quelle que soit votre situation, vous met dans une position beaucoup plus forte.

IDENTIFIER LES RÈGLES DE LA VIE : GÉNÉRALITÉS

Qu'est-ce que je dois chercher ?

Vous recherchez des règles générales qui reflètent ce que vous attendez de vous-même, vos exigences sur ce que vous devriez être et comment vous devriez vous comporter, votre sens de ce qui est acceptable et de ce qui n'est pas permis, et votre idée de ce qui est nécessaire pour réussir dans la vie et avoir des relations satisfaisantes. En fait, vous définissez ce que vous avez à faire ou à être pour vous sentir bien dans votre peau, et ce dont dépend votre estime de soi. Si vous avez une faible estime de vous, il y a des chances pour que ces normes soient exigeantes et irréalistes (plus, par exemple, que ce que vous attendriez d'une autre personne) et que, lorsque vous explorez leur impact, vous découvriez qu'elles vous empêchent effectivement d'avoir un sentiment stable de valeur personnelle.

Quelle forme prennent les règles inutiles ?

Les règles de vie peuvent généralement être exprimées de l'une des trois manières suivantes : les hypothèses, les impératifs et les jugements de valeur.

Les hypothèses

Ce sont vos idées sur les liens entre l'estime de soi et d'autres choses dans la vie (par exemple, celles qui sont énumérées à la page 165). Celles-ci prennent généralement la forme de « Si..., alors... », de déclarations (elles peuvent aussi être formulées comme « Sauf si ..., alors ...»). Si vous regardez la liste des règles de vie à la page 43 du chapitre 2, vous trouverez un certain nombre d'exemples d'hypothèses, par exemple :

Briony : Si je laisse quelqu'un près de moi, il me blessera et m'exploitera
Jesse : Si quelqu'un me critique, [alors], cela signifie que j'ai échoué
Kate : Sauf si je fais tout ce que les gens attendent de moi, [alors] je serai rejetée
Sarah : Rien de ce que je fais est utile sauf si c'est reconnu par les autres

Parfois, le « Si.../Sauf..., Alors... » n'est pas évident *a priori*, mais vous le verrez si vous regardez attentivement.

Par exemple, pour **Arran** « La survie dépend de la riposte » peut être compris comme : « Si je ne riposte pas, alors je serai détruit ».

Les hypothèses comme celles-ci sont un peu comme les prévisions négatives au sens large. Elles décrivent ce que vous pensez de ce qui va se passer si vous agissez (ou n'agissez pas) d'une certaine façon. Cela donne immédiatement une idée d'un moyen pour les changer. Elles peuvent être testées en mettant en place le « Si... » et en observant le « Alors... » qui se produit réellement. Comme vous l'avez appris par rapport aux prévisions anxieuses, la menace pourrait être plus apparente que réelle.

Les impératifs

Ce sont les « je devrais », « il faut » et « j'aurais dû » qui nous obligent à agir d'une façon particulière, ou à être des types particuliers de personnes, afin de nous sentir bien dans notre peau. Il y a une liste de quelques exemples de « pilotes » à la page 43 :

Briony : Je ne dois jamais laisser voir mon vrai moi
Geoff : Je dois toujours garder le contrôle
Jim : Je devrais être en mesure de faire face à ce que la vie jette sur moi

Les pilotes font généralement lien avec un « Ou bien... » caché. Si vous pouvez trouver le « ou bien », vous serez en mesure de tester leur véracité et de voir s'ils sont utiles pour vous. Pour Briony, le « ou bien » était : « Ils verront la mauvaise personne que je suis et

© Dunod – Toute reproduction non autorisée est un délit.

me rejetteront. » Pour Geoff, c'était : « Je vais dépasser les limites et gâcher les choses ». Pour Jim, c'était : « Je suis faible ».

Vous pouvez voir avec ces exemples que le « ou bien » peut être très proche du schéma. En fait, le « ou bien » peut être une simple expression du schéma : « ou bien cela signifie que je ne suis pas à la hauteur/antipathique/incompétent/laid » ou autre chose. Dans ce cas, le pilote est un énoncé très clair des normes sur lesquelles une personne fonde son estime de soi.

■ Les jugements de valeur

Ce sont des déclarations sur la manière dont vous devriez agir (ou ne pas agir), ou être (ou ne pas être). En un sens, ils ressemblent à des hypothèses, mais leurs conditions sont plus vagues, et peuvent avoir besoin d'être dévoilées pour être pleinement comprises. Les exemples pourraient être : « C'est terrible de faire des erreurs », « Le rejet est insupportable », « Il est crucial d'être au top ». Si vous trouvez des règles qui prennent cette forme, vous devez vous poser quelques questions minutieuses afin d'être clair sur les demandes qu'elles vous imposent. Essayez de savoir ce que vous entendez exactement par ces termes vagues (« terrible », « insupportable », « crucial »). Par exemple :

- Qu'est-ce qui est « terrible » au sujet des erreurs ? Si j'en ai fait une, et après ? Quel est le pire qui puisse arriver ? Quelles seraient les conséquences ?
- Qu'est-ce que j'entends par « insupportable » ? Si je m'imagine être rejeté, qu'est-ce qui me vient à l'esprit exactement ? Qu'est-ce que j'envisage après ? Comment je pense que je me sentirais ? Et pour combien de temps ?
- « Crucial » dans quel sens ? Qu'arriverait-il si je n'étais pas au top ? Le fait d'être au top me protège de quoi ? Quel est le pire qui pourrait arriver si je ne l'atteignais pas ? Où cela me mènerait ? Quel genre de personne cela ferait-il de moi ? Quel impact cela aurait sur ma place dans le monde ?

Comment saurais-je que j'ai trouvé mes règles ?

Comme nous l'avons dit, vous pouvez ne jamais avoir exprimé vos règles personnelles avec autant de mots. Cela peut les rendre moins faciles à repérer que les pensées anxieuses et autocritiques que vous pouvez souvent observer traverser votre esprit.

Cela rend le fait de débusquer vos règles fascinant. Vous vous transformez en un détective cherchant des indices qui vous donneront la clé de l'histoire. Vous pourrez même vous sentir assez surpris de découvrir ce que sont vos règles (« Oh, c'est un non-sens, je n'y crois pas »). Si c'est votre première réaction, arrêtez-vous un instant et réfléchissez. Il peut être difficile de croire en votre règle lorsque vous êtes assis tranquillement avec cette dernière sous vos yeux. Mais qu'en est-il lorsque vous êtes dans une situation qui lui est pertinente ? Par exemple, si la règle est d'être agréable avec les gens, qu'en est-il des situations où vous sentez que vous ne l'avez pas été ? Ou si votre règle est de faire les choses avec succès, qu'en est-il des situations où vous sentez que vous avez échoué ? Et qu'en est-il des moments où vous êtes en colère et vous sentez mal dans votre peau ? Même si la règle que vous avez identifiée ne semble pas totalement convaincante pour vous dans la froide lumière du jour, agissez-vous en fait comme si elle était vraie ? Si oui, alors aussi peu probable que cela puisse paraître, vous avez tapé dans le mille.

Quand il s'agit de l'identification de vos règles, vous avez déjà une mine d'informations pertinentes à partir du travail que vous avez fait sur les prévisions anxieuses, les pensées autocritiques et l'amélioration de l'estime de soi. Vous avez déjà observé que certaines situations déclenchent de manière systématique des émotions inconfortables et vous causent des problèmes. Celles-ci sont susceptibles d'être les situations se rapportant à votre système personnel de règles.

Les situations clés pour Jesse, par exemple, étaient des moments où il pouvait être incapable de répondre à ses exigences et craignait d'attirer les critiques. Votre observation des modèles de comportements répétitifs peut déjà vous donner une idée assez claire de ce que sont vos règles. Si non, ne vous inquiétez pas. Si vous n'avez jamais mis vos règles en mots, alors cela peut prendre un certain temps pour trouver la bonne formule. Soyez créatif et ouvert d'esprit. Abordez la tâche sous des angles différents, en utilisant les idées ci-dessous pour développer des intuitions sur ce qu'elles pourraient être. Essayez des règles différentes, expérimentez avec différents mots, et utilisez tous les indices qui sont à votre disposition, jusqu'à ce que vous trouviez une déclaration générale qui semble vous influencer de manière plus ou moins constante, et qui a affecté votre vie dans plein de situations différentes.

Identifier les règles de vie : les sources d'information

Vous pouvez utiliser un certain nombre de sources d'information pour identifier vos règles. Certaines d'entre elles sont résumées et décrites plus en détail dans les pages qui suivent. Vous trouverez probablement le processus plus gratifiant et stimulant si vous explorez plusieurs sources différentes.

Il est intéressant de se rendre compte que vous pouvez avoir un certain nombre de règles. Prenez note de tout ce que vous découvrez. Mais il est probablement préférable de travailler systématiquement sur une à la fois. Dans le cas contraire, vous risquez de perdre la trace de ce que vous faites. Choisissez une règle pour travailler sur un domaine de votre vie que vous souhaitez particulièrement modifier (par exemple, les relations avec d'autres personnes). Lorsque vous avez terminé le processus de formulation d'une règle alternative et que vous

© Dunod – Toute reproduction non autorisée est un délit.

l'avez testé, vous pouvez utiliser ce que vous avez appris pour vous attaquer à d'autres règles inutiles que vous souhaitez aussi modifier.

Identification des règles de vie inutiles : les sources d'information

- Les déclarations directes
- Les thèmes
- Vos jugements sur vous-même et d'autres personnes
- Les souvenirs, les dictons de famille
- Suivre le contraire (choses que vous jugez vraiment bien)
- La flèche descendante

Les déclarations directes

Regardez dans le cahier vos prévisions anxieuses et pensées autocritiques. Voyez si vous pouvez identifier des règles qui se font passer pour des pensées spécifiques. À la réflexion, est-ce que l'une de vos prédictions dans des situations particulières reflète des questions plus larges ? Avez-vous des exemples de pensées autocritiques spécifiques d'une règle plus générale ?

Jesse, lorsqu'il a hâte d'achever sa mission, a la pensée : « Cela doit être super à 100 pour cent ». À la réflexion, il pouvait voir que cette déclaration pourrait également s'appliquer à d'autres situations – c'est une règle générale.

Les thèmes

Même si aucune des règles de vie n'est directement exprimée dans votre cahier, pouvez-vous continuer à noter vos préoccupations ? Quels thèmes ressortent de tout le travail que vous avez fait ? Quel genre de situations vous fait douter de vous (par exemple, remarquer que vous n'avez pas bien fait quelque chose, ou avoir à rencontrer des personnes qui vous sont peu familières) ? Quels sont les aspects de vous-même pour lesquels vous êtes le plus dur ? Quel comportement chez les autres sape votre confiance ? Les thèmes répétitifs peuvent vous donner une idée de ce dont vous avez besoin de vous-même, des autres et du monde, afin de maintenir votre sens de l'estime de soi.

Sarah a remarqué en enregistrant ses pensées anxieuses et autocritiques qu'elle était très dure avec elle-même chaque fois que quelqu'un montrait un quelconque signe indiquant qu'il n'aimait pas un tableau qu'elle avait fait. À la réflexion, ça l'a aidé à identifier une nouvelle règle : « Si quelqu'un me désapprouve, il doit y avoir quelque chose de mauvais en moi ». **Jesse**, en revanche, a remarqué quand il a enregistré ses activités sur le journal des activités quotidiennes qu'il avait tendance à rejeter toute activité qui ne recevait pas une note de Maîtrise de 8 ou plus. Il a réalisé après examen que ce mode de pensée en noir et blanc reflétait l'une de ses règles perfectionnistes : « Si ce n'est pas à 100 pour cent, c'est inutile ».

Vos jugements sur vous-même et d'autres personnes

Regardez vos pensées autocritiques. Dans quelles circonstances ont-elles vu le jour ? Que critiquez-vous en vous-même ? Qu'est-ce que ça vous dit de vos attentes par rapport à vous-même ? Qu'est-ce qui pourrait arriver si vous assouplissiez vos règles ? Comment les choses pourraient mal se passer ? Si vous ne maintenez pas la bride serrée et n'obéissez pas à la règle, où allez-vous finir ? Quel genre de personne pourriez-vous devenir (par exemple, stupide, paresseux, égoïste) ? Qu'est-ce que vous ne vous êtes jamais autorisé à faire ou à être ?

Considérez aussi ce que vous critiquez chez les autres. Quelles sont les normes que vous vous attendez à retrouver ? Celles-ci peuvent refléter les exigences que vous placez sur vous-même.

Jesse, par exemple, a remarqué qu'il était toujours impatient avec les gens qui avaient une attitude détendue au travail, s'accordaient des pauses déjeuner et rentraient chez eux à une heure raisonnable. « Inutiles », se disait-il à lui-même. « Ils feraient tout aussi bien ne pas venir du tout ». Ce jugement sévère vis-à-vis d'autres personnes était un autre indice des normes élevées qu'il s'était fixées pour lui-même.

Les souvenirs, les dictons de famille

Comme cela a été dit, les règles trouvent leurs racines dans l'expérience. Parfois, les gens peuvent remonter jusqu'aux premiers souvenirs, ou jusqu'aux paroles qui étaient prononcées à la maison. Les identifier peut vous aider à comprendre les politiques que vous avez adoptées par la suite. Vos règles peuvent maintenant être dépassées et considérées comme inutiles, mais il fut un temps où elles ont été logiques.

Enfant, quand je demandais quelque chose, on me disait souvent sur le ton de la désapprobation : « On ne dit pas : Je veux ». Le message que j'en ai retiré c'est que si je voulais quelque chose, je n'aurais pas le droit de l'avoir, ou que ce serait hors de ma portée. Afin d'éviter toute déception, il était probablement mieux de ne pas vouloir quelque

© Dunod – Toute reproduction non autorisée est un délit.

chose, et ce n'était certainement pas une bonne politique de parler ouvertement de ce que l'on voulait.

J'ai réalisé très récemment, c'est-à-dire depuis que j'ai mes propres enfants, que le « On ne dit pas : Je veux » était en fait destiné à transmettre un message tout à fait différent : « Si tu veux quelque chose, dit s'il te plaît », ou, plus largement : « Sois poli. » En dépit de cette nouvelle compréhension, j'éprouve souvent des difficultés à demander directement ce que je veux, et redoute à m'engager dans une chose que je veux de tout cœur.

Cet exemple montre comment les déclarations peuvent avoir un sens pour les gens qui les émettent, et un autre pour les personnes qui les reçoivent. Ce qui devait être une leçon de bonnes manières a été interprété dans un sens moins favorable. En tant qu'enfant, ne sachant pas faire la différence, j'ai considéré littéralement ce qu'on m'a dit. La politique que j'ai adoptée par la suite comme une conséquence de ce que j'avais cru comprendre est restée contre vents et marées. Même la perspicacité et la compréhension de ses origines ne l'ont pas éliminé. Comme vous le découvrirez, identifier vos règles n'est que la première étape vers leur changement.

Souvenez-vous de quand vous étiez jeune, en tant qu'enfant et à l'adolescence, et considérez les messages que vous avez reçus sur la façon de se comporter et sur le genre de personne que vous devriez être.

Interroger son enfance

- Qu'est-ce qu'on vous a dit que vous deviez faire et ne deviez pas faire ?
- Quelles étaient les conséquences si vous n'alliez pas dans le sens ce que l'on vous disait ? Quel genre de personne cela faisait-il de vous ? Quelles ont été les conséquences sur vos relations avec les autres personnes, ou sur votre avenir ?
- Pour quoi vous a-t-on critiqué, ridiculisé ou puni ?
- Qu'est-ce que les gens ont dit ou fait quand vous n'avez pas fait comme demandé ?
- Comment les gens importants pour vous ont réagi lorsque vous avez fait des erreurs, ou été méchant, ou pas bon à l'école ?
- Que faisiez-vous pour être félicité et apprécié ?
- Qu'est-ce que vous avez fait ou été pour recevoir chaleur et affection ?
- De quels proverbes et dictons de famille vous souvenez-vous (par exemple, « mieux vaut prévenir que guérir ») ?

Pour vous aider à chercher des souvenirs particuliers, regardez à nouveau vos enregistrements de pensées, et choisissez les sentiments et les pensées qui vous semblent typiques (les thèmes).

Les thèmes (pensées et sentiments récurrents)

- Quand avez-vous eu pour la première fois ces sentiments, remarqué ou pensé et agi de cette façon ? Quelles étaient les circonstances ?
- Lorsque vous constatez quelque chose qui vous rend anxieux ou déclenche l'autocritique, cela vous rappelle-t-il quelque chose dans votre passé ? Quelles voix ou quels visages vous viennent à l'esprit ?
- Quand avez-vous compris qu'on attendait certaines choses de vous, ou quand avez-vous eu le sentiment que l'approbation ou l'amour étaient dépendants de quelque chose que vous deviez faire ou être, plutôt que simplement le fait d'exister ?
- Quels souvenirs particuliers ou images ou dictons vous viennent à l'esprit ? Le désir de plaire de Kate, par exemple, a été renforcé par des déclarations répétées de sa mère : « Si tu es méchante, Maman ne t'aimera plus ». Elle avait aussi une claire (et encore bouleversante) mémoire d'une époque particulière où sa mère a quitté la maison à l'improviste après une dispute. Kate pouvait encore se voir courir dans la rue, supplier sa mère de revenir, convaincue qu'elle l'abandonnait.

Suivre le contraire

Votre connaissance des situations que vous trouvez difficiles est une source précieuse de renseignements au sujet de vos règles de vie. Vous pouvez également trouver des indices en examinant soigneusement les moments où vous vous sentez particulièrement bien. Ceux-ci peuvent être des moments où vous avez obéi aux règles, fait ce qu'il fallait faire et obtenu des autres les réactions dont vous avez besoin pour vous sentir bien. Vous vous êtes plié à ces normes élevées, vous les avez respectées dans les moindres détails, tout le monde a fait comme vous, ça a été dur mais vous avez gardé les choses sous contrôle. Alors, demandez-vous :

- Qu'est-ce qui vous fait vous sentir vraiment, vraiment bon ?
- Quelles en sont les implications ? À quelle règle avez-vous obéi ? Quelles sont les normes que-vous avez rencontrées ?
- Quelles qualités et actions admirez-vous vraiment chez les autres et mettez-vous en valeur ? Qu'est ce que cela veut dire sur la façon dont vous êtes censé agir ou être ?

La flèche descendante

C'est une façon d'utiliser votre conscience sur la façon dont vous pensez et ressentez dans des cas spécifiques pour arriver à des règles générales. Elle a d'abord été décrite dans le livre de David Burns, *Feeling Good*, un manuel de thérapie cognitive pour la dépression.

© Dunod – Toute reproduction non autorisée est un délit.

Vous trouverez un exemple (flèche descendante de Jesse) à la page 176. Voici les étapes à suivre :

Votre point de départ

Pensez à un type de situation-problème qui vous perturbe et vous fait vous sentir mal à propos de vous-même (par exemple, être l'objet de critiques, ne pas respecter un délai, éviter une opportunité). Ce sont des situations où votre schéma a été activé parce que vous étiez à risque de briser vos règles, ou les avez effectivement rompues. Maintenant, pensez à un exemple récent qui est encore frais dans votre mémoire.

Les détails

Rappelez-vous ce qui s'est passé. Sur une feuille de papier, écrivez les émotions que vous avez ressenties dans cette situation et les pensées ou les images qui vous ont traversé l'esprit. Identifiez la pensée ou l'image qui vous semble être la plus importante, et qui rend le mieux compte des émotions que vous avez ressenties.

La flèche descendante

Au lieu de chercher immédiatement des alternatives à vos pensées, demandez-vous : « Supposons que cela soit vrai, qu'est-ce que cela signifierait pour moi. » Lorsque vous avez trouvé votre réponse à cette question, plutôt que d'essayer de travailler sur des solutions de rechange, posez-vous à nouveau la question : « Et si c'était vrai, qu'est-ce que cela signifierait pour moi ? ». Et encore une fois, continuez, étape par étape, jusqu'à ce que vous découvriez la règle générale sous-jacente qui donne un sens à vos pensées et sentiments dans la situation problème.

« Qu'est-ce que cela signifie pour vous ? » est la seule question que vous ayez à utiliser pour poursuivre la flèche descendante. Vous en trouverez d'autres qui peuvent être utiles pour démêler la règle qui se cache derrière le problème et qui sont résumées à la page 175.

Rappelez-vous, il est possible que vous ayez un certain nombre de règles de vie inutiles – les gens en ont souvent. Vous trouverez peut-être intéressant de poursuivre la flèche descendante à partir d'un certain nombre de points de départ différents. C'est essentiel si vous avez des difficultés à identifier votre règle. C'est aussi un moyen de vérifier que vous êtes sur la bonne voie, et de découvrir d'autres règles. L'expérience de la formulation de différentes questions aussi. Les réponses peuvent être éclairantes.

Les questions de la flèche descendante

- En supposant que cela soit vrai, qu'est-ce que cela signifierait pour vous ?
- En supposant que cela soit vrai, qu'est-ce qui se passerait alors ?
- Quel est le pire qui puisse arriver ? Et que se passerait-il alors ? Et ensuite ?
- Qu'est-ce qui serait si mauvais ? (NB « Je me sentirais mal » n'est pas une réponse utile à cette question. Vous seriez sans doute mal à l'aise, mais cela ne vous dirait pas grand-chose d'utile ou d'intéressant à propos de vos règles. Donc, si votre réponse immédiate est quelque chose de l'ordre de vos propres sentiments, demandez-vous pourquoi vous vous sentez mal)
- Quel serait le problème pour vous ?
- Quelles seraient les implications ?
- Qu'est-ce que cela vous raconte sur la manière dont vous devriez vous comporter ?
- Qu'est-ce que cela vous dit de ce que vous attendez de vous-même, ou d'autres personnes ?
- Qu'est-ce que cela vous dit au sujet de vos exigences pour vous-même ?
- Qu'est-ce que cela dit du type de personne que vous devriez être afin de vous sentir bien dans votre peau ?
- Qu'est-ce que cela vous dit de ce que vous devez faire ou être, pour gagner l'acceptation, l'approbation, ou l'amour des autres ?
- Qu'est-ce que cela vous dit de ce que vous devez faire ou être pour réussir dans la vie ?

Si, en utilisant la flèche descendante, vous avez l'impression de tourner en rond au bout d'un certain temps, il est probable que vous ayez atteint votre règle, mais que ce ne soit pas dans une forme que vous ayez reconnue. Cessez de vous interroger, posez-vous et réfléchissez à votre séquence. Quelle règle de vie les derniers niveaux vous suggèrent-ils ? Lorsque vous avez une idée de la règle, testez-la. Pouvez-vous penser à d'autres situations où elle pourrait s'appliquer ? Est-elle judicieuse dans d'autres situations où vous l'appliquez ?

Essayez en prenant un autre point de départ globalement similaire. Cela aboutit-il au même résultat ? Prenez quelques jours pour vous observer, en particulier vos prévisions anxieuses et vos pensées autocritiques. Est-ce que votre règle donne un sens à vos réactions au quotidien ? Si c'est le cas, vous êtes en mesure de commencer à chercher une alternative plus utile. Si non, quelle règle pourrait mieux rendre compte de ce que vous observez ? Ne vous découragez pas.

Vous pouvez avoir le sentiment, dès la première fois, d'avoir une bonne idée générale de ce que pourrait être votre règle, mais que la façon dont vous l'avez exprimé ne correspond pas tout à fait. Parce que les règles sont souvent non formulées, il peut être difficile au début d'obtenir son libellé exact. Jouez avec le libellé jusqu'à ce que vous trouviez une formule

© Dunod – Toute reproduction non autorisée est un délit.

qui provoque un déclic en vous. Essayez de composer avec les différentes formes possibles qu'une règle peut prendre : les hypothèses, les impératifs et les jugements de valeur. Lorsque vous obtiendrez la bonne formulation, vous la reconnaîtrez – « Ah ! C'est ça ».

Situation : on m'a posé une question à laquelle je ne pouvais pas répondre lors d'une réunion
Émotions : anxieux, embarrassé
Pensée : je devrais connaître la réponse à cette question

↓

Qu'est-ce que ça veut dire pour moi de ne pas avoir pu ?

↓

Que je ne fais pas mon travail correctement

↓

Et si c'était vrai, cela signifierait quoi pour vous ?

↓

Que tôt ou tard les gens remarqueront que je ne suis pas à la hauteur

↓

Et à supposer qu'ils le fasse, qu'est-ce qui va se passer ?

↓

Je voudrais perdre ma crédibilité. Je pourrais être rétrogradé

↓

Et quelles sont les implications de tout cela pour votre performance ?

↓

Je ne peux vraiment pas me permettre de ne pas avoir de réponse à tout.
Je dois venir avec les bonnes réponses tout le temps, peu importe lesquelles

↓

Alors, quelle est la règle ?

↓

Sauf si je fais toujours bien les choses, je n'irai jamais nulle part dans la vie

Figure 7.2. La flèche descendante : Jesse

L'évaluation de l'impact de vos règles de vie

Les règles ne sont pas comme les prévisions anxieuses ou les pensées autocritiques. Elles ne s'activent pas dans votre tête dans des circonstances spécifiques et à des moments précis. Elles peuvent influencer la façon dont vous pensez, ressentez et agissez dans toute une gamme de situations différentes. Comme nous l'avons dit, vous pouvez très bien les avoir apprises quand vous étiez très jeune.

Une fois que vous avez identifié une règle inutile, il est judicieux d'examiner son impact sur votre vie. En changeant votre règle, vous aurez non seulement besoin de formuler une alternative, c'est-à-dire une règle plus réaliste et plus utile pour vivre, mais aussi de changer son influence sur votre vie.

Reconnaître son impact va vous aider à atteindre cet objectif. Vous avez déjà la plupart des informations dont vous avez besoin : le travail que vous avez fait sur les prévisions anxieuses, les pensées autocritiques et le renforcement de l'estime de soi.

Commencez par observer maintenant l'impact sur votre vie. Quels aspects de votre vie votre règle concerne-t- elle ? Par exemple : les relations ? le travail ? les études ? Comment dépensez-vous votre temps libre ? Comment prenez-vous soin de vous ? Comment réagissez-vous quand les choses ne vont pas bien ? Comment répondez-vous aux opportunités et aux défis ? À quel point êtes-vous bon à exprimer vos sentiments et à vous assurer que vos besoins sont satisfaits ? Comment savez-vous que la règle est en train d'opérer ? Quels sont les indices ? des émotions particulières, des sensations dans votre corps, ou des pensées ? Quelles choses faites-vous (ou ne faites pas) ? Quelles sont les réactions d'autres personnes ?

Maintenant, revenez en arrière. Pouvez-vous voir un schéma similaire dans votre passé ? Dans le passé, quel effet cette règle a-t-elle eu sur vous ? À quelles protections inutiles et précautions vous a-t-elle mené ? Qu'est-ce que vous avez manqué, ou omis ou perdu, ou menacé en raison de la règle ? Quelles restrictions vous êtes-vous imposé ? De quelle manière cela a-t-il miné votre capacité à vous apprécier, et à vous détendre avec les autres ? Comment cela a-t-il affecté votre capacité à prendre du plaisir ? Regardez de nouveau le travail que vous avez déjà fait dans les chapitres précédents. Combien d'éléments déjà observés peuvent être expliqués par cette règle ?

La consolidation de vos découvertes

Vous devriez maintenant avoir une bonne idée de ce que votre règle (ou règles) pourrait être. Consolidez tout ceci en résumant par écrit ce que vous avez découvert :

- Ma règle est la suivante : ....
- Cette règle a eu l'incidence suivante sur ma vie : ....
- Je sais que la règle est en action, parce que : ....

© Dunod – Toute reproduction non autorisée est un délit.

Vous trouverez peut-être utile de mieux comprendre comment la règle fonctionne en l'observant en action pendant plusieurs jours. Collectez des exemples (probablement très similaires à ce que vous avez déjà dans votre enregistrement) et affinez votre compréhension de la façon dont elle vous influence et de comment vous pouvez dire qu'elle est en train d'opérer. Une fois que vous l'avez identifiée, vous découvrirez peut-être qu'elle fleurit un peu partout.

Changer les règles

Vos règles de vie peuvent être en action depuis longtemps. Elles ne vont pas changer du jour au lendemain. Cependant, vous n'êtes pas à la case départ. Les compétences que vous maîtrisez déjà avec la gestion des prévisions anxieuses et des pensées autocritiques, en mettant l'accent sur vos points forts et vers la belle vie, font partie de la procédure pour changer les règles. Maintenant que vous savez ce qu'elles sont, vous allez être amené à vous interroger dessus. Vous trouverez quelques questions utiles résumées à la page 178 et discutées plus en détail ci-dessous.

Votre but est de trouver de nouvelles règles qui vous encourageront à adopter des normes plus réalistes pour vous-même qui vous aideront à obtenir ce que vous voulez de la vie. Comme nous l'avons dit plus tôt, vous pouvez avoir découvert plus d'une règle inutile qui maintient votre faible estime de soi (par exemple, vous avez besoin d'approbation et vous êtes aussi un peu perfectionniste). Si c'est le cas, commencez par celle que vous aimeriez le plus changer, et ensuite utilisez ce que vous avez appris pour changer les autres. Vous gagnerez plus en travaillant systématiquement sur une règle à la fois qu'en sautant de l'une à l'autre, en faisant un peu ici et un peu ailleurs. Vous trouverez peut-être utile de résumer vos arguments et de faire l'essai de votre nouvelle règle sur une fiche en suivant la méthode expliquée page 184.

Modification des règles : les questions utiles

- D'où vient la règle ?
- En quoi cette règle est-elle déraisonnable ?
- Quels sont les avantages de l'obéissance à la règle ?
- Quels sont les inconvénients ?
- Quelle règle alternative serait plus réaliste et plus utile ?
- Que devez-vous faire pour essayer votre nouvelle règle ? Comment pouvez-vous la mettre en pratique au quotidien ?

D'où vient la règle ?

Le but ici n'est pas de ressasser le passé, mais plutôt de remettre vos règles dans leur contexte, de comprendre comment elles sont apparues et ce qui les a maintenues en action. Il s'agit d'une étape vers le détachement. Gardez les questions ci-dessous à l'esprit.

Comprendre l'origine des règles

- Dans quelle mesure mon expérience passée va dans le sens de mes règles ?
- Dans quelle mesure cela explique-t-il les stratégies que j'ai adoptées ?
- Dans quelle mesure cela peut-il m'aider à comprendre la façon dont je fonctionne actuellement ?

Vous pouvez déjà avoir une bonne idée de l'endroit d'où viennent vos règles. Comprendre leurs origines vous aidera à voir qu'elles étaient vos meilleures options, compte tenu de vos connaissances de l'époque. Cela n'est pas suffisant pour produire un changement significatif, mais peut être une première étape utile vers la mise au jour de vos règles de vie. Toutefois, si vous ne savez pas d'où vos règles viennent, ne désespérez pas. Cette information n'est pas indispensable pour les changer. Cela signifie simplement que les questions qui suivent sont susceptibles d'être plus utiles pour vous.

Si vous savez ce qu'elles sont, résumez les expériences de votre vie qui ont conduit à la règle. Rappelez-vous quand vous avez pour la première fois remarqué les signes qui vous indiquaient qu'elle était active. Est-ce que cette règle faisait partie de votre culture familiale, ou du lieu dans lequel vous avez grandi ? L'avez-vous adopté comme moyen de faire face à des circonstances pénibles et difficiles ? Était-ce une façon d'assurer la proximité et les soins dont vous aviez besoin en tant qu'enfant ? ou de gérer des adultes désobligeants ou imprévisibles ? ou de faire face aux exigences de l'école ? ou d'éviter les moqueries et le ridicule ?

Vous pouvez également tenir compte des expériences ultérieures qui ont contribué à maintenir la règle en place. Par exemple, vous êtes-vous trouvé pris au piège dans des relations abusives ? Est-ce que d'autres personnes ont relayé le rôle critique que vos parents avaient pris dans le passé ? Avez-vous été à plusieurs reprises dans des environnements qui renforçaient les politiques que vous aviez adoptées ? Jesse, par exemple, a eu des problèmes professionnels avec un patron de mauvaise humeur et critique. Sous cette pression, il a redoublé d'efforts pour être dans ses petits papiers.

En admettant que la règle avait du sens à un moment donné, vous devez néanmoins vous demander à quel point elle est pertinente aujourd'hui, en tant qu'adulte. Si vous venez d'une culture plutôt chrétienne, il y a probablement eu un moment dans votre vie où vous avez cru au Père Noël. Vous avez eu toutes les raisons d'y croire. Les gens vous disaient

© Dunod – Toute reproduction non autorisée est un délit.

qu'il existait, et vous en aviez les preuves le matin de Noël. Il était logique d'adopter la politique d'être particulièrement bon les jours précédant Noël. Lorsque j'étais enfant, nous laissions également un verre de brandy et une petite tarte, et quelques carottes pour les rennes. Le matin, il ne restait plus que des miettes.

Mais les choses évoluent, et vous avez maintenant une grande expérience de la vie et une compréhension différente de ce qui se passait la veille de Noël. Il est peu probable que, en tant qu'adulte, vous soyez toujours convaincu que le Père Noël existe et vous comportiez en conséquence. Il serait étrange que vous mettiez encore une chaussette pour les cadeaux – à moins, bien sûr, que vous n'ayez de bonnes raisons de penser que quelqu'un d'autre dans votre foyer le remplira, ou si vous jouez le Père Noël pour vos enfants.

Si vous venez d'un milieu culturel qui ne reconnaît pas le Père Noël, pensez à d'autres mythes ou légendes auxquelles vous avez cru en tant qu'enfant, mais que vous comprenez maintenant différemment. Peut-être en est-il de même de vos règles personnelles. Sont-elles toujours nécessaires ou bénéfiques ? Ou peut-être seraient-elles mieux en mettant à jour votre point de vue ?

En quoi cette règle est-elle déraisonnable ?

Cela revient un peu à remettre en question des pensées négatives en évaluant les arguments pour et contre. Les règles de vie inutiles sont extrêmes dans leurs revendications. En ce sens, elles s'écartent de la réalité et refusent de reconnaître la richesse et la variété de l'expérience. Faites appel à vos connaissances d'adulte pour envisager de quelle manière votre règle ne tient pas compte de la façon dont le monde fonctionne. Comment pourrait-elle déborder sur ce qui est réellement possible pour un être ordinaire, un être humain imparfait, ou sur ce que vous attendez d'une autre personne que vous respectez et dont vous vous souciez ? De quelles manières ces exigences sont-elles exagérées ?

Rappelez-vous, c'est un contrat que vous avez passé avec vous-même en tant qu'enfant. Souhaitez-vous désormais permettre à un enfant de contrôler votre vie ? Pourquoi non ? Que voyez-vous en tant qu'adulte que vous ne pouviez pas comprendre quand vous étiez enfant ? Compte tenu de leur expérience limitée de la vie, à quel point les enfants peuvent voir qu'une situation est différente d'une autre, que ce qui fonctionne avec une seule personne ne fonctionne pas avec une autre, que tout passe, que ce qui est vrai à un moment et en un lieu ne peut pas l'être à un autre ?

Quels sont les avantages de l'obéissance à la règle ?

Si elles sont inutiles sur le long terme, les règles de vie vont avoir de réels avantages. Ceux-ci aident à les maintenir en place.

Jesse, par exemple, savait que ses exigences élevées le poussaient à produire un excellent travail, pour lequel il était respecté et félicité et qui avait contribué à faire progresser sa carrière. Ce n'était pas quelque chose qu'il voulait perdre.

Il est important d'être clair sur les gains de vos propres règles, parce que les alternatives que vous formulerez auront besoin des avantages de l'ancienne règle, sans ses désavantages. Dans le cas contraire, vous pourriez être naturellement réticent à lâcher l'ancienne – après tout, on sait ce qu'on perd, on ne sait pas ce qu'on trouve.

Faites une liste des gains et avantages de votre règle. Quels sont les avantages que vous y gagnez ? En quoi est-elle utile pour vous ? Et considérez aussi ce que vous pourriez risquer si vous deviez la laisser. Que protège-t-elle ?

Les gens ont souvent un sentiment de malaise en pensant que s'ils devaient abandonner leurs règles, une catastrophe s'ensuivrait. Jesse pensait que s'il n'était pas perfectionniste, il pourrait ne plus jamais faire son travail de manière correcte. C'était pour lui comme si le perfectionnisme était la seule chose qui garantissait l'acceptation des autres. Des idées comme celles-ci pourront être testées par des expériences à un stade ultérieur. Pour le moment, l'important est d'identifier les gains et les peurs qui maintiennent l'ancienne règle en place.

Lorsque vous avez énuméré tous les avantages de votre règle, regardez-les attentivement. Certaines d'entre elles peuvent être plus de façade que réelles. Par exemple, la règle selon laquelle il faut toujours faire passer les autres avant peut vous encourager à être véritablement utile, et disposer les autres à être aimables avec vous. Mais il y a un inconvénient : vos propres besoins ne sont pas satisfaits, et le résultat peut être un accroissement du ressentiment et de la fatigue, de sorte qu'à la fin, vous n'êtes plus en état d'aider les autres.

Jesse a réalisé, en réfléchissant, que son excellent travail ne lui garantissait pas toujours l'acceptation. Il était parfois tellement speed et tendu que les autres le trouvaient inabordable et arrogant.

Ne prenez pas les gains que vous avez identifiés comme allant de soi. Regardez-les de près, et évaluez dans quelle mesure ils sont réels dans la pratique. Faites de même pour vos préoccupations au sujet du fait de laisser tomber votre règle. Comment savez-vous que ces choses vont réellement se passer ? Comment pourriez-vous le savoir ?

Quels sont les inconvénients de l'obéissance à la règle ?

Vous avez exploré les gains, maintenant les points négatifs. Examinez comment la règle restreint vos possibilités, vous prive de plaisir, contamine et assombri vos relations avec

© Dunod – Toute reproduction non autorisée est un délit.

d'autres personnes, sape votre sens de l'accomplissement. Utilisez les informations que vous avez déjà recueillies lorsque vous avez évalué son impact sur votre vie et en l'observant en action au jour le jour.

Cela peut aider à clarifier l'impact de la règle sur vos chances d'obtenir le genre de vie que vous voulez pour vous-même. Faites une liste de quelques-uns de vos principaux objectifs dans la vie. Les exemples pourraient être : avoir une carrière satisfaisante, prendre plaisir à ce que je fais, être détendu et confiant avec les gens, tirer le meilleur parti de chaque expérience. Puis demandez-vous : est-ce que la règle m'aide à atteindre ces objectifs ? Est-ce la meilleure stratégie pour obtenir ce que je veux dans la vie ? Ou faut-il, en fait, changer de voie ?

Représenter graphiquement les avantages et les inconvénients

Il peut être utile de résumer les gains et les inconvénients que vous avez identifiés en prenant une feuille de papier vierge et en traçant une ligne verticale au milieu. Dans la colonne de gauche, notez les gains liés à votre règle et les risques apparents à la lâcher. Dans la colonne de droite, notez la liste de ses inconvénients. Peser les deux listes et, à la fin, écrivez vos conclusions au sujet de « à quel point la règle est utile pour vous ». Si vous décidez que, tout compte fait, la règle est utile et vous emmène là où vous voulez aller, alors vous n'avez pas besoin de poursuivre cet exercice. Si, en revanche, vous concluez que la règle est inutile, l'étape suivante consiste à formuler une alternative qui vous gardera les avantages de l'ancienne sans ses inconvénients.

Quelle règle alternative serait plus réaliste et plus utile ?

De nouvelles règles peuvent transformer les expériences de tous les jours. Elles vous permettent de gérer confortablement et en toute confiance des situations qui, sous l'ancien système, auraient représenté des violations du code, ce qui déclenchait l'anxiété ou l'autocritique. Quelle aurait été la catastrophe à vous passer des inconvénients. Qu'est-ce qui semblait être une question de vie ou de mort et qui devient un défi et une opportunité. De nouvelles règles ouvrent la porte à la réalisation de ce que vous voulez pour votre vie.

Pour vous aider à libérer votre pensée, considérez votre ancienne règle avec une autre personne. Si, par exemple, un extraterrestre venait vous voir pour avoir des conseils sur la façon de s'assurer une vie heureuse et épanouie sur votre planète, que lui diriez-vous ? Ou encore, voudriez-vous transmettre votre règle à vos enfants, si vous en avez ? Si non, que préféreriez-vous être leur transmettre comme règle ?

Votre tâche est de trouver une nouvelle règle qui, autant que possible, vous permette de profiter des avantages de l'ancienne, mais élimine les inconvénients. La nouvelle règle sera probablement plus souple et plus réaliste que l'ancienne, plus à même de tenir compte des changements de circonstances, et d'opérer en termes de « avec certaines personnes, à certains moments ». Elle sera dans le juste milieu plutôt que dans les extrêmes. Ainsi, elle sera formulée en termes de « Je veux... », « J'apprécie... », « Je préfère... », « C'est OK pour... », plutôt que « Je le dois... », « Je le devrais... », , ou « Ce serait terrible si... ». Vous pouvez constater que la nouvelle règle commence par le même « Si... », mais se termine par un autre « Alors... ». Par exemple, Jesse a remplacé « Si quelqu'un me critique, cela signifie que je n'ai pas réussi » par « Si quelqu'un me critique, je peux le mériter ou non ». « Si j'ai fait quelque chose de digne d'être critiqué, ce n'est pas un échec – tout cela fait partie de l'être humain, et il n'y a rien de mal à cela ».

Cet exemple illustre quelque chose de typique des nouvelles règles : elles sont souvent plus longues et complexes que les anciennes. Cela s'explique par le fait qu'elles sont basées sur la capacité de l'adulte à comprendre comment le monde fonctionne en tenant compte des variations de circonstances. Parfois, il est bon, cependant, de capturer leur essence dans un intitulé, un genre de slogan accrocheur que vous pourriez trouver sur un badge ou un T-shirt. Quelque temps après avoir formulé sa nouvelle règle, Jesse a regardé un film dans lequel un jeune garçon luttait pour plaire à son père en pensant de manière fausse que seul quelque chose d'exceptionnel pourrait lui faire gagner son approbation. Jesse a décidé de prendre pour slogan la réponse aimante du père : « Tu n'as pas besoin d'être formidable pour être formidable ».

Vous trouverez peut-être difficile, au début, de trouver une alternative avec laquelle vous vous sentez à l'aise. Écrivez votre meilleur plan, puis essayez de le mettre à l'œuvre une semaine ou deux pour savoir comment il fonctionne pour vous et s'il y a des façons de le changer au mieux. Il peut aussi être intéressant pour vous d'en parler et d'observer les autres. Que pensez-vous que leurs règles pourraient être ? Vos observations vous donneront l'occasion de découvrir la variété des positions que les gens adoptent, et de préciser quelle attitude pourrait être la meilleure pour vous.

Que devez-vous faire pour tester votre nouvelle règle ? Comment pouvez-vous la mettre en pratique au quotidien ?

Votre vieille règle peut avoir été active pendant un certain temps. En revanche, la nouvelle est toute fraîche, et cela peut prendre un certain temps avant qu'elle ne devienne confortable. Vous devez considérer ce qu'il faut faire pour consolider votre nouvelle stratégie, vérifier à quel point cela fonctionne bien pour vous, et planifier la façon de la mettre en pratique au quotidien. Cela nous ramène à tout le travail que vous avez déjà fait, et à l'idée

© Dunod – Toute reproduction non autorisée est un délit.

centrale de trouver des choses par vous-même en mettant en place des expériences et en examinant leurs résultats. La chose la plus importante que vous pouvez faire pour renforcer votre nouvelle règle (et d'ailleurs découvrir si vous avez besoin de lui apporter d'autres modifications) est d'agir comme si elle était vraie et observer le résultat. Le paragraphe suivant fournit quelques idées sur la façon de procéder.

LA CONSOLIDATION DE CE QUE VOUS AVEZ APPRIS

Le résumé écrit

C'est un bon moment pour compléter votre résumé écrit en utilisant les rubriques proposées à la page 177. Vous trouverez un exemple (résumé écrit de Jesse) à la page 187. Vous avez déjà résumé ce que vous avez découvert quand vous avez identifié votre règle inutile, maintenant vous pouvez résumer ce que vous avez appris quand vous avez travaillé sur comment la changer.

Comme pour votre liste de qualités positives, un résumé écrit n'est pas suffisant. L'argumentation que vous avez suivie, et la nouvelle règle que vous avez formulée, doivent faire partie de vous au quotidien, afin qu'elles aient la meilleure chance possible d'influencer vos sentiments, vos pensées et vos comportements dans des situations problématiques. Ainsi, lorsque vous avez terminé votre résumé, mettez-le à un endroit facilement accessible et, au cours des prochaines semaines, lisez-le attentivement chaque jour – peut-être plus d'une fois par jour, pour commencer. Un bon moment se situe juste après votre lever. Cela vous met dans un bon état d'esprit pour la journée. Un autre bon moment se situe juste avant d'aller au lit, quand vous pouvez réfléchir à votre journée et voir comment le travail que vous avez fait a changé les choses pour vous.

L'objectif est de faire en sorte que votre nouvelle règle fasse partie de votre mobilier mental de sorte que finalement, agir en accord avec elle devient comme une seconde nature. Continuez à lire votre résumé régulièrement jusqu'à ce que vous constatiez que vous avez atteint ce but.

La fiche

Une autre façon utile d'encourager les changements que vous essayez de faire est d'écrire votre nouvelle règle sur une carte rigide (une fiche bristol, par exemple) assez petite pour être transportée facilement dans un portefeuille ou un sac à main. Vous pouvez utiliser la fiche comme un rappel des nouvelles stratégies à adopter, par exemple en la sortant et en la lisant attentivement quand vous avez un moment de calme dans la journée, et avant de vous confronter à des situations qui sont susceptibles d'être problématiques pour vous.

Faire face à la vieille règle

Même si vous avez une alternative bien formulée et que vous commencez à la mettre en pratique, votre vieille règle peut encore se réveiller dans certaines situations typiques. Après tout, elle était en vous depuis longtemps et ne peut pas juste furtivement et tranquillement disparaître dès que vous l'exposez à la lumière du jour. Si vous êtes prêt à cela, vous serez en mesure de faire face à la vieille règle calmement quand vous la verrez en fonctionnement, au lieu de vous décourager et de vous demander si vous auriez dû vous en débarrasser. C'est là que le travail que vous avez fait sur les prévisions anxieuses et les pensées autocritiques sera payant. Rappelez-vous que celles-ci sont le signe que l'ancienne règle risque d'être brisée. Continuez à utiliser les compétences que vous avez acquises pour remettre en question vos pensées, leur trouver des alternatives, et faire l'expérience d'agir de différentes manières. Au fil du temps, vous verrez que vous aurez de moins en moins besoin de le faire.

Expérimenter la nouvelle règle

De la même manière que vous luttez contre la vieille règle quand elle pointe son nez, il va falloir élaborer un plan d'action clair pour vous aider à expérimenter le fait d'agir selon la nouvelle règle et en observer le résultat. Appliquez le « si... » ou le « à moins que... » et observez si le « alors... » suit. Si vous revenez en arrière sur les précédents chapitres, vous découvrirez peut-être qu'en fait, vous l'avez déjà fait lorsque vous avez noté les pensées anxieuses, fait face aux pensées autocritiques en étant plus tolérant envers vous-même, mis l'accent sur vos points forts, vous êtes accordé du mérite pour vos accomplissements, et vous êtes bien traité. Examinez ce que vous avez déjà fait, et identifiez ce qui fait partie de l'évolution de vos règles. Vous pouvez le mettre dans votre plan d'action.

Par ailleurs, demandez-vous ce que vous pourriez faire pour vous assurer que votre nouvelle règle est utile, et explorez son impact sur votre vie quotidienne. Cela signifie élargir vos limites, découvrir qu'il est encore possible de vous sentir bien dans votre peau, même si vous êtes loin d'être parfait, même si certaines personnes ne vous aiment pas et vous désapprouvent, même si parfois vous vous mettez en avant, ou même si vous perdez parfois complètement le contrôle.

Assurez-vous que vous incluez des changements spécifiques dans la façon dont vous abordez les choses, et pas seulement des stratégies générales. Pas seulement « être plus assertif », par exemple, mais « demander de l'aide quand j'en ai besoin », « dire non quand je suis en désaccord avec quelqu'un », « refuser d'exécuter des choses qui seraient trop coûteuses pour

© Dunod – Toute reproduction non autorisée est un délit.

moi », « être ouvert sur mes pensées et mes sentiments avec des gens que je connais bien ». Ensuite, envisagez la manière de planifier ces changements dans votre vie. Vous pourriez, par exemple, utiliser le journal des activités quotidiennes en planifiant des expériences à des moments précis, avec des personnes spécifiques, dans des situations spécifiques.

Vous aurez aussi besoin d'être sûr que vous savez comment vous y prendre pour évaluer les résultats de vos expériences. C'est un peu comme ce que vous avez appris à faire quand vous avez appris à vérifier les prévisions anxieuses. De quoi avez-vous besoin quand vous les guettez ? Quels seraient les signes que votre nouvelle politique a été payante – ou pas ? Qu'est-ce que vous observez en vous-même (vos sentiments, votre état corporel, des changements dans votre comportement) si la nouvelle règle a été opérante (ou pas) ? Que verriez-vous dans les réactions des autres ? Tout comme vous avez spécifié vos prédictions et vérifié si elles étaient vraies, vous avez besoin d'être précis lors de la réalisation d'expériences pour consolider et renforcer de nouvelles règles de vie.

Ne soyez pas surpris si, en faisant conformément à la nouvelle règle vous vous sentez mal à l'aise au début. Vous découvrirez peut-être que vous vous sentez assez inquiet avant de vous engager dans les expériences. Si c'est le cas, travaillez sur ce que vous prédisez et utilisez votre expérience pour le vérifier (n'oubliez pas de laisser tomber les précautions inutiles, sinon vous ne pourrez pas obtenir l'information dont vous avez besoin). De même, vous pouvez vous sentir coupable ou inquiet après avoir réalisé une expérience, même si elle s'est bien passée. C'est le cas, par exemple, avec des gens qui font l'expérience d'être moins dans l'abnégation ou font passer leurs normes de « être à 110 % » à « être assez bon ». Ou encore, vous pouvez être en colère vis-à-vis de vous-même et devenir autocritique si vous prévoyez de réaliser une expérience et qu'ensuite vous vous dégonflez. Encore une fois, si vous êtes mal à l'aise avec des sentiments comme ceux-ci, cherchez les pensées qui se cachent derrière et répondez-y, en utilisant les compétences que vous avez déjà acquises.

Prenez votre temps

Cela peut prendre jusqu'à six à huit mois pour appliquer complètement votre nouvelle règle. Tant que la nouvelle règle est utile pour vous et que vous pouvez la voir vous mener dans des directions utiles et intéressantes, n'abandonnez pas. Vous trouverez peut-être utile de revoir régulièrement vos progrès et de vous fixer des objectifs. Qu'avez-vous réalisé la semaine dernière ou le mois dernier ? Que voulez-vous atteindre comme objectif la semaine prochaine ou le mois prochain ?

Garder une trace écrite de vos expériences et de leurs résultats, et des pensées négatives que vous avez abordées tout au long de ce parcours vous aidera à voir comment les choses progressent. Vous pouvez revenir en arrière sur ce que vous avez fait et l'utiliser comme une source d'encouragement. Cela peut également être utile de travailler avec un ami –

idéalement, une personne qui ne partage pas votre règle et qui a une règle que vous ne partagez pas. Deux têtes valent mieux qu'une, mais pas quand vous avez tous deux des perspectives identiques.

Changer les règles – Résumé écrit (Jesse)

• *Ma vieille règle est la suivante :*

Sauf si je fais tout bien, je n'irai jamais nulle part dans la vie.

• *Cette règle a eu l'incidence suivante sur ma vie :*

Je me suis toujours pensé pas à la hauteur, pas assez bon. Cela m'a fait travailler d'arrache-pied, dans la mesure où j'ai été constamment sous pression, tendu et stressé. Cela a affecté mes relations. Je n'ai pas passé assez de temps avec les gens, et je les ai perdus à cause de cela. À certains moments, cela m'a fait très mal. Et j'ai parfois fui les opportunités parce que je ne pensais pas que je serais à la hauteur.

• *Je sais que la règle est en marche parce que :*

J'ai peur d'échouer et je me mets encore plus de pression. J'exagère dans la façon dont je fais les choses – j'essaie de mettre des points sur tous les « i » et des barres à tous les « t ». Je me sens anxieux. Et si je pense que j'ai enfreint la règle, je deviens très autocritique, déprimé, et j'abandonne tout.

• *Il est compréhensible que j'ai cette règle car :*

Quand j'étais jeune, la déception de mon père quant à la façon dont sa vie a tourné pour lui y était pour beaucoup dans le fait que nous devions tous donner le meilleur de nous-mêmes. Au lieu de nous encourager et de nous féliciter, il nous a transmis l'idée que nous n'étions pas à la hauteur si on ne pouvait pas faire les choses comme il souhaitait qu'elles soient faites. Ce message s'est gravé, et j'ai essayé de compenser en étant perfectionniste.

• *Toutefois, la règle est déraisonnable parce que :*

Il n'est tout simplement pas humainement possible de bien faire les choses tout le temps. Faire des erreurs et faire de mauvaises choses fait partie de l'apprentissage et de la croissance.

• *Les gains à obéir à la règle sont les suivants :*

Parfois, je fais du très bon travail, et j'obtiens des félicitations. Ceci explique en partie pourquoi j'ai si bien évolué dans ma carrière. Les gens me respectent. Quand je fais bien les choses, je me sens bien.

• *Mais les inconvénients sont les suivants :*

Je suis constamment tendu. Parfois, mon travail n'est pas aussi bon qu'il pourrait l'être, parce que je suis dans un tel état de tension. Je ne peux pas apprendre de mes erreurs, car elles me bouleversent, je ne peux pas apprendre de la critique constructive.

☞

© Dunod – Toute reproduction non autorisée est un délit.

Quand les choses ne fonctionnent pas, je me sens horrible et il me faut des heures pour m'en remettre. J'évite tout ce que je risque de ne pas être en mesure de faire, je manque toutes sortes d'opportunités à cause de cela. Les gens peuvent me respecter, mais je les tiens à distance. Ils me voient comme un peu inhumain, inabordable – même arrogant. La pression que je me mets est mauvaise pour ma santé. Tout mon temps et mon attention se portent sur mon travail – je ne me permets pas de me détendre ou de faire des choses pour me faire plaisir. En bref, la règle entraîne un stress, de la souffrance et de la peur sur tous les fronts.

• *Une règle plus réaliste et plus utile serait :*

J'aime bien faire – il n'y a rien de mal à cela. Mais je ne suis qu'un homme et je me trompe parfois. Se tromper est la voie vers le développement.

• *Pour faire l'essai de la nouvelle règle, je dois :*

- Continuer à lire ce résumé
- Écrire ma nouvelle règle sur une fiche et la lire plusieurs fois par jour
- Décrocher de mon travail quelques heures et m'accorder des moments de plaisir et de contacts sociaux
- Prendre du temps pour moi
- Réviser mes critères et me donner du mérite pour des performances moins que parfaites
- Expérimenter le fait de me tromper et observer le résultat.
- Par exemple, m'exercer à dire « Je ne sais pas » quand les gens me posent des questions
- Planifier ma journée à l'avance, et toujours planifier moins que ce que je pense pouvoir faire
- Mettre l'accent sur ce que je réalise, non pas sur ce que j'ai omis de faire. Demain est un autre jour
- Me rappeler : la critique peut être utile – cela ne signifie pas que j'ai complètement échoué
- Faire attention aux signes de stress – ils disent que je vais revenir à mes anciennes habitudes
- Gérer l'ancien système, quand il arrive, en utilisant ce que j'ai appris pour gérer les prévisions anxieuses et l'autocritique

RÉSUMÉ DU CHAPITRE

1. Lorsque vous avez une faible estime de vous, les règles de vie inutiles vous empêchent d'obtenir ce que vous voulez de la vie et de vous accepter tel que vous êtes.
2. Les règles sont apprises par l'expérience et l'observation. Elles font partie de la culture dans laquelle nous avons grandi, et sont généralement transmises par nos familles.
3. De nombreuses règles sont utiles. Mais les règles inutiles liées à la faible estime de soi sont rigides, exigeantes et extrêmes, restreignent la liberté d'action et de réalisation de changement et rendent le développement difficile, voire impossible.
4. Les règles représentent un moyen de faire face à la vérité apparente du schéma, mais elles ne font rien pour le changer. En fait, elles contribuent à le maintenir en place.
5. Les règles inutiles peuvent être identifiées et modifiées. De nouvelles règles plus réalistes et utiles peuvent être formulées et testées pour leurs qualités.

NOTES

NOTES

© Dunod – Toute reproduction non autorisée est un délit.

Chapitre 8

Affaiblir le schéma

Objectifs

- ☐ Repérer votre schéma
- ☐ Formuler un nouveau schéma
- ☐ Affaiblir votre ancien schéma
- ☐ Expérimenter votre nouveau schéma

© Dunod – Toute reproduction non autorisée est un délit.

Vous avez maintenant jeté les bases de la lutte contre le schéma, ces croyances négatives sur vous-même qui sont au cœur de la faible estime de soi. Le chapitre 2 a décrit comment ces croyances se développent. Elles sont des conclusions compréhensibles auxquelles vous êtes parvenu, sans doute quand vous étiez enfant, sur la base de l'expérience – des opinions, non des faits. Une fois établies, elles sont maintenues en place par des préjugés dans la façon dont vous vous percevez et dont vous interprétez ce qui se passe, et par les règles de vie inutiles qui sont conçues pour vous aider à faire face au monde (compte tenu de la vérité apparente du schéma), mais qui ne sont en fait qu'un pansement à vos insécurités tout en les laissant intactes. Le chapitre 3 a décrit la façon dont le schéma est activé dans les situations où vos règles personnelles sont en danger de se briser, ce qui donne lieu à un cercle vicieux alimenté par les prévisions anxieuses et les pensées autocritiques.

Les chapitres 4 à 7 ont abordé les éléments clés qui maintiennent la faible estime de soi en place, les uns après les autres. Vous avez appris à identifier les prévisions anxieuses, à faire face aux pensées autocritiques, et à vous concentrer sur vos points forts et à vous considérer comme une personne qui mérite les bonnes choses de la vie. Vous avez formulé de nouvelles règles de vie, plus réalistes et utiles, et commencé à les mettre en pratique.

Vous pouvez constater que, au moment où vous avez terminé ces chapitres et réduit l'impact de votre schéma sur la vie quotidienne, vos idées sur vous-même ont déjà changé. Il se peut que votre ancien schéma négatif vous paraisse déjà moins convaincant qu'avant, même si vous ne l'avez pas encore remis directement en question.

Certaines personnes trouvent que, une fois qu'ils ont brisé le cercle vicieux qui maintient la faible estime de soi et commencé à agir en conformité avec des règles de vie plus réalistes, le problème de la faible estime de soi est à peu près résolu. D'autres trouvent qu'il est plus difficile d'utiliser des changements spécifiques au jour le jour dans la pensée et le comportement. Cependant, ce chapitre vous aidera à consolider ce que vous avez appris et vous amènera à affaiblir votre schéma.

L'objectif est de vous aider à formuler une nouvelle vision plus aimable et bienveillante, en capitalisant sur le travail que vous avez déjà fait pour vous aider à franchir les dernières étapes de votre voyage vers l'acceptation de soi.

Étapes vers l'acceptation de soi

- Identifier votre vieux schéma négatif.
- En créer un nouveau, plus positif.
- Examiner les preuves en faveur de votre ancien schéma et chercher d'autres façons de le comprendre.
- Rechercher des preuves qui soutiennent le nouveau schéma et contredisent l'ancien.
- Concevoir des expériences qui vont consolider et renforcer votre nouveau schéma.

IDENTIFIER LE SCHÉMA

Au moment où vous avez fait votre chemin à travers ce livre, vous pouvez déjà avoir acquis une très bonne idée de ce qu'est votre schéma. Ce sous-chapitre présente quelques sources possibles d'information pour vous aider à l'identifier clairement (un résumé est proposé à la page 197). Vous trouverez peut-être utile de considérer chaque source d'information. Chacune vous donnera un point de vue différent sur les choses, de sorte que votre idée de ce que votre schéma peut-être va devenir de plus en plus limpide.

Même si vous êtes déjà assez sûr, l'examen de ce sous-chapitre vous donnera l'occasion de confirmer vos intuitions, d'affiner le libellé et peut-être de découvrir d'autres croyances négatives sur vous-même dont vous étiez moins conscient. Il est tout à fait possible que vous ayez plus d'un schéma (comme Sarah, qui se voyait à la fois comme sans importance et inférieure). Si c'est le cas, faites comme vous l'avez fait avec vos règles de vie. Choisissez le schéma qui semble le plus important pour vous, celui que vous aimeriez le plus changer et utilisez le chapitre pour travailler systématiquement dessus. Vous pouvez ensuite utiliser ce que vous avez appris pour modifier d'autres croyances négatives sur vous-même si vous le souhaitez (et, aussi, changer les croyances négatives inutiles que vous pourriez avoir sur d'autres personnes, dans le monde en général et sur la vie).

Notez toutes vos intuitions au sujet de votre schéma qui vous viennent à l'esprit lorsque vous examinerez chaque source potentielle d'information. Lorsque vous sentez que vous avez une idée claire de ce qu'il est, résumez-le pour vous-même (« Mon schéma est : « Je suis... »). Vous trouverez peut-être utile d'utiliser le tableau récapitulatif décrit et illustré à la fin du chapitre. Puis évaluez dans quelle mesure vous y croyez (0 à 100 %), de même que vous avez évalué la croyance en vos pensées anxieuses et autocritiques. 100 % voudrait dire que vous en êtes encore tout à fait convaincu, 50 % que vous êtes mitigé, 5 % que vous y croyez à peine, et ainsi de suite.

Vous remarquerez peut-être dans quelle mesure votre croyance en votre schéma varie. Si votre estime de soi est relativement robuste, vous pouvez constater que votre schéma ne devient convaincant que dans des situations particulièrement difficiles. Si c'est le cas, notez deux choses : dans quelle mesure vous y croyez quand il est à son paroxysme, et dans quelle mesure y croyez quand il est moins convaincant. Vous pouvez aussi constater que votre schéma est plus ou moins présent et convaincant. Dans ce cas, vous aurez seulement besoin d'une note, en faisant la différence entre le plus convaincant et le moins convaincant.

Vous pouvez également constater que votre degré de croyance a changé depuis que vous avez commencé à travailler à surmonter la faible estime de soi. Ceci est particulièrement vrai si vous avez suivi systématiquement les idées de changements décrits dans les chapitres précédents. Si c'est le cas pour vous, écrivez à quel point vous avez cru en votre schéma avant de commencer le livre, et dans quelle mesure vous y croyez maintenant. Considérez

© Dunod – Toute reproduction non autorisée est un délit.

aussi ce qui explique les changements que vous avez observés. Avez-vous appris à faire face à des choses qui vous effrayaient et découvert que le pire ne s'était pas produit ? Avez-vous appris à échapper au piège de l'autocritique ? Avez-vous fait l'effort de vous concentrer sur ce qui est fort et bon en vous, et commencé à vous traiter comme quelqu'un qui mérite les bonnes choses de la vie ? Ou est-ce le travail que vous avez fait sur la formulation de nouvelles règles de vie et leur mise en pratique ? Ou peut-être qu'il s'agit d'une combinaison de tout ça. Si vous pouvez repérer ce qui vous a aidé, cela va vous indiquer ce que vous devez continuer par vous-même.

Lorsque vous avez noté votre degré de croyance, prenez un moment pour vous concentrer sur votre schéma et notez quels sentiments apparaissent, tout comme vous avez observé vos sentiments quand vous avez appris à repérer vos pensées anxieuses et autocritiques. Notez toutes les émotions que vous ressentez (par exemple, la tristesse, la colère, la culpabilité), et les pourcentages en fonction de la façon dont elles sont intenses (0-100). Encore une fois, vous remarquerez peut-être que, bien que vous puissiez toujours activer votre ancien schéma, vos sentiments – quand vous vous concentrez sur eux – ont changé. Si le schéma est maintenant moins convaincant pour vous, alors votre souffrance, quand vous le contemplez, devrait également être moins intense.

LES SOURCES D'INFORMATION SUR VOTRE SCHÉMA

Votre connaissance de votre propre histoire

Quand vous lisez les histoires des personnes décrites dans le chapitre 2, l'une d'elles fait-elle écho en vous ? Saviez-vous que les expériences décrites faisaient écho à des expériences que vous aviez vécues lorsque vous étiez enfant ? Même si ce n'est pas le cas, vous souvenez-vous des choses qui vous sont arrivées à l'époque, et de l'impact qu'elles ont eu sur la façon dont vous vous êtes senti par rapport à vous-même ?

Vous pouvez utiliser ces souvenirs pour clarifier votre schéma, comme vous avez pu utiliser les souvenirs d'autrefois pour vous aider à identifier vos règles de vie. En particulier, prenez en compte les éléments suivants :

Mobiliser ses souvenirs

- Quelles sont les expériences précoces qui vous ont encouragé à penser du mal de vous-même ? Quels sont les événements de votre enfance et de l'adolescence qui vous ont conduit à la conclusion que d'une certaine façon il vous manquait quelque chose en tant que personne ?

☞

☞

- Quand avez-vous eu ce sentiment à propos de vous-même ? Voyez si vous pouvez vous rappeler de souvenirs spécifiques. Comme Briony, quand son beau-père a abusé d'elle, vous pouvez trouver en mémoire un événement où votre sens de vous-même s'est cristallisé. Ou peut-être que (comme ce fut le cas pour Sarah) aucun n'était important, mais il y avait un climat permanent de méchanceté, ou de désapprobation et de critique, ou de manque d'affection.
- Quelles sont les voix que vous entendez lorsque vous êtes dur avec vous-même ? Quel visage vous vient à l'esprit ? Quels messages vous a transmis cette personne (ou ces personnes) sur le genre de personne que vous êtes ?
- Quels mots utilisez-vous pour vous décrire quand vous échouez à plaire ou quand vous attirez les critiques ? Quels mots utilisés par d'autres sont peut-être devenus vos propres mots ?

Identification du schéma : Les sources d'information

- Votre connaissance de votre propre histoire
- Les craintes exprimées dans vos prévisions anxieuses
- Vos pensées autocritiques
- Les pensées qui font qu'il est difficile pour vous de vous concentrer sur vos points forts et de vous traiter comme quelqu'un qui mérite les bonnes choses de la vie
- Les conséquences imaginées à briser vos vieilles règles
- La flèche descendante

Les craintes exprimées dans vos prévisions anxieuses

Pensez au travail que vous avez fait sur vos prévisions anxieuses. Il se pourrait que vos craintes et les précautions inutiles que vous avez prises pour vous maintenir en sécurité, vous donnent des indices sur votre schéma.

Réfléchir au travail effectué sur les prévisions anxieuses

- Supposez que ce dont vous avez le plus peur devienne réalité : qu'est-ce que cela laisse entendre à propos de vous en tant que personne ? Quel genre de personne cela ferait-il de vous ? Kate, par exemple, a estimé que le fait de demander de l'argent qui lui était dû (page 74) aurait montré à quel point elle était incapable d'être aimée telle qu'elle était.
- Quelles sont vos précautions inutiles ? Surtout si vos inquiétudes portent souvent sur l'impression que vous faites à d'autres personnes, vos précautions pourraient bien avoir été conçues pour cacher le vrai vous. Si c'est le cas, qui êtes-vous

☞

© Dunod – Toute reproduction non autorisée est un délit.

vraiment ? Quelle sorte de personne avez-vous peur de divulguer si vous ne prenez pas des mesures pour vous protéger et vous cacher ? Le fait que Chris évite les défis, par exemple, a été conçu pour dissimuler le fait que (comme il l'a constaté), il était fondamentalement stupide.

Vos pensées autocritiques

Revenez en arrière sur le travail que vous avez fait sur la lutte contre vos pensées autocritiques. Ces pensées peuvent être un reflet direct de votre schéma.

Se souvenir de ce qui déclenche l'autocritique

- Quels sont les mots que vous avez utilisés pour vous décrire au moment où vous avez été autocritique ? Par quels noms vous êtes-vous appelé ? Recherchez les répétitions et les réflexes automatiques. Quelles croyances négatives sont activées par vos pensées autocritiques ?
- Les mots que vous utilisez ressemblent-ils à des mots qui ont été utilisés par d'autres personnes vous concernant quand vous étiez petit ? Si c'est le cas, ils ont probablement été intégrés depuis, et pourraient bien refléter des croyances durables sur vous-même plutôt que des réactions momentanées.
- Lorsque vous faites des choses qui déclenchent l'autocritique, qu'est-ce qu'elles suggèrent de vous en tant que personne ? Quel genre de personne ferait des choses comme ça ? Jim, par exemple, pensait que son incapacité à contrôler ses émotions voulait dire qu'il était une *épave névrotique*.

Les pensées font qu'il est difficile d'accepter vos points forts et de vous traiter comme quelqu'un qui mérite les bonnes choses de la vie.

Examinez les doutes et les réserves qui vous sont venus à l'esprit lorsque vous avez tenté de lister vos points forts et de les observer en action, lorsque vous avez essayé de vous donner crédit pour vos réalisations et de vous traiter gentiment. Des difficultés rencontrées dans ces domaines pourraient bien refléter le fait que ce n'était pas en adéquation avec votre vision négative de vous-même. Jesse, par exemple, a reconnu que sa réticence à se donner du crédit pour ce qu'il faisait ou à se laisser le temps de se détendre reflétait sa conviction qu'il n'était tout simplement pas assez bon.

Examiner et comprendre ses doutes

- Quels doutes ou réserves avez-vous eu dans l'acceptation des aspects positifs de vous-même ?

☞

- Comment avez-vous disqualifié ou minimisé vos points forts ?
- Quelles sont les objections que vous avez formulées au fait de vous donner crédit pour vos accomplissements, et de vous accorder de la détente et du plaisir ?
- Quelles sont les croyances sur vous-même derrière ces doutes et réserves ?

Les conséquences imaginées de briser vos vieilles règles

Dans les règles de vie (page 166), parfois le « alors... » qui suit un « si... » ou un « à moins que » est plus ou moins une expression directe du schéma (par exemple : « Si je fais des erreurs, alors je suis un raté »). Retournez aux règles que vous avez définies, et regardez ce que vous avez imaginé qui résulterait du fait de les briser.

Envisager de briser les règles de vie

- Si vous cassez vos règles de vie, qu'est-ce que cela va dire sur vous en tant que personne ?
- Quel genre de personne fait des erreurs, ne parvient pas à obtenir l'approbation de tout le monde ou son amour, perd son emprise sur ses émotions, ou autre chose ?
- Si la règle est un « je dois », le « ou bien » serait-il un reflet de vous en tant que personne (par exemple, « je dois toujours être occupé de manière constructive [ou bien je suis paresseux]) ?

La flèche descendante

Vous pouvez utiliser la technique de la « flèche descendante » (pages 173-??) pour identifier votre schéma. Le processus est sensiblement le même que celui pour l'identification des règles de vie, mais la séquence de questions possibles est conçue pour concentrer votre attention sur vos croyances négatives sur vous-même, plutôt que sur vos exigences et attentes. La principale modification consiste à demander ce que chaque niveau de questionnement dit de vous, plutôt que ce que cela signifie pour vous en termes de comment vous devriez vous comporter et du genre de personne que vous devriez être.

Comme précédemment, commencez à partir d'un incident particulier où vous vous êtes senti mal dans votre peau. Notez les pensées et les sentiments que vous avez éprouvés – encore une fois, il peut être utile de mettre l'accent en particulier sur la pensée qui est la plus puissante et représente plus que l'émotion que vous éprouvez. Alors, plutôt que de chercher des alternatives à vos pensées, posez-vous une série de questions, par exemple :

- En supposant que cela soit vrai, qu'est-ce que cela voudrait dire pour moi ?
- Qu'est-ce que cela veut dire sur moi en tant que personne ?
- Quel genre de personne cela ferait de moi ?
- Quelles sont les croyances sur moi-même que cela reflète ?
- Quelles sont les implications sur ce que je perçois de moi-même ?

Il peut être utile d'utiliser un large panel de questions pour vous aider à trouver votre schéma. Vous recherchez une déclaration générale sur vous-même (« Je suis............ »), qui ne s'applique pas seulement à la situation que vous travaillez, mais plus largement à tous les niveaux. Ne vous arrêtez pas à un moment précis sur une pensée autocritique, à un moment donné. Vous devez reconnaître votre schéma comme une opinion que vous avez de vous-même stable dans le temps et dans de différentes situations. Vous pouvez confirmer vos conclusions (ou prendre un autre chemin, si vous rencontrez des difficultés à trouver votre schéma, ou à le mettre en mots) à l'aide d'un certain nombre de situations différentes dans lesquelles vous avez l'habitude de vous sentir mal dans votre peau. Vous trouverez un exemple de flèche descendante à la page 201 (Briony).

FORMULATION D'UN NOUVEAU SCHÉMA

Une fois que vous avez identifié votre schéma, cela vaut la peine de passer tout de suite à la formulation d'une alternative plus positive et réaliste et ce, avant même de commencer à penser à faire disparaître l'ancien. C'est parce que, au fil du temps, vous avez probablement accumulé des expériences qui semblent soutenir votre schéma, compte tenu des biais de pensée et de mémoire qui maintiennent la faible estime de soi en place. Vous pouvez faire appel à votre « ancien compte schéma » chaque fois que vous le souhaitez, ajouter de nouveaux éléments, en retirer et vous y attarder comme un avare compte et recompte son argent.

En revanche, vous ne pouvez pas avoir un « nouveau compte schéma ». Ou, si vous l'avez, il peut être plus ou moins vide, et difficile d'accès. De l'argent se perd lors des transferts, et vous oubliez votre numéro de compte et le code de carte bancaire. Cela signifie que vous n'êtes nulle part en sécurité, pour déposer votre « nouveau schéma ».

La formulation d'un nouveau schéma ouvre un compte en faveur de soi-même. Il vous offre un endroit pour stocker les expériences qui contredisent l'ancien schéma et soutiennent une nouvelle perspective plus bienveillante. Vous avez un lieu pour conserver les aspects positifs en toute sécurité, sachant que vous pouvez faire appel à eux quand vous en avez besoin.

Situation : un nouvel ami a promis de m'appeler et ne l'a pas fait
Émotions : douleurs à l'estomac, désespéré
Pensée : il a oublié

↓

Et si c'était vrai, cela signifierait quoi pour vous ?

↓

Qu'il n'est pas utile de me rappeler

↓

Et qu'est-ce que vous vous dites sur vous-même ?

↓

Qu'il a fait marche arrière parce qu'il a vue mon vrai moi

↓

Si cela avait été le cas, qu'aurait-il vu ?

↓

Quelque chose qu'il n'aimait pas

↓

Qu'est-ce que ce serait ?

↓

Le vrai moi, qui ne mérite pas d'être aimé

↓

Si c'était vrai, cela voudrait dire quoi sur vous en tant que personne ?

↓

Je suis mauvaise

Figure 8.1. La flèche descendante : Identifier le schéma – Briony

Une autre façon de comprendre ceci est d'imaginer que vous avez un carnet d'adresses avec les noms et numéros de téléphone des personnes qui vous détestent. Les gens qui vous aiment, se soucient de vous et vous respectent n'ont pas leur place dans votre carnet d'adresses. Imaginez les conséquences si c'était vraiment le cas. Les numéros de téléphone des personnes qui vous encouragent à vous sentir bien dans votre peau seraient sur des papiers brouillons. Ils se perdraient ou seraient accidentellement jetés, ou tomberaient derrière le frigo. Vous pouvez essayer de compter sur votre mémoire, mais, avec tant d'autres

© Dunod – Toute reproduction non autorisée est un délit.

choses à faire, vous oublierez. En fin de compte, vous pourriez ne même pas prendre la peine du tout d'écrire leurs noms et numéros. Si vous voulez commencer à obtenir une perspective plus équilibrée de la façon dont les gens se sentent par rapport à vous, votre première étape devrait être de vous procurer un nouveau carnet d'adresses pour les gens qui sont de votre côté.

Ces deux analogies illustrent l'objectif de la formulation d'un nouveau schéma. Elles vous offrent un endroit pour stocker des informations positives sur vous-même, les expériences qui soutiennent un point de vue plus bienveillant. Cela signifie que vous ne serez pas simplement tenté de nuire à vos vieilles croyances négatives (« Peut-être que je ne suis pas tout à fait nul, après tout »), mais que vous allez activement mettre en place une alternative et chercher à obtenir des informations et des expériences qui la soutiennent (« Peut-être que je suis compétent »).

Le travail que vous avez déjà fait dans les chapitres précédents, en plus de vous fournir des informations sur votre vieux schéma, peut également vous avoir donné une idée de ce que votre solution pourrait être. Au fur et à mesure de votre travail à travers ce livre, en vérifiant les prévisions anxieuses, en luttant contre les pensées autocritiques, en vous concentrant sur les aspects positifs de vous-même et en modifiant vos règles, quelles sont les nouvelles idées vous concernant qui vous sont venues à l'esprit ? Quand vous revenez en arrière sur tout ce que vous avez fait dans chacun de ces domaines, qu'est-ce que les modifications que vous avez faites disent de vous-même ? Sont-elles tout à fait compatibles avec votre ancien point de vue négatif ?

Examinez en particulier les qualités, les forces, les atouts et les compétences que vous avez identifiés et observés, au jour le jour. Est-ce qu'ils cadrent avec votre ancien schéma ? Ou bien suggèrent-ils qu'ils doivent être reformulés, que c'est un parti pris, un point de vue injuste qui ne tient pas compte de ce qui est bon, fort et digne en vous ? Quel point de vue sur vous-même permettrait de mieux rendre compte de tout ce que vous avez observé ? Quel nouveau schéma reconnaîtrait que, comme le reste de l'espèce humaine, vous n'êtes pas parfait, mais que, avec vos faiblesses et vos défauts, vous avez aussi des forces et des qualités ?

Vous êtes le juge et le jury en la matière, pas le procureur. Votre travail consiste à prendre toutes les preuves en compte, et non uniquement les éléments de preuve en faveur de la condamnation de l'accusé.

Lorsque vous avez une idée de ce qu'il est, écrivez votre nouveau schéma (sur le tableau récapitulatif à la fin de ce chapitre, si vous le souhaitez). Évaluez dans quelle mesure vous y croyez, tout comme vous avez évalué votre croyance en votre ancien schéma, y compris les variations dans la façon dont il semble convaincant pour vous et comment votre croyance a changé depuis que vous avez commencé à travailler sur comment surmonter la faible estime de soi. Ensuite, prenez un moment pour concentrer votre attention dessus, et notez les émotions qui apparaissent et leur intensité. En poursuivant la lecture de ce chapitre, revenez à la fiche récapitulative, et observez comment votre croyance en votre nouveau schéma évolue en vous concentrant sur les preuves qui le soutiennent et le renforcent.

En regardant les exemples de la page 221, vous verrez que le nouveau schéma est parfois tout simplement le contraire de l'ancien (par exemple pour Karen, Geoff et Kate). Dans certains cas, le nouveau schéma « quitte la piste », pour ainsi dire, et s'en va dans une nouvelle direction qui rend l'ancienne presque sans importance (par exemple, pour Briony, Arran et Chris). Parfois, le nouveau schéma se situe quelque part entre ceux-ci (par exemple pour Jesse, Sarah et Jim). L'idée ici est que votre nouveau schéma devrait refléter un point de vue qui fait sens pour vous personnellement, finira par changer la façon dont vous vous pensez, et offrira des opportunités pour une nouvelle perspective sur vos expériences qui vous permettra de commencer à remarquer et à donner du poids aux bons aspects de vous-même. Le libellé vous est propre.

Vous pouvez trouver un nouveau schéma qui vous vient immédiatement à l'esprit quand vous pensez revenir sur tout ce que vous avez fait. Ou vous pouvez constater que votre esprit est vide, surtout si votre faible estime de soi est là depuis longtemps et que vous avez du mal à bien penser de vous-même.

Ne vous inquiétez pas si c'est le cas. Vos idées peuvent devenir plus claires au fur et à mesure que vous travaillerez à travers ce chapitre. Pour le moment, il peut être utile de vous poser une question que Christine Padesky, une thérapeute cognitiviste, suggère : « Si vous n'étiez pas _____ (votre ancien schéma), que voudriez-vous être ? Par exemple : « Si je n'étais pas incompétent, je voudrais être compétent ». Si vous pouvez trouver une réponse à la question, même provisoire, même si elle semble largement théorique à vos yeux en ce moment, écrivez-la. Elle vous donnera un point de départ pour collecter des preuves en faveur d'une nouvelle perspective (dans ce cas, « je suis compétent »), même si elle ne vous semble pas du tout convaincante pour le moment.

Vous pouvez constater que, à ce stade, de vieilles idées sur le fait de ne pas pouvoir penser du bien de vous-même refont surface. Rappelez-vous que nous ne parlons pas ici d'avoir une image « gonflée » de soi (« Je suis merveilleux dans tous les sens du terme », « Chaque jour, dans tous les domaines, je suis de mieux en mieux »). Il n'est pas conseillé d'oublier vos faiblesses et vos défauts, d'ignorer les aspects de vous-même que vous aimeriez changer ou améliorer et de prétendre qu'ils n'existent pas. Cet ouvrage n'est pas un livre sur la puissance de la pensée positive, on ne vous y encourage pas à devenir aussi irréalistement positif sur vous-même que vous étiez exagérément négatif. Il s'agit de trouver un équilibre, une vision impartiale de vous-même, qui remet vos faiblesses et vos défauts dans le contexte d'un point de vue largement favorable, et mène vers un « suffisamment bon » plutôt qu'un « parfait ».

Il est peu probable que vous soyez toujours à 100 pour cent aimable, compétent à 100 pour cent, 100 pour cent digne, 100 pour cent intelligent, ou 100 pour cent attrayant. Le travail

© Dunod – Toute reproduction non autorisée est un délit.

que vous avez fait et ferez vous demande de faire de vos défauts et faiblesses simplement une partie de vous-même, plutôt que la seule base à l'évaluation de votre valeur. Vous pouvez décider que vous pouvez vivre avec eux, ou vous pouvez décider que vous souhaitez les changer – c'est à vous de choisir.

Pour rendre cela plus clair, laissez-nous le considérer avec la caractéristique « sympathique ». Imaginez une ligne de 10 cm représentant la sympathie :

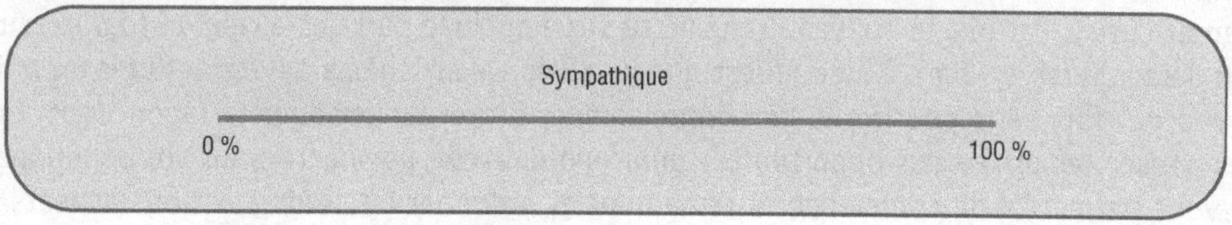

Quelqu'un à l'extrémité droite de la ligne serait à 100 %sympathique. À première vue, cela peut sembler être une bonne chose. Quelqu'un à l'extrémité gauche serait à 0 pour cent sympathique. À l'heure actuelle, mettez un 'x' sur la ligne où vous pensez que vous êtes. Si vous avez des doutes quant à la façon dont vous êtes sympathique, vous allez probablement tomber vers l'extrémité gauche de la ligne. Maintenant, voyons ce que « 100 % sympathique » et « 0 % sympathique » signifieraient en fait. Pour être à « 100 % sympathique », vous devriez, par exemple :

- être apprécié tout le temps ;
- être tout à fait sympathique (pas du tout d'aspect antipathique en vous) ;
- être apprécié de tout le monde.

Il sera immédiatement clair que « 100 % sympathique » n'est tout simplement pas possible. Personne ne pourrait être un tel modèle. Pensez aux personnes que vous connaissez. En gardant les extrêmes (0 et 100 %) à l'esprit, où les placeriez-vous sur la ligne ? Et où vous placeriez-vous maintenant ? Lorsque vous décidez de votre nouveau schéma, gardez ce point à l'esprit. Vous n'êtes pas à la recherche de l'inaccessible à 100 %, vous êtes à la recherche du « suffisamment bon ».

Ne vous inquiétez pas si, en ce moment, votre degré de croyance en votre nouveau schéma est faible. Si le vieux schéma est présent depuis longtemps, il faudra du temps, de la patience et de la pratique pour faire du nouveau une force convaincante. Nous allons maintenant examiner les moyens d'affaiblir votre ancien schéma, et la manière de renforcer le nouveau que vous avez provisoirement identifié. Vous constaterez que le travail que vous avez déjà fait vous sera très utile ici.

AFFAIBLIR L'ANCIEN SCHÉMA

Vos croyances négatives à votre sujet sont fondées sur l'expérience. Elles représentent votre tentative de donner un sens à des choses qui vous sont arrivées dans le passé. Cela signifie que, compte tenu des biais de pensée et de mémoire qui les maintiennent en place, si vous revenez en arrière sur votre vie, vous trouverez des « preuves » qui apparaissent pour les soutenir. L'examen de cette « preuve » – et la recherche d'autres façons de l'expliquer – est la prochaine étape en vue de surmonter la faible estime de soi. Ceci est similaire aux compétences que vous avez déjà acquises quand vous avez appris à lutter contre les pensées autocritiques et ce que vous avez utilisé à ce niveau peut également être utile pour vous ici. Cependant, l'échelle est plus large : l'accent est mis sur vos croyances générales sur vous-même, plutôt que sur les pensées spécifiques qui se posent à un moment donné dans le temps. Les questions clés à garder à l'esprit sont :

- Quelles « preuves » sont en faveur de l'ancien schéma ?
- Comment ces « preuves » pourraient être comprises autrement ?

Quelles preuves sont en faveur de l'ancien schéma ?

J'ai mis « preuves » entre guillemets pour indiquer que, même si vous avez accepté qu'une série d'expériences soutenait votre ancien schéma, signe que ce que vous avez cru à propos de vous-même était bien vrai, ces expériences peuvent en fait être ouvertes à des interprétations assez différentes. Il se pourrait que, si vous y regardez de près, vous vous rendiez compte qu'elles ne reflètent pas du mal sur vous en tout. La première étape vers la compréhension de ce point est d'identifier les expériences que vous avez eues en considérant les preuves à l'appui.

Réfléchissez un instant à votre ancien schéma. Quelles expériences passées et présentes vous viennent à l'esprit ? Quels sont les événements qui semblent le soutenir ? Qu'est-ce qui vous fait dire que vous êtes insuffisant, antipathique, incompétent, ou quoi que ce soit d'autre ? Qu'est-ce qui vous amène à aboutir à des conclusions négatives sur vous-même ?

Les « preuves » varient d'une personne à l'autre. Parfois, la plus grande partie se trouve dans le passé, dans les relations ou expériences comme celles décrites dans les histoires du chapitre 2. Des événements plus récents peuvent également être utilisés comme sources d'informations. Certaines sources communes de « preuves » sont décrites et résumées ci-dessous. Au fur et à mesure que vous les lisez, voyez si certaines font écho pour vous.

La liste n'est pas exhaustive. La « preuve » que vous avez utilisée pour maintenir votre mauvaise opinion de vous-même peut ne pas être dans cette liste. Utilisez cette section néanmoins comme une occasion de réfléchir à ce qu'elle pourrait être. Gardez à l'esprit que

© Dunod – Toute reproduction non autorisée est un délit.

vous pouvez également utiliser plus d'une source de « preuves » à l'appui de votre vieux schéma, et noter celles que vous pouvez trouver. Votre prochaine tâche sera de prendre du recul et d'examiner les « preuves » attentivement. Confirment-elles vraiment votre vision négative de vous-même, ou peuvent-elles être comprises d'une manière différente ?

Les difficultés actuelles et les symptômes de détresse

Briony, par exemple, s'est sentie très déprimée à un moment donné. Comme il est caractéristique des gens qui sont déprimés, elle est devenue léthargique et il était difficile pour elle d'entreprendre la moindre chose. Briony a pris cela comme voulant dire qu'elle était paresseuse et bonne à rien. En d'autres termes, c'était encore un autre signe qu'elle était une mauvaise personne, plutôt qu'un symptôme d'un état temporaire compréhensible qui disparaîtrait une fois son humeur remontée.

Sources de « preuves » soutenant l'ancien schéma négatif

- Les difficultés actuelles et les symptômes de détresse
- L'échec à surmonter les difficultés actuelles seul
- Les erreurs du passé et les échecs
- Les problèmes spécifiques
- Les caractéristiques personnelles, physiques ou psychologiques
- Les différences entre vous et les autres
- Le comportement d'autres personnes envers vous, passé ou présent
- Le comportement des autres pour lequel vous vous sentez responsable
- La perte de quelque chose qui faisait partie de votre identité

L'échec à surmonter les difficultés actuelles seul

La difficulté de Jim à parler ouvertement à sa femme et à demander de l'aide extérieure en est un exemple. Il voyait l'impossibilité de gérer de manière autonome comme un signe de faiblesse, plutôt que comme une reconnaissance raisonnable que deux têtes valent parfois mieux qu'une.

Les erreurs du passé et les échecs

Compte tenu de la fragilité humaine, il est impossible de passer à travers la vie sans faire des choses que l'on regrette. De temps à autre, nous sommes tous égoïstes, inconscients, irritables, myopes ou pas complètement honnêtes. Nous avons tous pris des raccourcis, fait des erreurs, évité les contestations et ne sommes pas parvenus à atteindre certains objectifs. Ces faiblesses humaines normales sont souvent perçues par les personnes ayant une faible estime de soi comme une preuve en plus de leur insuffisance.

Cela était vrai pour **Arran**. Durant son adolescence, il a souvent foncé en marge de la loi. À certains moments, il a pris part à des bagarres dans lesquels d'autres personnes ont été blessées, une fois très gravement. Il a eu à plusieurs reprises des démêlés avec la police et a comparu au tribunal plus d'une fois. En grandissant, Arran a décidé que ce mode de vie ne lui faisait pas du bien. Il avait peur de changer, cependant, car ça lui semblait être la seule façon de survivre dans un monde hostile. Pourtant, il a trouvé le courage de s'éloigner de sa ville natale, s'est fait de nouveaux amis et a trouvé un travail qu'il aimait, et, finalement, s'est marié et a eu des enfants. En dépit de ces changements très positifs, il a encore du mal à se sentir bien dans sa peau. Son passé le hante. Quand il regarde en arrière, il se sent totalement sans valeur.

Les problèmes spécifiques

Personne n'est parfait. Nous avons tous des lacunes et des aspects de nous-mêmes que nous aimerions changer ou améliorer. Les personnes atteintes de faible estime de soi peuvent voir ces lacunes comme une preuve supplémentaire qu'il y a quelque chose de fondamentalement mauvais en eux, plutôt que comme des problèmes spécifiques qu'il serait possible de résoudre et qui n'ont aucun rapport avec leur valeur réelle.

Chaque fois que **Chris** a eu des problèmes avec la lecture ou l'écriture, par exemple, il a vu cela comme une preuve supplémentaire de sa bêtise, plutôt que comme une difficulté d'apprentissage spécifique et non reconnue qui n'était pas le reflet de son intelligence et qui, avec une aide appropriée, pourraient être surmontés.

Les caractéristiques physiques

Les personnes atteintes de faible estime de soi peuvent penser qu'ils sont trop grands, trop petits, trop gros, trop minces, de la mauvaise forme ou mal proportionnés. Ils peuvent utiliser ces observations pour affaiblir leur sentiment d'estime de soi.

La conviction de **Karen** que sa valeur dépendait de comment elle était et ce qu'elle pesait est un exemple de cela. Si son poids dépassait ce qu'elle pensait qu'elle devait être, elle se sentait immédiatement grosse, laide et inesthétique. Rien d'autre ne comptait. Elle ignorait toutes les autres choses qui la rendaient intéressante – par exemple, son sens du style, sa capacité à profiter de la vie et son intelligence.

© Dunod – Toute reproduction non autorisée est un délit.

Les caractéristiques psychologiques

Les caractéristiques psychologiques aussi peuvent conduire les personnes ayant une faible estime de soi à se sentir mal dans leur peau.

Geoff, par exemple, même en tant qu'adulte, avait peur que sa grande énergie, sa curiosité et son inventivité ne soient considérées comme de la frime. S'attendant à de la désapprobation et à de la critique, il a fait ce qu'il pouvait pour se fondre dans la masse, faire partie des meubles, et se freiner. Au lieu d'accepter ses qualités comme des cadeaux, il les voyait comme une preuve supplémentaire qu'il était inacceptable en tant que personne.

Les différences entre vous et les autres

Bien que vous soyez talentueux, il est probable qu'il y a d'autres personnes qui le sont plus que vous. Bien que vous ayez beaucoup, il y a en a probablement d'autres qui ont plus. Les personnes atteintes de faible estime de soi peuvent utiliser des comparaisons avec d'autres personnes comme source de preuve à l'appui de leur pauvre opinion d'eux-mêmes.

Sarah, par exemple, a toujours comparé son travail à d'autres artistes. Dans ces comparaisons, elle sentait qu'elle était la plus mauvaise. Plutôt que de se juger pour ses mérites propres, indépendamment de ce que les autres faisaient, elle utilisait des comparaisons négatives pour alimenter son sentiment d'infériorité.

Le comportement, passé ou présent, des autres envers vous

Les gens qui ont été maltraités durant leur enfance peuvent voir ce type de traitement comme la preuve de leur manque de valeur, que la maltraitance soit venue de la famille, de camarades de classe ou de la société dans laquelle ils vivaient. De même, l'aversion, le rejet, la désapprobation ou l'abus, de nos jours, peuvent être utilisés pour renforcer la faible estime de soi. Par exemple, la maltraitance de la part de ses beaux-parents était la principale source de preuves de Briony qu'elle était mauvaise. Sinon, pourquoi auraient-ils été comme ça ? Même en tant qu'adulte, si quelqu'un la maltraitait, sa conclusion immédiate est qu'elle devait l'avoir mérité en quelque sorte. Ainsi, toute méchanceté ou manque de considération ou de désaccord est devenu une preuve supplémentaire de sa méchanceté.

Le comportement des autres pour lequel vous vous sentez responsable

Il s'agit d'un piège particulier pour les personnes ayant une faible estime de soi qui deviennent parents. Ils peuvent se blâmer pour tout ce qui va mal dans la vie de leurs enfants, même longtemps après que les enfants aient grandi et quitté la maison.

Cela était vrai pour **Briony**. Quand elle a découvert que sa fille adolescente prenait parfois des drogues illicites durant les fêtes, sa réaction immédiate a été que cela devait être de sa faute. Elle était une mauvaise mère. Sa méchanceté avait en quelque sorte contaminé sa fille. De ce point de vue, il était difficile pour elle de gérer la situation de manière constructive, de discuter avec sa fille des conséquences possibles de ce qu'elle faisait, et de la meilleure façon de résister à la pression des pairs.

La perte de quelque chose qui faisait partie de votre identité

Le chapitre 7 a montré comment les gens accrochent l'estime de soi à un ensemble de valeurs différentes. Si le piquet sur lequel vous avez accroché votre sentiment de valeur est enlevé, cela vous expose à toute la force des croyances négatives sur vous-même. Jesse, par exemple, a été licencié parce que l'entreprise pour laquelle il travaillait connaissait des moments difficiles. Son travail était l'un des piliers de son estime de soi. Bien que la société ait fait clairement savoir qu'elle ne voulait pas le perdre, il a pris le licenciement de manière très personnelle. C'était un autre signe qu'il n'était pas assez bon.

DE QUELLE AUTRE FAÇON LES « PREUVES » PEUVENT-ELLES SE COMPRENDRE ?

Chaque source de « preuves » qui est utilisée pour soutenir le schéma est ouverte à des interprétations différentes, de même que certaines pensées autocritiques qui traversent votre esprit dans des situations particulières sont ouvertes à différentes interprétations. Une fois que vous avez identifié les éléments de preuve que vous sentez soutenir votre ancien schéma, votre prochaine tâche consiste à les examiner attentivement et à évaluer dans quelle mesure ils soutiennent vraiment ce que vous avez eu l'habitude de croire à votre sujet. Notez vos conclusions sur la fiche récapitulative à la fin du chapitre.

Vous pouvez trouver les questions qui suivent (résumées ci-dessous) utiles pour vous. Vous verrez qu'elles sont directement liées aux diverses sources d'informations décrites ci-dessus.

© Dunod – Toute reproduction non autorisée est un délit.

Il peut également être utile de garder à l'esprit les questions que vous avez utilisées pour lutter contre les pensées autocritiques (page 113). Les questions particulières qui font sens pour vous dépendront de la nature de la « preuve » que vous utilisez pour soutenir votre ancien schéma.

Examen de la preuve à l'appui de votre ancien schéma : Questions utiles

- En dehors d'un sentiment d'insuffisance personnelle, qu'est-ce qui pourrait expliquer les difficultés actuelles ou les signes de détresse ?
- Bien qu'il soit utile d'être en mesure de gérer de manière autonome, quel pourrait être l'avantage à être en mesure de demander de l'aide et du soutien ?
- Est-il juste de vous juger sur la base des erreurs et des échecs passés ?
- Est-il juste de vous juger sur la base de défauts précis ?
- Est-il utile de laisser votre estime de vous dépendre d'idées rigides sur ce que vous devriez faire ou être ?
- Juste parce que quelqu'un est meilleur à quelque chose que vous, ou a plus que vous, est-ce que cela fait de cette personne quelqu'un de mieux ?
- Quelles raisons, outre le genre de personne que vous êtes, peut-il y avoir pour expliquer le comportement des autres à votre égard ?
- À quel point pouvez-vous être responsable du comportement des gens ?

■ En dehors d'un sentiment d'insuffisance personnelle, qu'est-ce qui pourrait expliquer les difficultés actuelles ou les signes de détresse ?

S'il s'agit d'un moment où vous rencontrez des difficultés, plutôt que de prendre cela comme un signe qu'il y a quelque chose de fondamentalement mauvais en vous, regardez ce qui se passe dans votre vie en ce moment. Ne se passe-t-il rien qui puisse donner un sens à ce que vous ressentez ? Si quelqu'un dont vous vous souciez passait par ce que vous vivez en ce moment, peut-être qu'il se sentirait pareil ? Si c'est le cas, que feriez-vous ? Souhaitez-vous supposer que, lui aussi, doit être sans valeur ou mauvais ? Ou considérez-vous ses réactions comme compréhensibles, compte tenu de ce qui se passe ? Même si rien de très évident ne se passe dans votre vie en ce moment pour expliquer comment vous vous sentez, cela pourrait-il être compris en termes de vieilles habitudes de pensée qui sont le résultat de vos expériences passées ? Si c'est le cas, alors peut-être qu'il sera plus utile de vous encourager à faire ce que vous n'avez jamais pu faire jusqu'à présent, plutôt que de laisser les choses s'envenimer en vous mettant des coups de bâton dans le dos.

■ Bien qu'il soit utile d'être en mesure de gérer de manière autonome, quel pourrait être l'avantage à être en mesure de demander de l'aide et du soutien ?

Comme Jim, vous pouvez avoir le sentiment que demander de l'aide est un signe de faiblesse ou d'infériorité. Vous devriez être en mesure de tenir debout sur vos deux pieds. Mais peut-être qu'être en mesure de demander de l'aide quand vous en avez vraiment besoin vous mettra effectivement en position de force, et non de faiblesse, parce que cela peut vous donner une chance d'affronter avec succès un large éventail de situations pour lesquelles vous ne pourriez pas vous débrouiller seul. Comment vous sentez-vous quand d'autres personnes qui sont en difficultés viennent vers vous pour avoir de l'aide ou du soutien ? Allez-vous conclure automatiquement qu'ils doivent être faibles ou pathétiques ? Les gens qui éprouvent des difficultés à demander de l'aide pour eux-mêmes sont souvent très bons pour apporter de l'aide aux autres. Ils ne jugent pas les autres négativement. Au contraire, être capable d'offrir de l'aide fait se sentir utile envers la personne qui en a besoin. C'est ainsi que les autres personnes qui se soucient de vous pourraient se sentir à votre sujet, si vous leur donnez cette chance.

Vous pouvez aussi craindre (comme Kate) d'être déçu si vous demandez de l'aide. D'autres personnes pourraient avoir une mauvaise opinion de vous. Ils pourraient refuser ou être méprisants, ou ne pas être en mesure de vous donner ce dont vous avez besoin. Il est judicieux de choisir des personnes qui ne vont pas réagir de cette façon. Cela dit, la meilleure façon de tester la réaction des autres est de la tester. Travaillez sur vos prédictions et vérifiez-les, tout comme vous avez appris à le faire dans le chapitre 4.

■ Est-il juste de vous juger sur la base des erreurs et des échecs passés ?

Les personnes atteintes de faible estime de soi confondent parfois ce qu'ils font avec ce qu'ils sont. Ils supposent qu'une mauvaise action est le signe d'une mauvaise personne, ou qu'échouer à quelque chose signifie être un échec dans un sens beaucoup plus global. Si cela était vrai, personne dans le monde ne pourrait jamais se sentir bien dans sa peau. On peut regretter des choses que nous avons faites (comme Arran), mais il n'est ni utile ni juste de passer à autre chose pour nourrir l'auto-condamnation. Si vous faites une bonne chose, cela fait-il de vous une personne totalement bonne ? Si vous avez une faible estime de vous, il est peu probable que vous y croyiez. Mais vous pouvez faire la même erreur quand vous faites quelque chose de mal.

La croyance selon laquelle vous êtes complètement mauvais, sans valeur, inutile ou tout ce qui peut agir comme une prophétie qui s'auto-réalise, rend difficile de réparer les choses que vous regrettez ou d'envisager sereinement la façon de changer les choses pour le

© Dunod – Toute reproduction non autorisée est un délit.

mieux. Comprendre vos échecs passés en termes d'erreur humaine naturelle peut être plus constructif. Cela vous permettra d'être plus indulgent avec vous-même – de condamner le péché mais pas le pécheur.

Il s'agit d'un premier pas vers tout ce qui doit être corrigé, et de réfléchir à comment vous pourriez éviter de refaire les mêmes erreurs à l'avenir. Ce qui était peut-être la seule chose que vous pouviez faire, compte tenu de votre état de connaissance à l'époque. Maintenant, vous pouvez voir les choses différemment, profiter de votre point de vue plus large actuel. Et n'oubliez pas : vous avez fait quelque chose de mauvais ou stupide, mais cela ne fait pas de vous une mauvaise personne ou une personne stupide.

■ Est-il juste de vous juger sur la base de défauts spécifiques ?

Tout simplement parce que vous avez des difficultés à vous affirmer, ou à être ponctuel, ou à organiser votre temps, ou à parler à des gens sans inquiétude, cela signifie-t-il qu'il y a quelque chose de fondamentalement mauvais en vous, en tant que personne ? Avoir quelque chose à propos de vous-même que vous aimeriez améliorer fait partie de l'espèce humaine. Si vous vous servez des défauts spécifiques comme base à la faible estime de soi, vous pouvez juger avec partialité. Souhaitez-vous juger une autre personne avec le même défaut spécifique de la même manière ? Si ce n'est pas le cas, expérimentez une approche plus tolérante envers vous-même. Encore une fois, cela peut vous aider à aller de l'avant plutôt que de vous murer dans une autocritique.

Rappelez-vous que vos défauts, quels qu'ils soient, ne sont qu'une partie de vous (votre liste de qualités positives peut déjà avoir commencé à se préciser). Albert Ellis, l'auteur d'une forme de traitement psychologique appelé « thérapie rationnelle émotive », a utilisé une analogie pour transmettre ce point. Imaginez un panier de fruits. Dans le panier se trouvent un ananas magnifique, quelques bonnes pommes, une orange ou deux plutôt médiocres, une grappe de raisin à peine mûres, des poires qui sont probablement trop mûres et, tapie dessous, une banane qui est complètement noire et pourrie. Maintenant, la question est : comment jugez-vous le panier dans son ensemble ? C'est impossible de le faire. Vous ne pouvez juger de son contenu qu'élément par élément. La même chose est vraie pour la population. Vous ne pouvez pas la juger dans son ensemble – vous ne pouvez juger que des aspects individuels, et les choses individuelles que les gens font.

■ Est-il utile de laisser votre estime de soi dépendre d'idées rigides sur ce que vous devriez faire ou être ?

Fonder l'estime de soi sur un seul aspect, qui pourrait bien ne pas être sous votre contrôle, vous rend inévitablement vulnérable à une faible estime de soi. Vous pouvez toujours avoir le sentiment que votre estime de soi est fondée sur un aspect particulier de vous-même (par exemple, votre capacité à faire rire les gens, votre force physique, ou votre capacité à avoir un bon salaire). Ou vous pouvez penser à ce dont vous dépendez après l'avoir perdu (par exemple, vous vieillissez, votre beauté physique est grisée, vous êtes retraité, votre famille a quitté la maison). Vous devez maintenant vous demander ce que ce dont vous valez dépend, en dehors du seul aspect que vous avez considéré.

Votre liste de qualités positives peut être un point de départ utile ici, un autre regard sur cet aspect. Combien de qualités, de forces, de compétences et de talents sur la liste dépendent de l'aspect de vous-même sur lequel vous fondez habituellement votre estime de vous-même ? Si vous trouvez qu'il est difficile d'avoir une perspective claire à ce sujet, pensez à des gens que vous connaissez, aimez et respectez. Écrivez ce qui vous attire vers eux. Lorsque vous vous demandez pourquoi vous accordez de la valeur à chaque personne, quelle importance prend la seule chose dont votre propre estime de soi dépend ?

Karen a trouvé cette voie de recherche très utile pour réévaluer la contribution de son apparence physique à son estime de soi. Beaucoup de qualités positives qu'elle avait énumérées sur elle-même (sens du style, capacité à profiter de la vie, intelligence) n'avaient aucun rapport avec son poids ou sa corpulence. D'autre part, elle pouvait voir comment ces qualités pouvaient être compromises par la conviction que seuls le poids et la corpulence comptaient. Il était difficile de profiter de la vie, par exemple, quand elle était préoccupée par de fait de manger et de ne pas manger.

Elle a également fait une liste des gens qu'elle aimait et respectait, et a écrit ce qu'elle considérait comme attractif chez chacun d'eux. Elle avait une certaine admiration pour les personnes qui étaient minces, mais c'était compensé sur le plan personnel par d'autres qualités comme le sens de l'humour, la sensibilité et le bon sens. Par rapport à celles-ci, l'apparence physique était anodine. Karen en a conclu qu'elle ferait mieux de s'accepter et de s'apprécier telle qu'elle était, grosse ou mince.

■ Juste parce que quelqu'un est meilleur à quelque chose que vous, ou a plus que vous, cela fait-il de cette personne quelqu'un de mieux que vous ?

Le fait que certaines personnes soient meilleures sur une dimension particulière (compétence, beauté, réussite matérielle, progression de carrière), ne les rend pas meilleures que vous en tant que personnes. Il est impossible d'être mieux sur tout. Et (en dehors de comparaisons très précises comme la taille, le poids et le salaire), les gens ne peuvent pas être comparés, pas plus que les volcans et les porcs-épics ne peuvent être comparés. Votre sens de votre propre valeur est ancré en vous-même, indépendamment de la façon dont vous êtes par rapport à d'autres personnes.

Quelles sont les raisons, outre le genre de personne que vous êtes, pour expliquer le comportement des autres à votre égard ?

© Dunod – Toute reproduction non autorisée est un délit.

Les personnes atteintes de faible estime de soi partent souvent du principe que si les autres les traitent mal ou réagissent négativement, elles doivent en quelque sorte le mériter. Cela peut rendre difficile de fixer des limites à ce que vous allez permettre aux autres par rapport à vous, et de vous sentir en droit de temps et d'attention de la part des autres, de faire-valoir vos propres besoins, et de mettre fin aux relations toxiques qui vous font du mal et à poser les choses de manière à vous sentir mieux dans votre peau.

En prenant ce que les autres pensent de vous, ou la façon dont ils se comportent envers vous, en tant que mesure de votre valeur personnelle n'a pas de sens pour un certain nombre de raisons. Par exemple :

- Les jugements des gens ne sont pas toujours fiables. Hitler, par exemple, a été largement vénéré dans les années 1930 et même plus tard dans son propre pays. L'histoire a montré que cette opinion était fausse.
- Le fait que quelqu'un n'aime pas quelque chose ne veut pas dire qu'elle n'a pas de valeur. Si je n'aime pas la crème glacée au chocolat, par exemple, cela en ferait-il une mauvaise chose ?
- Si votre opinion de vous-même repose sur l'opinion des autres sur vous, il est difficile (voire impossible) d'avoir un sens de soi qui soit stable. Si quelqu'un vous aime un jour donné, alors cela signifie que vous êtes bien tant que personne. Si le lendemain vous avez une discussion et que vous vous brouillez, tout d'un coup vous n'êtes plus bien. Comment les deux peuvent-ils êtres vrais en même temps ? Vous êtes toujours la même personne. Et encore, si vous étiez avec deux personnes, dont l'un vous aime et l'autre ne vous aime pas, il vous faudra alors simultanément être à la fois bien et pas bien en tant que personne. Vous fonder sur l'opinion des autres pour définir votre sentiment sur vous-même vous dirige droit vers l'impasse.
- Il est impossible d'obtenir l'approbation de tout le monde ou l'amour tout le temps. Les goûts sont trop variés. Si vous essayez de plaire à tout le monde, vous serez confronté à des exigences contradictoires constantes. Même si vous parvenez à plaire à la plupart des gens la plupart du temps, vous n'aurez toujours pas véritablement de valeur, parce qu'à chaque moment vous pourrez déplaire à quelqu'un ou attirer la critique ou la méchanceté. Baser votre bonne opinion de vous-même sur l'opinion des autres vous amène à construire votre maison sur des sables mouvants.

Il y a beaucoup de raisons possibles pour lesquelles les gens se comportent comme ils le font. Dans le cas de la personne (ou des personnes) dont le comportement vous semble maintenir votre ancien schéma, quelles raisons pourrait-il y avoir ? Par exemple, il se pourrait que leur propre apprentissage précoce ait rendu difficile pour eux de se comporter différemment (comme les enfants qui sont victimes de violence ou subissent des violences deviennent souvent des agresseurs ou violents eux-mêmes). Il se pourrait qu'ils se comportent mal pour des raisons purement circonstancielles (le stress, la pression, la maladie, la peur).

Il se pourrait que, sans s'en rendre compte, vous leur rappeliez quelqu'un avec qui ils ne s'entendent pas. Il se pourrait que vous ne soyez tout simplement pas leur tasse de thé. Il se pourrait qu'il n'y ait rien de personnel à la façon dont ils vous traitent – leur manière est critique ou tranchante ou méprisante avec tout le monde, pas seulement avec vous.

Si vous trouvez qu'il est difficile de vous détacher de votre point de vue critique habituel et de réfléchir aux raisons pour lesquelles les gens se comportent comme ils le font envers vous, observez comment expliquer un tel mauvais comportement ou de la méchanceté envers d'autres que vous-même. Par exemple, ces dernières années, la maltraitance des enfants a flambé dans les journaux. Lorsqu'un cas est signalé, supposez-vous toujours immédiatement que l'enfant en question l'avait mérité ? Ou placez-vous la responsabilité directement sur l'agresseur adulte ? De même, si vous lisez quelque chose sur le harcèlement, la persécution, le viol ou l'agression, allez-vous conclure automatiquement que la victime devait l'avoir mérité ? Ou pouvez-vous voir que l'auteur est responsable de ce qu'il ou elle a fait ? Considérez-vous que les victimes civiles de guerre sont responsables de leur sort ? Ou voulez-vous les voir comme des victimes innocentes de la violence pratiquée par d'autres ? Dans chacun de ces cas, votre réaction automatique est-elle d'expliquer ce qui s'est passé en termes de quelque chose de mal avec la personne maltraitée – cela doit en quelque sorte être de sa faute ? Ou pouvez-vous expliquer ce qui s'est passé d'une autre manière ? Si c'est le cas, essayez d'appliquer des explications semblables à vos propres expériences.

Êtes-vous réellement responsable du comportement des autres ?

Se sentir mal dans votre peau parce que quelqu'un dont vous vous sentez responsable n'agit pas bien suppose un certain degré de pouvoir sur les autres, que, en réalité, vous ne pouvez pas avoir. Si par exemple vous avez invité des gens à dîner, vous pouvez rendre votre maison chaleureuse et accueillante, vous pouvez proposer de la bonne nourriture et de la bonne boisson, vous pouvez mettre de la musique que vous savez que les gens sont susceptibles d'apprécier, et vous pouvez inviter des gens qui sont susceptibles de s'entendre – mais vous ne pouvez pas garantir que tout le monde va s'amuser. Eux seuls peuvent le faire.

Pour prendre l'exemple plus sérieux de la fille de **Briony**, il y a beaucoup de choses que Briony aurait pu faire pour montrer à quel point elle était bouleversée, expliquer à sa fille en quoi cela pouvait être nuisible pour elle, et l'aider à penser par elle-même plutôt que d'être spectatrice. Mais elle ne pouvait pas (sans supprimer complètement l'indépendance que sa fille avait besoin en tant que jeune adulte) organiser une surveillance de 24 heures et lui interdire de quitter la maison. En d'autres termes, Briony était chargée de gérer la situation de la manière la plus attentionnée et attentive possible, mais elle ne pouvait pas en fin de compte être responsable de ce que sa fille faisait quand elle était ailleurs – elle n'avait tout simplement pas autant de pouvoir.

Essayez d'être clair sur les limites de votre responsabilité à l'égard d'autres personnes, au sens de la séparation que vous pouvez faire de façon réaliste à ce qui est hors de votre contrôle. Il est raisonnable d'avoir la volonté de répondre à vos responsabilités. Il n'est pas raisonnable de baser votre estime de vous-même sur les choses sur lesquelles vous n'avez aucun contrôle.

© Dunod – Toute reproduction non autorisée est un délit.

■ Résumé

Lorsque vous avez identifié les éléments que vous utilisez pour soutenir votre ancien schéma et que vous avez trouvé d'autres moyens de compréhension, retournez à la feuille récapitulative à la fin du chapitre et notez brièvement vos constatations. Puis, une fois de plus, évaluez dans quelle mesure vous croyez en votre ancien et en votre nouveau schéma, et comment vous vous sentez quand vous les examinez. Pouvez-vous observer des changements ? Si c'est le cas, qu'est-ce qui est différent ? Si non, est-ce que vous n'avez pas encore trouvé une alternative convaincante dans la façon d'interpréter les « preuves » ? Ou y a-t-il des « preuves » que vous n'avez pas encore prises en compte ? Si oui, accordez vous une autre chance.

QUELLE PREUVE SOUTIENT LE NOUVEAU SCHÉMA ET CONTREDIT L'ANCIEN ?

Vous avez identifié les éléments de preuve que vous avez utilisés pour maintenir votre ancien schéma, vous avez cherché d'autres moyens de l'interpréter ou de l'expliquer. De l'autre côté vous avez recherché des preuves qui contredisaient directement l'ancien schéma et trouvé une nouvelle alternative. (Si vous n'avez pas encore défini une alternative, vous avez recherché des preuves qui n'étaient pas compatibles avec votre ancien schéma). Ces deux manières différentes d'affaiblir votre ancien schéma sont équivalentes à la procédure pour répondre aux pensées autocritiques et vous concentrer sur vos points forts. Elles se complètent mutuellement. En outre, tout comme votre travail sur l'autocritique peut vous avoir aidé à réévaluer la preuve à l'appui de l'ancien schéma, de sorte que le travail que vous avez fait sur le fait de vous concentrer sur vos forces, vos compétences et qualités et sur le fait d'être de plus en plus conscients d'elles au quotidien vous aidera à examiner de façon plus ciblée l'information qui soutient votre ancien schéma.

Il y a deux façons principales de collecter de nouvelles informations qui soutiennent le nouveau schéma et contredisent l'ancien : l'observation et les expériences comportementales.

Observation

Le chapitre 2 a décrit la façon dont le vieux schéma était maintenu en place par des biais systématiques de perception. Ceux-ci rendent facile pour vous de remarquer et de donner du poids à des informations cohérentes avec le schéma, tout en vous encourageant à écarter ou à rejeter les informations qui le contredisent. Vous avez déjà travaillé sur la correction de ce biais quand vous avez fait votre liste de qualités et avez enregistré des exemples dans la pratique. Vous devez maintenant examiner comment vous y prendre pour rechercher et enregistrer de l'information qui contredit directement votre ancien schéma, et soutient une vision plus bienveillante de vous-même.

Il est important d'avoir une idée claire de ce que vous cherchez avant de commencer vos observations, tout comme vous avez appris à être précis sur ce que vous craigniez de voir se produire lorsque vous considériez vos prévisions anxieuses. Dans le cas contraire, vous risquez de perdre du temps sur des observations qui n'ont pas de réelle pertinence pour la question que vous travaillez, et ainsi cela ne vous mènera pas à l'affaiblissement de l'ancien schéma et au renforcement du nouveau. Vous pouvez également manquer d'informations qui pourraient réellement faire la différence.

Les informations (ou données) que vous avez besoin de chercher dépendront de la nature exacte de votre schéma. Si, par exemple, votre ancien schéma était « Je suis antipathique » et votre nouveau schéma « Je suis sympathique », vous aurez alors besoin de recueillir des preuves qui soutiennent l'idée que vous êtes bien sympathique (par exemple, les gens vous sourient, les gens veulent passer du temps avec vous, ou des personnes disent qu'elles apprécient votre compagnie). Si, en revanche, votre ancien schéma était « Je suis incompétent » et votre nouveau « Je suis compétent », vous aurez alors besoin de recueillir des preuves qui soutiennent l'idée que vous êtes bien compétent (par exemple, l'achèvement de tâches, répondre judicieusement aux questions ou résoudre les problèmes au travail de manière efficace).

Afin de savoir quelles informations vous avez personnellement besoin de chercher, faites une liste d'autant de choses auxquelles vous pouvez penser, en réponse aux questions suivantes :

- Quelle preuve voyez-vous comme incompatible avec votre ancien schéma ?
- Quelles sont les informations ou expériences qui vous diraient qu'il est inexact, injuste ou erroné ?

Et, à l'inverse :

- Quelle preuve voyez-vous comme étant compatible avec votre nouveau schéma ?
- Quelles sont les informations ou expériences qui vous diraient qu'il est fidèle, juste et valable ?

Assurez-vous que les éléments de votre liste sont clairs et précis. S'ils sont vagues et mal définis, vous aurez du mal à les observer. C'est pourquoi, « sympathique » et « compétent » ci-dessus ont été répartis en petits éléments, plutôt que laissés en termes globaux qui pourraient signifier des choses différentes pour différentes personnes.

Pour vous donner une idée de ce que sont les possibilités, voici quelques exemples de personnes que vous avez rencontrées dans le chapitre 2. Ils sont le résultat de chaque

© Dunod – Toute reproduction non autorisée est un délit.

personne qui réfléchit attentivement à ce que serait exactement la preuve à l'appui de son nouveau schéma.

Tableau 8.1. Preuves à l'appui du nouveau schéma : Exemples

	Ancien schéma	Nouveau schéma	Preuves à l'appui
Briony	Je suis mauvaise	Je suis digne d'intérêt	Choses que je fais pour toutes les autres personnes (par exemple, mon travail caritatif, mon activité politique) Mes bons points, au jour le jour (dans la liste) Mes relations – des signes que les gens m'aiment (par exemple des appels téléphoniques, des lettres, des invitations, des gens qui s'arrêtent pour me parler)
Jesse	Je ne suis pas assez bien	Je suis bien comme je suis	Les signes que les gens apprécient ce que je fais (sourires, des compliments, remerciements) même quand ça ne correspond pas à mon ancienne norme Les bonnes choses à mon sujet qui n'ont rien à voir avec la façon dont je fais les choses (par exemple, en apprécier d'être sociable, apprécier la musique). Mes amitiés – choses que les gens disent et font qui montrent qu'ils m'aiment pour moi, pas pour la qualité du travail que je fais
Karen	Je ne suis pas attirante	Je suis attirante	Toutes les qualités que j'ai qui n'ont rien à voir avec l'apparence physique (de ma liste – noter des exemples quotidiens) Les signes que les hommes s'intéressent à moi (être invitée à sortir, les regards d'appréciation, conversations). Les personnes qui m'ont répondu chaleureusement (sourire, rire à mes blagues, gens assis à côté de moi, recherche du plaisir de me voir)
Geoff	Je suis inacceptable	Je suis acceptable	Les réponses positives quand j'ai osé être moi-même, quand je me laisse aller dans la fantaisie, poursuivre les questions à la fin, donner des cours à mon plein d'énergie (les gens s'y joignent, être congédié par mon enthousiasme, vouloir en savoir plus, me demander des retours, être désireux de passer du temps avec moi)

Tableau 8.1. (suite)

Arran	Je suis sans valeur	Je suis bien	Tout ce qui montre que je fais partie des choses (le club de football, collègues qui m'invitent à boire un verre, mes enfants qui courent pour me dire bonsoir quand je rentre, ma femme qui me fait un câlin)
	Ancien schéma	**Nouveau schéma**	**Preuves à l'appui**
Kate	Je suis antipathique	Je suis attachante	Mes amis qui me montrent de l'affection. Les choses pratiques que mes parents font pour moi (c'est leur façon de le montrer) Les bonnes choses en moi qui veulent dire que je suis une personne aimable (ma fidélité, ma réflexion, ma capacité à comprendre les besoins des autres)
Sarah	Je suis inférieure	Je suis aussi bien que n'importe qui	Mes qualités positives (exemples d'enregistrement) Les bonnes choses dans ma vie, que je mérite (mon appartement, mes amis, aller à la campagne, mon nouveau chaton)
Chris	Je suis stupide	Je suis ouvert d'esprit	La façon dont je m'expose à des occasions d'apprendre Ma curiosité Le fait que je fais maintenant face à ma dyslexie et que je fais quelque chose à ce sujet
Jim	Je suis fort et compétent Je suis une épave névrotique	Je suis aussi fort et compétent que j'en ai besoin	Signes quotidiens de ma capacité à gérer ma vie (gestion des crises à la maison et au travail; gestion des finances de la famille; bien faire mon travail) Reconnaissant quand j'ai besoin de demander

Les expériences comportementales

Vous avez déjà acquis une expérience de la façon de mettre en place et de réaliser des expériences pour tester la validité des prévisions anxieuses, d'agir contre les pensées autocritiques, et fait l'essai de nouvelles règles de vie. Il est maintenant temps de repousser les murs de la prison que la faible estime de soi a construit autour de vous, en expérimentant d'agir comme si votre nouveau schéma était vrai. Malgré le travail que vous avez déjà fait pour repenser votre ancien schéma, vous pouvez encore vous sentir mal à l'aise ou même avoir peur de le faire. Notez quelles pensées traversent votre esprit quand vous contemplez

© Dunod – Toute reproduction non autorisée est un délit.

cela différemment, quand vous vous sentez inquiet à propos de l'émergence de nouvelles situations, et peut-être aussi quand vous avez réussi à être votre nouveau vous et puis qu'après, vous commencez à douter de la façon dont cela s'est passé. Les chances sont que vous trouviez des prévisions anxieuses et des pensées autocritiques cachées derrière ces sentiments. Si c'est le cas, vous savez ce qu'il faut faire à leur sujet.

Une fois de plus, les expériences dont vous avez besoin pour mener tout cela à bien dépendent de la nature exacte de votre nouveau schéma. Pensez aux expériences qui confirment et renforcent votre nouveau regard sur vous-même. Qu'est-ce que vous devez faire afin de découvrir que cette nouvelle perspective est utile et sonne vrai ? Rappelez-vous les situations que vous avez évitées lorsque vous avez travaillé sur les prévisions anxieuses, et les situations où vous avez senti le besoin de prendre des précautions inutiles. Vous avez expérimenté ce que vous avez évité et lâché vos précautions – Qu'est-ce que vous avez découvert ici ? Quelles autres expériences pourraient vous mener sur des lignes identiques ?

De même, considérez les changements que vous avez faits lorsque vous avez appris à vous traiter avec plus de douceur et à vous accorder des récompenses et des plaisirs dans votre vie. Comment cela s'inscrit-il avec ce que vous faites maintenant ? Y a-t-il d'autres choses semblables que vous pourriez faire aujourd'hui pour renforcer votre conviction en votre nouveau schéma ?

Repassez en détail ce que quelqu'un qui croit en votre nouveau schéma ferait, comment il fonctionnerait au quotidien. Faites une liste d'autant de choses que vous pouvez imaginer dans différents domaines de la vie – travail, loisirs, relations intimes, vie sociale. Puis traduisez votre liste en expériences spécifiques et commencez à les mettre en pratique dans votre vie quotidienne. Voici quelques autres exemples (p. 221), pour vous donner une idée de la variété des expériences possibles.

Résumé

Il est important d'enregistrer ce que vous observez à ce stade. Assurez-vous aussi que vous évaluez soigneusement les résultats de vos expériences, comme vous avez évalué la survenue des expériences quand vous avez travaillé sur vos prévisions anxieuses. Observer et noter attentivement ce que vous remarquez et ce que vous avez fait vous permettra d'accumuler des informations cohérentes avec votre nouveau schéma. Vous pourriez, par exemple, écrire ces informations sur votre ordinateur portable, avec des exemples de vos points forts. Si vous n'avez pas noté, cela peut être oublié ou perdu, et cela ne sera plus disponible pour vous à l'avenir quand vous sentirez apparaître des doutes sur vous-même.

Pour conclure, revenez au tableau récapitulatif à la fin du chapitre, et résumez ce que vous avez découvert en cherchant des preuves cohérentes avec votre nouveau schéma. Puis, une fois de plus, évaluez votre degré de croyance à la fois en votre ancien et en votre

Tableau 8.2. Élaboration d'un nouveau schéma – expériences comportementales : Exemples

	Nouveau schéma	Expérimentations
Briony	Je suis digne d'intérêt	Contacter des gens en qui j'ai confiance, plutôt que d'attendre qu'ils me contactent Être plus ouverte sur moi-même avec les gens, étape par étape Planifier des moments de détente et de plaisir
Jesse	Je suis bien comme je suis	Lâcher mes exigences – passer moins de temps à préparer les missions et les documents. Laisser des erreurs mineures et observer ce qui se passe Admettre l'ignorance M'exercer à dire « Je n'ai pas d'opinion là-dessus »
Karen	Je suis attirante	Aller à la piscine, même si je me sens grosse Porter des couleurs vives qui me conviennent plutôt que de me cacher derrière des vêtements ternes
Geoff	Je suis acceptable	Cesser de me cacher – montrer mes sentiments et voir comment les gens réagissent Exprimer mes idées plutôt que d'attendre que quelqu'un d'autre prenne la parole Dire tout ce qui me traverse l'esprit plutôt que de tout ressasser
Arran	Je suis bien	Prendre le risque de faire le premier pas vers d'autres personnes Chercher une maison à acheter, au lieu de toujours vivre dans des chambres louées
Kate	Je suis attachante	Dire « Non » Demander ce dont j'ai besoin – il n'y a aucun autre moyen de l'obtenir
Sarah	Je suis aussi bien que n'importe qui	Agir comme si j'avais droit à du temps et à de l'attention de la part des gens Chercher des occasions d'exposer, plutôt que de les éviter Lire les critiques – je ne suis pas d'accord avec ce qu'ils disent
Chris	Je suis ouvert d'esprit	Rattraper les occasions manquées – regarder ce qui existe pour les personnes souffrant de dyslexie Informer les gens de mon problème plutôt que d'essayer de faire comme s'il n'existait pas
Jim	Je suis aussi fort et compétent que j'en ai besoin	Demander de l'aide, même quand je n'en ai pas besoin Quand quelque chose me dérange, en parler

nouveau schéma, et évaluez leur impact sur vos sentiments. En répétant ces évaluations régulièrement vous continuerez à porter atteinte à votre ancien schéma et à recueillir des preuves en faveur de votre nouveau. Cela vous permettra de voir comment ils continuent d'évoluer, au fil du temps.

VOIR SUR LE LONG TERME

L'élaboration et le renforcement d'un nouveau schéma n'arrivent pas du jour au lendemain. Cela peut prendre des semaines (voire des mois) d'observation systématique et d'expérimentation avant de trouver la solution que vous avez identifiée pleinement convaincante. Vous avez accumulé un certain nombre de preuves qui soutiennent l'ancien schéma, qui ont été collectées et stockées, et longuement réfléchit sur ses implications pour vous-même. Vous n'aurez pas besoin de toute une vie de preuves pour soutenir votre nouveau schéma (ce qui serait une pensée décourageante !). Mais vous devriez vous attendre à faire des investissements en temps et en énergie, un certain engagement régulier dans la tenue des notes et de la pratique, afin d'atteindre le point où vous penserez et agirez conformément à votre nouveau schéma pour que cela devienne une seconde nature. Lorsque vous atteindrez ce point, vous serez parvenu à la dernière étape en vue de surmonter la faible estime de soi. Le dernier chapitre du livre va vous donner quelques idées sur la façon de procéder.

RÉSUMÉ DU CHAPITRE

1. La dernière étape en vue de surmonter la faible estime de soi est d'identifier avec vos propres mots votre schéma. Il y a un certain nombre de sources d'informations différentes que vous pouvez utiliser pour le faire.
2. Une fois que vous avez identifié l'ancien schéma négatif, vous pouvez passer tout de suite à la formulation d'une approche plus positive, une alternative équilibrée. Cela vous aidera à commencer à remarquer des informations que vous aviez occultées et minimisées qui contredisent vos vieilles croyances sur vous-même.
3. L'étape suivante consiste à identifier les éléments de preuve que vous avez utilisés pour soutenir votre ancien schéma, et d'examiner si vous pouvez trouver d'autres façons de le comprendre.
4. Votre dernière tâche est de décider quelles expériences et informations appuieraient votre nouveau schéma et de commencer à les chercher, à la fois par l'observation et par l'expérimentation d'agir comme si votre nouveau schéma était vrai, et d'observer les résultats.

Mon ancien schéma est : « Je suis .... »

	Croyance	**Émotions (0-100)**
Quand mon ancien schéma est le plus Convaincant :	.... %	....
Quand il est moins Convaincant :	.... %	....
Quand j'ai commencé à lire ce Livre :	......................%	....

Mon nouveau schéma est : « Je suis ....»

	Croyance	**Émotions (0-100)**
Quand mon ancien schéma est le plus Convaincant :	.... %	....
Quand il est moins Convaincant :	.... %	....
Quand j'ai commencé à lire ce Livre :	.... %	....

« Preuve » qui supporte mon ancien schéma, et comment je la comprend :

Preuve	**Nouvelle compréhension**

À la lumière de cette nouvelle compréhension, je crois maintenant en mon ancien schéma à : .... %

À la lumière de cette nouvelle compréhension, je crois maintenant en mon nouveau schéma à : .... %

Figure 8.2. Affaiblir votre schéma : Fiche de synthèse

© Dunod – Toute reproduction non autorisée est un délit.

« Preuve » (passé et présente) qui supporte mon nouveau schéma :

....

....

....

....

....

....

....

À la lumière de cette nouvelle compréhension, je crois maintenant en mon ancien schéma à : .... %

À la lumière de cette nouvelle compréhension, je crois maintenant en mon nouveau schéma à : .... %

Observation: information et expériences dont j'ai besoin pour avoir plus de preuves soutenant mon nouveau schéma :

....

....

....

....

....

....

....

Expérimentations : choses spécifiques que j'ai besoin de faire pour avoir plus de preuves soutenant mon nouveau schéma :

....

....

....

....

....

....

....

Mon ancien schéma est : « Je suis ....*Mauvaise*............... »

	Croyance	Émotions (0-100)
Quand mon ancien schéma est le plus Convaincant :	.........*70*......... %	....*Désespoir 75*...*Culpabilité 60*....
Quand il est moins Convaincant :	.........*45*......... %	.....*Désespoir 50 Culpabilité 40*.....
Quand j'ai commencé à lire ce Livre :	.........*100*.......%	..*Désespoir 100*...*Culpabilité 100*..

Mon nouveau schéma est : « Je suis .... »

	Croyance	Émotions (0-100)
Quand mon ancien schéma est le plus Convaincant :	.........*50*......... %	.....*Espoir 30*...*Soulagement 40*....
Quand il est moins Convaincant :	.........*20*......... %	.....*Espoir 20*...*Soulagement 10*....
Quand j'ai commencé à lire ce Livre :	.........*0*......... %	.......*Espoir 0*...*Soulagement 0*.....

« Preuve » qui supporte mon ancien schéma, et comment je la comprend :

Preuve	**Nouvelle compréhension**
Mes parents décédés – rendue responsable	*Ils m'aimaient beaucoup et ne m'auraient jamais laissé s'ils avaient pu*
Le comportement de mes beaux-parents	*Ce n'est pas ma faute – leur comportement était vicieux et cruel et il n'y avait pas de raison à cela* *Aucun enfant ne mérite d'être traité comme cela*
Le viol de mon beau-père	*C'était une mauvais chose – il le savait: c'est pourquoi il l'a caché. C'était l'adulte, j'étais l'enfant – il n'aurait jamais dû abuser de ma confiance – il était malade*
Mon premier mariage – un mari qui me ridiculisait et me critiquait +constamment	*Je savais qu'il était comme ca dans d'autres relations – compte tenu qu'il le faisait constamment, j'ai déprimé et je n'étais pas en mesure de riposter – ma croyance d'être mauvaise est une prophétie qui s'auto-réalise. Je pensais que je le méritais*
Les gens qui sont irritables ou méchants ou qui me tirent vers le bas	*Ca arrive parfois – je ne peux pas plaire à tout le monde. Cela ne signifie pas que je suis mauvaise*

À la lumière de cette nouvelle compréhension, je crois maintenant en mon ancien schéma à : ....*30*... %

À la lumière de cette nouvelle compréhension, je crois maintenant en mon nouveau schéma à : ...*75*.... %

Figure 8.3. Affaiblir votre schéma : Fiche de synthèse – Briony

© Dunod – Toute reproduction non autorisée est un délit.

« Preuve » (passé et présente) qui supporte mon nouveau schéma :

Mes parents m'ont aimé. Je le sais de mes propres souvenirs et photos, et des choses que j'ai.
Ma grand-mère m'a aimé. Elle ne pouvait pas me protéger mais elle m'a fait me sentir digne d'intérêt et attachante.
Je me suis fait des amis à l'école, bien que j'étais trop piquante et malheureuse pour en avoir beaucoup (ce n'était pas de ma faute).
Même lorsque j'ai été maltraitée lors de mon premier mariage, j'ai réussi à conserver un emploi, puis à avoir des enfants et à les protéger de leur père. Quand il a commencé à montrer des signes de maltraitance vis-à-vis d'eux j'ai eu le courage de partir, alors que je pensais ne pas pouvoir le faire.
J'ai trouvé un second mari qui m'aime et me soutient. C'est un homme de bien, il m'a choisi et m'est resté fidèle en malgré toutes mes difficultés.
J'ai eu du mal à surmonter ce qui m'est arrivé, et j'y suis arrivée.
Tous les bons points sur ma liste.

À la lumière de cette nouvelle compréhension, je crois maintenant en mon ancien schéma à : ....*20*... %

À la lumière de cette nouvelle compréhension, je crois maintenant en mon nouveau schéma à : ....*80*... %

Observation: information et expériences dont j'ai besoin pour avoir plus de preuves soutenant mon nouveau schéma :

Les choses que je fais pour les autres, en particulier tout le temps et le soin que j'accorde aux enfants. Mon amour pour eux, et pour mon mari. Le plaisir que je prends à être avec eux. Ma créativité et mon imagination pour m'occuper d'eux et les aider à se développer.
Les choses auxquelles je contribue dans la société (mon travail caritatif, mon activité politique) Mes bons aspects tels ils se révèlent au jour le jour.
Mes relations – des signes que les gens m'aiment comme les appels téléphoniques, les lettres, les invitations, les gens qui s'arrêtent pour me parler et me donnent envie de m'impliquer dans des choses
Mon intelligence – enfin je commence à penser que je vaux quelque chose, et je fais quelque chose à ce sujet.

Expérimentations : choses spécifiques que j'ai besoin de faire pour avoir plus de preuves soutenant mon nouveau schéma :

Commencer à faire le premier pas auprès des personnes en qui j'ai confiance, plutôt que de les laisser faire.
Être plus ouverte sur moi-même avec les gens, étape par étape – voir s'ils vont vraiment reculer.
Planifier des temps de détente et de plaisir pour moi-même – je le mérite.
Prendre le temps d'étudier.
Donner plus de responsabilités aux autres à la maison.

NOTES

© Dunod – Toute reproduction non autorisée est un délit.

Chapitre 9

Consolider

Objectifs

- Consolider votre travail
- Planifier l'après en utilisant la résolution de problème

DANS LE CADRE DU TRAVAIL que vous avez effectué à travers ce livre, vous avez abordé les différentes habitudes de pensée qui maintiennent la faible estime de soi, et vous avez formulé de nouvelles règles de vie, un nouveau schéma et examiné les moyens de le mettre en pratique et d'agir comme s'il était vrai, au quotidien. Dans ce chapitre, les idées pratiques pour surmonter la faible estime de soi que vous avez abordées seront directement liées à l'organigramme du chapitre 2 (page 27), de sorte que vous pourrez avoir une meilleure compréhension de votre faible estime de soi. Nous allons ensuite passer à l'examen des moyens pour veiller à ce que les modifications que vous avez apportées soient consolidées et menées à bien, plutôt que laissées à l'abandon lorsque vous fermerez ce livre. Le chapitre abordera enfin quelques idées sur la façon de solliciter une aide extérieure si vous trouvez les idées que vous avez lues ici intéressantes et pertinentes, mais que vous sentez que vous avez besoin de quelqu'un pour vous aider à les mettre en pratique avec succès.

SURMONTER LA FAIBLE ESTIME DE SOI : COMMENT FAIRE POUR QUE CELA DURE ?

À la page 232, vous trouverez l'organigramme qui explique le développement et le maintien de la faible estime de soi. C'est quelque chose qui est devenu familier pour, du fait des chapitres précédents. Ici, cependant, au lieu de décrire comment la faible estime de soi se développe et se maintient, vous verrez que les différentes méthodes que vous avez utilisées pour affaiblir votre vieux schéma et renforcer le nouveau sont présentes dans les différents chapitres. C'est ainsi que vous pouvez voir clairement comment les changements que vous avez faits s'emboîtent comme les pièces d'un puzzle cohérent pour surmonter la faible estime de soi. La compréhension cognitive et comportementale de la faible estime de soi, illustrée dans l'organigramme, souligne constamment l'influence des pensées et des croyances sur les sentiments et les comportements de tous les jours. Cette insistance a façonné chaque étape de l'itinéraire que vous avez suivi.

PLANIFIER POUR L'AVENIR

Vous avez peut-être réussi à faire face aux prévisions anxieuses et aux pensées autocritiques, en vous concentrant sur les aspects positifs de vous-même, en vous offrant détente et plaisir, en formulant et en agissant sur la base de nouvelles règles et d'un nouveau schéma plus bienveillant. Cependant, il est possible que (à moins que vous continuiez à mettre en pratique régulièrement ce que vous avez appris) ce qui vous apparaît maintenant comme flagrant devienne vague et difficile à croire par la suite, et que vos nouvelles façons de vous traiter – avec plus de bienveillance – disparaissent.

Comme nous l'avons déjà dit, les vieilles habitudes ont la vie dure. En particulier dans les moments où vous vous sentez stressé ou sous pression, ou lorsque vous vous sentez faible ou malade ou fatigué ou en-dessous des choses, vous pouvez constater que, même avec la meilleure volonté du monde, votre ancien schéma refait surface, et avec lui vos exigences impitoyables vis-à-vis de vous-même et vos vieilles habitudes qui consistent à vous attendre au pire, à filtrer les points positifs et à vous concentrer sur les points négatifs, en vous critiquant et en oubliant de vous offrir les bonnes choses de la vie.

Il n'y a pas besoin de s'inquiéter à ce sujet. Après tout, vous savez maintenant comment briser le cercle vicieux qui maintient la faible estime de soi, et vous avez trouvé et mis en pratique de nouvelles règles de vie et un nouveau schéma. Il sera simplement question de revenir à ce que vous savez déjà et de mettre régulièrement en pratique jusqu'à ce que tout soit remis en équilibre. Si vous avez le sentiment qu'un échec pourrait arriver, vous serez dans de meilleures dispositions pour repérer les signes avant-coureurs indiquant que votre vieux schéma refait surface et y faire face sans plus attendre. Vous pourrez être en mesure de le remettre en question presque immédiatement (avec un « Eh-Oh, j'y reviens encore » et procéder à un changement rapide de direction). Ou cela peut vous prendre un peu de temps.

Quoi qu'il en soit, l'expérience sera d'une grande valeur. Elle vous donnera l'occasion de découvrir encore une fois que vos idées et nouvelles compétences peuvent travailler pour vous, et de continuer à affiner votre nouveau point de vue positif sur vous-même. En planifiant à l'avance et en tenant compte de la façon dont les échecs pourraient arriver et ce qu'il faut faire en conséquence, vous vous assurerez que les modifications que vous avez apportées seront consolidées.

Vous pouvez aussi avoir le sentiment que vous avez appris beaucoup de choses, mais que les nouvelles façons de penser et d'agir envers vous-même sont encore fragiles. Cela est particulièrement susceptible d'être vrai si votre faible estime de soi est en place depuis de nombreuses années, et si elle a eu un impact notable sur votre vie. Là encore, il sera utile de prendre votre temps pour résumer ce que vous avez appris en regardant vers l'avenir et en planifiant une manière de le consolider, de sorte qu'il continue d'influencer la façon dont vous allez fonctionner au quotidien, renforce votre conviction en votre nouveau schéma et veille à ce que les changements que vous avez effectués soient consolidés sur le long terme.

Dans la section qui suit, vous trouverez quelques questions pour vous aider à formuler un plan d'action pour l'avenir. Ces questions sont conçues pour vous aider à faire un bref résumé des points clés que vous avez appris, à déterminer la meilleure façon de continuer à mettre de nouvelles idées en pratique au quotidien, et à vous préparer à moments de doute ou à des fléchissements de sorte que vous pourrez les gérer le mieux possible.

© Dunod – Toute reproduction non autorisée est un délit.

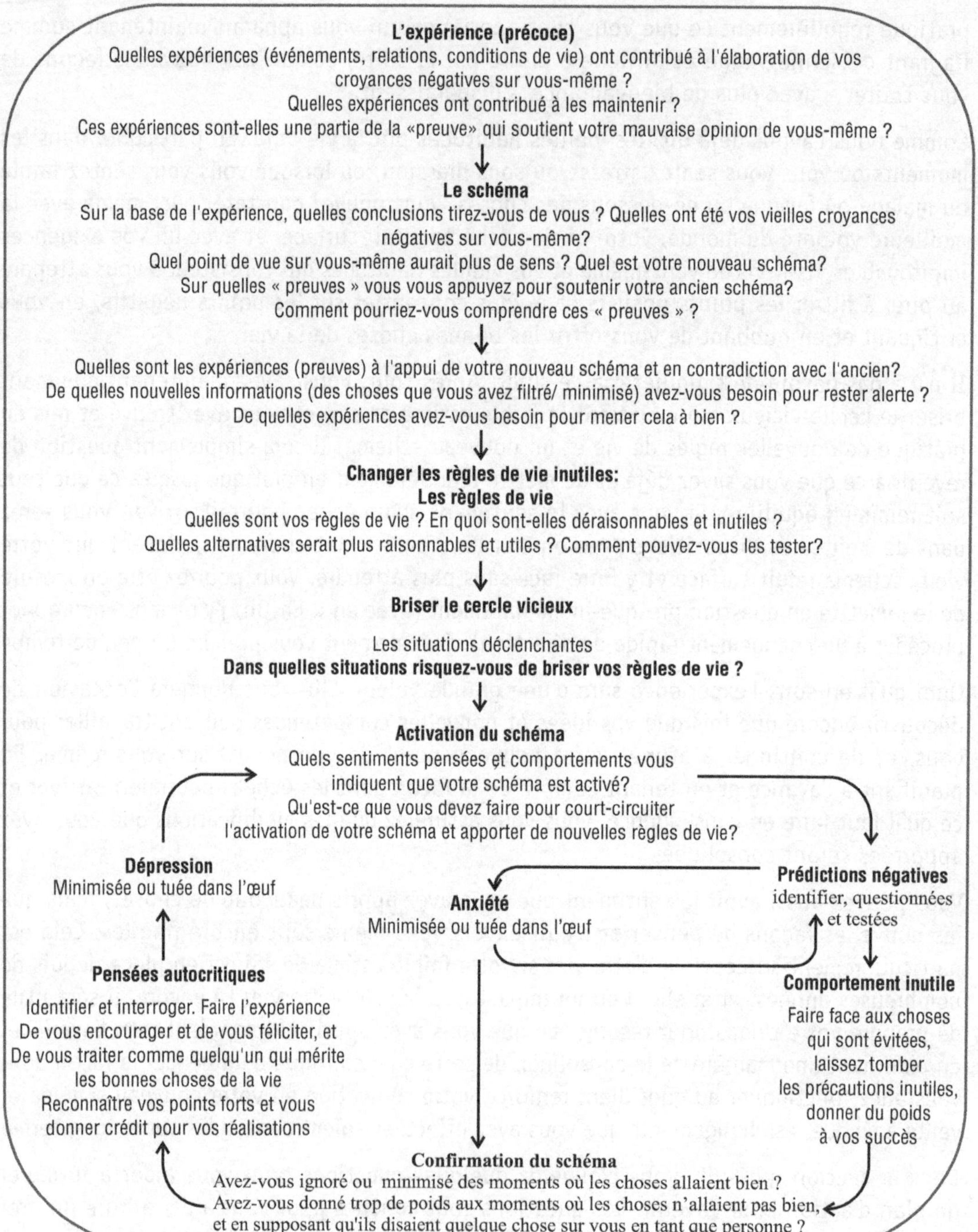

Figure 9.1. Surmonter la faible estime de soi : Une carte du territoire

ÉTAPES VERS UN PLAN D'ACTION ÉTANCHE

La première ébauche

Écrivez vos réponses aux questions ci-dessous, ainsi que tous les autres éléments utiles qui vous viennent à l'esprit. Il s'agit de la première ébauche de votre plan d'action. Lorsque vous avez terminé le projet, examinez-le et voyez si vous avez oublié quelque chose d'important. N'hésitez pas à revenir aux différents chapitres du livre, et à tous les enregistrements que vous avez tenus, pour vous rappeler tout ce que vous avez fait. Lorsque vous êtes convaincu que vous avez la meilleure version possible pour le moment, mettez votre plan d'action en pratique pendant deux ou trois semaines.

La deuxième ébauche

Deux ou trois semaines de mise en pratique de votre premier projet devraient vous donner une bonne idée de l'utilité de votre plan d'action. C'est maintenant le bon moment pour le passer en revue et l'affiner, si vous souhaitez le faire. Vous pouvez constater que vous avez omis quelque chose d'essentiel, ou que des choses se sont produites que vous n'aviez pas envisagé, ou que cela semblait clair pour vous quand vous l'avez écrit, mais que cela vous semble moins utile lorsque vous essayez de l'appliquer dans la vie réelle, ou lorsque vous revenez dessus après un certain moment.

Apportez les modifications qui vous semblent nécessaires, et préparez une version révisée. Décidez vous-même du temps durant lequel vous appliquerez ce plan – trois mois ? Six ? Vous devez vous laisser assez de temps pour avoir une idée de l'utilité du plan à plus long terme. Vous en aurez besoin pour vérifier comment s'est consolidé votre nouveau schéma, et voir de quelle manière et avec quelle constance il influence la façon dont vous vous sentez au quotidien. Vous aurez également besoin d'avoir une certaine idée de la façon dont votre plan d'action vous aide à faire face aux hauts et aux bas, et des moments où les anciens schémas refont surface.

La version finale du plan d'action

Après une longue période de pratique, une fois de plus procédez à un examen approfondi de votre plan d'action. À quel point a-t-il été utile pour vous ? Dans quelle mesure vous a-t-il maintenu sur la bonne voie ? Vous a-t-il a permis de continuer à évoluer ? A-t-il veillé à ce que vous avez fait en composant avec des moments de doute ou de fléchissement de la meilleure façon possible ?

© Dunod – Toute reproduction non autorisée est un délit.

Si tout va bien, votre second projet peut être votre projet final. Si, par contre, votre plan d'action a encore des lacunes, procédez à tous les changements nécessaires, et testez la nouvelle version sur une période de temps que vous aurez déterminé à l'avance. Refaites ensuite le point.

Il est intéressant de noter que, à moins que vous n'ayez des pouvoirs surhumains pour prédire l'avenir, votre plan d'action ne prévoira jamais tout. Même votre projet final sera toujours un projet, pas une vérité ultime gravée dans la pierre. Un ajustement peut être utile, soyez prêt à changer et à ajuster à tout moment où vous vous rendez compte qu'il pourrait être étendu ou amélioré.

UTILISER LA SMART

Lors de l'élaboration d'un plan d'action, il est important de s'assurer que ce que vous envisagez de faire vous mènera où vous voulez aller. Si votre plan est trop ambitieux, vous ne serez pas en mesure de le mettre en pratique avec succès, ce qui risque de vous décourager et de vous démoraliser. Si votre plan est trop vague, il se peut que, après une semaine ou deux (ou même un mois) vous n'ayez aucune idée de ce que vous êtes censé faire. Si votre plan est trop limité, vous pouvez rester avec le sentiment de n'avoir fait aucun progrès réel en vue de devenir la personne que vous voulez être. Donc, quelle que soit l'étape dans laquelle vous vous trouvez – premier, deuxième ou dernier plan – assurez-vous que votre plan d'action réponde à ces critères SMART :

S	Est-il	suffisamment Simple et Spécifique ?
M	Est-il	Mesurable ?
A	Est-il	Acceptable ?
R	Est-il	Réaliste ?
T	Est-il	raisonnable dans le Temps ?

Figure 9.2. Planification de l'action : les critères SMART

« S » Est-il simple et suffisamment précis ?

Pouvez-vous expliquer ce que vous comptez faire avec des mots courts ? Votre plan est-il si simple que même un enfant pourrait le comprendre ? Pour le vérifier, essayez de le lire à un ami de confiance ou à un membre de votre famille. Est-ce qu'ils vous demandent d'expliquer ou d'en clarifier une partie ? Si c'est le cas, cette partie-là a besoin d'une nouvelle rédaction. Lorsque vous l'avez remanié, vérifiez s'ils le comprennent.

« M » Est-il mesurable ?

Comment saurez-vous à quel moment votre plan d'action est réalisé ? Par exemple, dans six mois, si vous avez agi avec succès, comment vous sentirez-vous ? Laquelle de vos nouvelles habitudes sera toujours en place ? Quels objectifs spécifiques aurez-vous atteint ? Comment saurez-vous que votre nouveau schéma est toujours aussi fort ? Et si vous avez encore des changements à faire, qu'est-ce que vous allez faire que vous ne faites pas en ce moment ?

Si vous pouvez spécifier clairement ce que vous allez faire, ce sera beaucoup plus facile pour vous de juger si votre plan est à votre portée, d'observer la façon dont vous aller procéder pour le mettre en pratique et voir où il mène, et d'évaluer combien il est utile pour vous.

« À » Est-il acceptable ?

Avez-vous pris en compte les opinions et les sentiments des personnes qui seront touchées par votre projet ? Avez-vous leur accord (ou du moins leur compréhension) de ce que cela implique ? Je ne veux pas dire par là que vous ne devez pas le mettre en pratique si d'autres personnes ne sont pas en faveur de ce que vous essayez de faire – vous n'avez pas besoin de permission pour vous sentir mieux dans votre peau et procéder à des changements dans votre vie qui permettront d'améliorer votre estime de vous. Toutefois, il convient de reconnaître que les changements en vous amèneront à des modifications pour d'autres personnes. Par exemple, si vous prévoyez de vous affirmer davantage en exprimant votre opinion et en demandant à ce que vos besoins soient satisfaits, cela aura inévitablement un impact sur ceux qui vous entourent. Si vous envisagez de changer la façon dont vous organisez votre vie professionnelle (par exemple, réduire vos heures de travail, dans l'idée d'avoir plus de loisirs), de nouveau, cela aura un impact sur les autres, tant au travail qu'à la maison.

Lorsque vous élaborez votre plan d'action, il est important d'en tenir compte. Y a-t-il des choses concernant vos intentions que vous avez besoin de communiquer à d'autres ? Serait-il utile de négocier certains des changements que vous souhaitez opérer avec vos proches ? À qui demander de l'aide en restant fidèle à votre plan ?

Et, même si vous ne souhaitez pas directement impliquer d'autres personnes, pensez à l'incidence des changements sur eux. Sont-ils susceptibles de mal réagir à quelque chose ? Quelles sont vos prédictions ? Vous pouvez, bien entendu, être dans le faux – mais vous serez dans une meilleure position pour rester dans la course si vous avez considéré ce qui pourrait réellement se produire, et planifié la manière dont vous allez composer avec (si nécessaire, avec le soutien de l'extérieur).

© Dunod – Toute reproduction non autorisée est un délit.

Une partie du plan de **Briony**, par exemple, était de se donner plus de temps pour faire des choses qu'elle appréciait. Elle a compris que cela signifiait qu'elle ne pouvait pas continuer à gérer les tâches domestiques à elle toute seule. Afin de se sentir « bonne mère », elle avait toujours fonctionné avec l'idée qu'elle devait faire les courses, la cuisine, le lavage et le nettoyage pour la famille, même si son mari était tout à fait capable d'aider et que ses enfants étaient maintenant assez grands pour y contribuer.

Briony a réalisé qu'elle avait incité sa famille à lui déléguer toutes les tâches ménagères. Elle a décidé que ce serait une bonne idée dans la poursuite du travail qu'elle faisait pour améliorer son estime de soi, de leur dire qu'elle avait l'intention de lancer un projet plus équitable de partage des tâches ménagères. Elle a prédit que, en théorie, sa famille serait en mesure de trouver cela juste, et irait dans le sens de ce qu'elle essayait de faire. Elle a également prédit que, dans la pratique, ils hésiteraient à faire leur part et préfèreraient tout naturellement laisser les choses telles qu'elles étaient. Après tout, pourquoi faire le sol de vos mains si vous avez un serviteur prêt à faire le sale boulot pour vous ? Ainsi, dans son plan, elle incluait soigneusement les détails de ce qu'il fallait faire si sa famille ne changeait pas en même temps qu'elle. Cela comprenait le fait de se rappeler ses raisons de procéder à ce changement : elle était une personne digne qui méritait plus de la vie que d'être une bonne à tout faire.

« R » Est-il réaliste ?

Que faut-il prendre en compte avant de planifier ?

- Votre état émotionnel, physique et psychologique
- Vos ressources (par exemple, l'argent, le temps, les gens qui se soucient de vous et vous respectent)
- Les autres demandes qui mobilisent votre temps et votre énergie
- Le niveau de soutien que vous avez de la part des amis, de la famille, des collègues et d'autres (par exemple, des groupes auxquels vous appartenez).

Votre plan d'action sera plus solide et réaliste s'il tient compte de ces facteurs. En outre, il sera plus utile pour vous s'il est écrit sur une ou deux pages tout au plus. Plus il est long et complexe, moins vous avez de chances d'y revenir et de l'utiliser dans le temps. S'il y a des points sur lesquels vous souhaitez ajouter des détails, mettez-les sur une feuille séparée que vous pourrez consulter et garder la avec votre plan d'action.

« T » Le délai est-il raisonnable ?

Enfin, assurez-vous que vous avez examiné attentivement combien de temps vous étiez prêt à consacrer pour mettre votre plan d'action en pratique, et que ce délai est cohérent avec la réalisation des objectifs que vous avez vous-même définis. Cela peut très bien inclure le fait de décider quels sont les changements les plus importants pour vous, et lesquels sont moins prioritaires.

Fixer des délais : les questions utiles

- Quelles sont vos priorités ? Si seulement vous pouviez compléter 20 pour cent de votre plan, quels 20 pour cent choisiriez-vous ?
- Combien de temps chaque semaine vous devez vous assurer que votre plan d'action devient une réalité ? Si vous croyez qu'il serait toujours utile pour vous de régulièrement écrire et remettre vos pensées en question, combien de temps avez-vous besoin de mettre de côté tous les jours afin de vous assurer que vous procédez de la façon la plus utile et sans vous sentir sous pression ou stressé ? (Il peut s'agir de décider de combien d'exemples vous souhaitez travailler tous les jours.) Vous pouvez, en revanche, en être à l'étape de la lutte contre les pensées déstabilisantes, et rechercher régulièrement les preuves à l'appui de votre nouveau schéma sans avoir besoin de l'écrire. Même ainsi, il pourrait être utile de prévoir des examens réguliers. De combien de temps auriez-vous besoin chaque semaine (ou chaque mois) pour évaluer la façon dont les choses se passent et vous fixer de nouveaux défis à maîtriser ?
- Quels sont vos objectifs personnels, dans la mesure où l'estime de soi est concernée ? Où voulez-vous en être au bout de trois mois ? Après six mois ? Après un an ?
- À quelle fréquence ferez-vous le point sur vos progrès (réussites, difficultés, ce qui vous a aidé) ?
- Avez-vous fixé une date pour votre premier bilan ? Cela pourrait être la semaine prochaine ou le mois prochain, ou plus tard. Chaque fois que nécessaire, décidez d'une date précise et prenez rendez-vous avec vous-même. Faites de votre bilan une occasion spéciale. Prenez-vous un moment pour le déjeuner, offrez-vous une journée dans la ville, ou dans une station thermale ou à la plage. Tout du moins, trouver un espace tranquille dans votre maison, quelque part où vous vous sentez à l'aise, et choisissez un moment où vous ne serez pas interrompu. Créez un espace détente où vous pourrez réfléchir à ce que vous avez accompli et penser à l'avenir.

Notez la date et l'heure de votre bilan dans votre agenda ou sur votre calendrier dès maintenant. Et ne vous laissez pas détourner. C'est quelque chose que vous faites pour vous-même. C'est important. Et vous le méritez.

Rester vigilant

Les plans d'action peuvent être rangés et oubliés. Si vous ne savez pas où ils se trouvent, vous ne serez pas en mesure d'en faire usage. Le laisser traîner pour finir tout taché et

© Dunod – Toute reproduction non autorisée est un délit.

corné est comme un message à vous-même que cela n'a pas vraiment d'importance. Donc, assurez-vous que vous savez où est votre plan d'action, et que vous pouvez le trouver facilement quand vous en avez besoin. Mettez-le dans un endroit spécial, si vous le pouvez : un endroit unique.

LE PLAN D'ACTION : LES QUESTIONS UTILES

Les questions à se poser pour établir un plan d'action

1. Comment ma faible estime de soi s'est-elle développée ?
2. Qu'est-ce qui l'a maintenue ?
3. Qu'est-ce que j'ai appris à travailler à travers ce livre ?
4. Quelles étaient mes pensées inutiles, règles et croyances les plus importantes ? Quelles sont les alternatives que je leur ai trouvées ?
5. Comment puis-je construire sur ce que j'ai appris ?
6. Qu'est-ce qui pourrait me conduire à un échec ?
7. Si je reviens à mon vieux schéma, que puis-je faire ?

■ Comment ma faible estime de soi s'est-elle développée ?

Résumez brièvement les expériences qui ont conduit à la formation de votre ancien schéma. Pensez aussi à inclure les expériences ultérieures qui l'ont renforcé, si cela est pertinent.

■ Qu'est-ce qui l'a maintenue ?

En réponse à cette question, résumez les règles de vie inutiles que vous avez développées comme une tentative pour faire face à votre schéma, et la pensée qui a nourri votre cercle vicieux (prévisions anxieuses et pensées autocritiques qui ont été typiques de vous). Également inclure toute partialité dans ce que vous remarquez et ce à quoi vous avez accordé du poids. Qu'avez-vous automatiquement ignoré ou écarté ? Enfin, notez les précautions inutiles et les comportements autodestructeurs qui vous ont empêché de découvrir que vos prédictions n'étaient pas exactes et mené à vous rabaisser.

Qu'est-ce que j'ai appris a travailler a travers ce livre ?

Prenez note des nouvelles idées que vous avez trouvées utiles (par exemple, « Mes croyances sur moi-même sont des opinions et non des faits »). Pensez également à inclure les méthodes particulières que vous avez apprises pour faire face aux pensées anxieuses et à l'autocritique, aux règles et aux croyances (par exemple, « L'examen de l'évidence »). Revenez en arrière sur ce que vous avez fait et prenez note de tout ce qui fait sens pour vous, et de ce que vous avez personnellement trouvé utile dans la pratique.

Quelles sont mes pensées inutiles, règles et croyances les plus importantes ? Quelles sont les alternatives que je leur ai trouvé ?

Notez les prévisions anxieuses, les pensées autocritiques, les règles de vie qui vous ont le plus posées de problèmes. Au regard de chacune, résumez l'alternative que vous avez trouvée. Vous trouverez peut-être utile de le faire sur une feuille séparée si vous avez un certain nombre de points qu'il serait utile de résumer. Vous pouvez utiliser ce format :

Pensée, règle, croyance inutile	Alternative
....	....
....	....
....	....
....	....
....	....
....	....

Comment puis-je construire sur ce que j'ai appris ?

Voici votre chance de penser à l'avenir et d'envisager en détail ce que vous devez faire, afin de vous assurer que les nouvelles idées et compétences que vous avez acquises sont consolidées et font maintenant partie de votre routine. C'est aussi votre chance de travailler sur les changements que vous souhaitez continuer à effectuer. Il pourrait s'agir de revenir à certaines parties du livre et de travailler de nouveau à travers certaines sections, ou en utilisant les méthodes que vous avez appris pour changer les règles de vie inutiles ou les croyances sur vous-même que vous n'avez pas encore abordées. Cela pourrait également inclure d'autres lectures, ou la décision de demander de l'aide afin de mettre en pratique de manière plus efficace (voir ci-dessous).

Plus précisément, en reprenant chapitre par chapitre :

© Dunod – Toute reproduction non autorisée est un délit.

Travailler sur les changements à effectuer

- Y a-t-il des éléments dans la façon dont votre faible estime de soi s'est développée et maintenue que vous ne comprenez pas encore pleinement ? Si oui, comment pourriez-vous faire pour les clarifier ?
- Y a-t-il encore des situations où vous vous sentez anxieux, mais vous ne savez pas très bien pourquoi ? Si oui, qu'est-ce que vous devez faire pour obtenir une vision claire sur les prévisions que vous faites dans ces situations ? Y a-t-il des situations où vous comprenez très bien ce que sont vos prédictions, mais où vous ne savez pas encore pleinement leur faire face sans lâcher toutes vos précautions inutiles ? Si oui, comment pourriez-vous élaborer un plan étape par étape pour y faire face ? Même si vous avez réussi à faire face aux situations qui vous rendaient anxieux et découvert que vos prévisions étaient irréalistes, il se pourrait bien que vous fassiez l'expérience d'autres soucis dans le futur (en effet, ce serait extraordinaire si ce n'était pas le cas, car l'anxiété fait partie de l'expérience humaine). Comment allez-vous utiliser ce que vous avez appris pour faire face à des angoisses futures ?
- Comment allez-vous vous assurer que vous continuez à développer votre capacité à repérer et à remettre en question les pensées autocritiques ? À quels comportements avez-vous encore besoin de prêter attention ? Que comptez-vous faire à la place ?
- À quel point êtes-vous bon pour garder vos points forts à l'esprit et relever au quotidien des exemples de vos qualités, forces, compétences et talents ? Avez-vous toujours besoin de garder une trace écrite ? Même si vous n'appréciez pas, cela ne pourrait-il pas être agréable de le faire ? Est-ce que cela pourrait aussi être une ressource utile pour prendre du recul, si vous avez un moment de doute à un moment donné dans l'avenir ?
- Lorsque vous regardez le modèle de votre journée et de votre semaine, est-ce que vous établissez un bon équilibre entre les activités « M » (devoirs, obligations, tâches) et les activités « P » (plaisir, détente) ? Si oui, comment allez-vous vous assurer que vous continuez à le faire ? Et si non, alors qu'est-ce que vous devez faire pour construire sur les changements que vous avez déjà effectués ?
- Vous accordez-vous régulièrement du mérite pour ce que vous faites et appréciez-vous vos accomplissements ? Si oui, comment pouvez-vous vous assurer que vous continuez à le faire ? Si non, pourquoi ? Vos pensées autocritiques restent-elles en bruit de fond, par exemple, ou êtes-vous toujours accroché à vos normes perfectionnistes ? Si oui, qu'est-ce que vous devez faire à ce sujet ?
- À quel point trouvez-vous maintenant vos nouvelles règles de vie convaincantes ? Est-il facile pour vous de les mettre en pratique ? Si elles font sens pour vous, et que vous n'avez aucune difficulté à agir en conformité avec elles, alors comment pouvez-vous vous assurer que cela continue d'être le cas, même lorsque les choses se corsent et que les circonstances réactivent les anciennes règles ? Dans quelle mesure faut-il encore délibérément agir contre les anciennes règles et en observer les conséquences ? À quelle fréquence devriez-vous lire votre « Fiche récapitulative de modification des règles », afin de vous assurer que ce que vous avez écrit reste frais dans votre esprit ? Si vous avez encore des doutes au sujet de vos nouvelles

☞

règles ou des difficultés à les mettre en pratique, qu'est-ce que vous avez à faire pour renforcer leur crédibilité et faire en sorte qu'elles deviennent comme une seconde nature ? De quelles expériences avez-vous encore besoin pour mener tout cela à bien ? Quelles pensées avez-vous trouvé sur votre chemin, et comment pouvez-vous y faire face ?

- À quel point croyez-vous en votre nouveau schéma ? et en votre ancien ? Dans quelle mesure pouvez-vous agir comme si le nouveau schéma était vrai ? Si vous croyez fortement en votre nouveau schéma et agissez systématiquement comme si c'était vrai, comment pouvez-vous vous assurer qu'il reste solide comme le roc, même dans les moments de pression ou de détresse ? De quelles informations avez-vous besoin pour continuer à le remarquer (même si vous n'avez plus besoin d'écrire systématiquement) ? De quelles expériences avez-vous besoin pour continuer à le mettre en œuvre et à en faire une partie intégrante de votre vie ? À quelle fréquence devriez-vous lire votre « Fiche récapitulative sur le schéma », afin de vous assurer qu'il demeure dans votre esprit ?

Qu'est-ce qui pourrait me conduire à un échec ?

Pensez aux expériences ou changements de circonstances qui pourraient encore vous causer des problèmes en activant votre ancien schéma. Votre connaissance des situations qui ont activé votre schéma dans le passé sera utile ici (voir le chapitre 3, page 50). Vous êtes sans doute maintenant dans une position pour faire face à ces situations de manière beaucoup plus constructive. Cependant, en supposant que vous soyez confronté à un niveau élevé de stress, ou à une situation de vie très difficile, ou que vous soyez fatigué ou malade ou contrarié pour une autre raison, cela pourrait encore vous rendre vulnérable aux doutes sur vous-même. Travailler sur ce que vos propres vulnérabilités personnelles pourraient être vous préparera à remarquer rapidement quand les choses tournent mal et à faire quelque chose à ce sujet.

Si je reviens a mon vieux, que puis-je faire ?

La première chose essentielle, c'est de constater ce qui se passe. Pensez aux indices qui indiquent que votre ancien schéma a été réactivé. Comment vous sentez-vous ? Qu'est-ce qui se passe dans votre corps ? Quelles pensées sont susceptibles d'être activées dans votre esprit ? Quelles images apparaissent dans votre esprit ? Qu'est-ce que vous remarquez sur votre propre comportement (par exemple, commencer à éviter les contestations, vous passer d'activités agréables, cesser de répondre à vos propres besoins) ? Qu'est-ce que vous remarquez chez les autres (par exemple, irritation, réconfort, excuses) ? Prenez note de ce que vous pensez être un signal fort que votre estime de vous commence à dégringoler.

© Dunod – Toute reproduction non autorisée est un délit.

La prochaine chose est d'examiner en détail ce que vous devriez faire si vous constatez un début de recul. La première chose à vous dire est : PAS DE PANIQUE. Il est tout à fait naturel De connaître des moments de doute lors de votre voyage vers le dépassement de la faible estime de soi, surtout si le problème était là depuis très longtemps.

Cela ne veut pas dire que vous êtes de retour à la case départ, ou qu'il n'y a aucun intérêt à faire autre chose pour vous aider. Au contraire, il vous suffit de revenir à ce que vous avez appris et à commencer à le mettre en pratique systématiquement, jusqu'à ce que tout soit rentré en équilibre. Cela peut signifier un retour aux sources – par exemple, commencer à écrire à nouveau les choses régulièrement, peut-être même après avoir cessé de le faire pendant un certain temps. Cela peut être vécu comme un pas en arrière. En fait, il s'agit simplement d'une reconnaissance raisonnable que, sur une période limitée, vous avez besoin de mettre en peu de temps et d'efforts dans la consolidation de votre nouveau schéma. C'est un peu comme ce que vous pourriez faire si vous aviez appris une langue, puis quelque temps plus tard eu à visiter le pays concerné. Même si vous étiez devenu assez à l'aise avec la langue, il sera encore bon de réviser ce que vous saviez, afin de relever le défi avec succès.

QUE FAIRE SI VOUS AVEZ BESOIN D'UNE AIDE EXTÉRIEURE ?

Si les idées contenues dans ce livre font sens pour vous, mais que vous avez du mal à les mettre en pratique (peut-être parce que votre ancien schéma est très fort, ou parce qu'il a eu un effet dévastateur sur votre vie), il peut être utile de chercher un thérapeute qui pourrait vous aider à voir les choses plus loin. Si vous accrochez avec cette manière particulière de comprendre et de surmonter la faible estime de soi, alors une bonne solution est probablement de chercher un thérapeute d'inspiration comportementale et cognitive. Si, en revanche, vous préférez une approche moins structurée, qui mettrait davantage l'accent sur le développement d'une certaine perspicacité que sur les techniques pratiques pour obtenir des changements dans la vie quotidienne, alors une psychothérapie de soutien pourrait mieux vous convenir.

Comme je l'ai dit dans le chapitre 1 (page 18), il n'y a rien de honteux à demander une aide psychologique. Ce n'est pas un aveu de défaite, mais plutôt une étape vers la prise de contrôle sur votre vie et vers ce qui doit être fait pour devenir la personne que vous voulez être. Supposons que vous ayez à faire un voyage qui implique d'avancer dans l'obscurité en territoire inconnu : vous pourriez bien être content d'avoir un guide, si vous en aviez un il serait moins probable que vous perdiez votre chemin. Un thérapeute est comme un guide. Il ou elle vous aidera à acquérir les compétences de lecture dont vous avez besoin pour compléter votre voyage avec succès, et vous enseignera comment détecter les pièges et les difficultés et à les aborder de manière constructive.

De même, si vous allez vers l'apprentissage d'une nouvelle compétence (par exemple, conduire un camion ou maîtriser un sport), il vous semblera sans doute raisonnable de prendre des leçons ou de chercher un entraîneur. Les thérapeutes sont aussi comme des entraîneurs. Leur premier objectif est de vous aider à développer vos propres compétences jusqu'au moment où le thérapeute devient inutile, parce qu'à un moment vous pouvez le faire par vous-même.

Plan d'action pour l'avenir : Briony

1 Comment ma faible estime de soi s'est-elle développée ?

Quand mes parents sont morts, j'ai pensé que c'était de ma faute. Le fait que mes beaux-parents me traitent si mal me l'a confirmé. Enfin, lorsque mon beau-père a commencé à abuser de moi, j'en suis venue à la conclusion que tout ce qui s'était passé était le résultat de quelque chose de mauvais en moi. Cela signifiait que j'étais méchante. C'était mon vieux schéma. Une fois que cette idée était en place, d'autres choses qui se sont passées ont semblé le confirmer. Par exemple, mon premier mariage avec un homme qui me critiquait et me ridiculisait constamment. Du fait de ce qui s'était passé auparavant, je pensais que c'était juste ce que je méritais.

2 Qu'est-ce qui l'a maintenue ?

J'ai continué à agir et à penser comme si j'étais vraiment une mauvaise personne. Je n'ai jamais prêté attention aux bonnes choses sur moi-même, j'ai gardé mon « vrai moi » caché des gens, parce que j'étais convaincue que s'ils avaient découvert ce que je voulais vraiment, ils ne voudraient rien avoir à faire avec moi. J'ai toujours été très dure avec moi. Tout ce que je faisais mal me remplissait de désespoir – une preuve de plus que j'étais une mauvaise personne. Je ne pouvais pas avoir de relations intimes, à l'exception des quelques personnes qui ont persisté. J'ai permis aux gens de me licencier et de mal me traiter. Je pensais que je ne méritais rien de mieux.

3 Qu'est-ce que j'ai appris à travailler à travers ce livre ?

A mieux comprendre les choses – ma conviction que je suis mauvaise c'est ça le problème, pas le fait que d'être vraiment mauvaise. J'ai appris qu'il était possible de changer les croyances sur soi-même, si je travaillais dessus. J'ai appris à repérer ma voix critique et à me concentrer sur les bonnes choses me concernant. Je change mes règles et prends le risque de laisser les gens voir mon « vrai moi ».

4 Quelles sont mes pensées inutiles, mes règles et croyances les plus importantes ? Quelles sont les alternatives que je leur ai trouvées ?

Je suis mauvaise > Je suis digne

Si je laisse quelqu'un s'approcher de moi, il va me faire du mal et m'exploiter > Si je laisse les gens s'approcher de moi, je reçois la chaleur et l'affection dont j'ai besoin.

☞

© Dunod – Toute reproduction non autorisée est un délit.

☞

La plupart des gens vont me traiter décemment – et je peux me protéger contre ceux qui ne le font pas.

Je ne dois jamais permettre à quiconque de voir mon « vrai moi » > Depuis que mon « vrai moi » est digne, je n'ai pas besoin de le cacher. Si certaines personnes ne l'aiment pas, c'est leur problème.

5 Comment puis-je construire sur ce que j'ai appris ?

Lire les fiches résumant mes nouvelles règles et mon nouveau schéma au quotidien – Agir comme s'ils étaient vrais et observer les résultats. Quand je remarque que je deviens inquiète et désireuse d'éviter les choses ou de me protéger, travailler sur ce qu'est ma prévision et la vérifier. Me méfier des autocritiques – elles sont bien ancrées et je dois continuer à me battre. Maintenir des exemples d'enregistrement de bonnes choses à propos de moi – Ca fait déjà une différence. Prendre le temps pour moi – ne pas avoir peur de faire une piqûre de rappel à la famille quand ils reviennent à leurs vieilles habitudes.

6 Qu'est-ce qui pourrait me conduire à un échec ?

Être déprimée pour une raison quelconque. Être constamment maltraitée par quelqu'un. Quelque chose qui va très mal pour quelqu'un que j'apprécie (j'aurais tendance à me le reprocher).

7 Si je reviens à mon ancien schéma, que puis-je faire ?

Essayer de remarquer les signes avant-coureurs, pour commencer. Demander à mon mari de m'aider – il est sensible au moment où je commence à prendre de la distance et à être irritable et sur la défensive, et il remarque quand je commence à me replier sur moi-même. Puis sortir mes notes, en particulier les fiches de synthèse et le plan d'action, et reprendre ce que je sais mettre en œuvre. Ne pas être dure avec moi-même pour avoir fait un pas en arrière – Ca arrive de temps en temps, en tenant compte de la durée durant laquelle je me suis sentie mal dans ma peau et de comment j'en suis venue à être de cette façon. Être encourageante et attentionnée avec moi, et revenir à l'essentiel.

RÉSUMÉ DU CHAPITRE

1. Les idées et les techniques que vous avez apprises au fur et à mesure que vous avez travaillé à travers ce livre forment un programme cohérent pour le changement, chacune étant liée à un aspect particulier de la compréhension cognitive de la faible estime de soi.
2. Pour vous assurer que vous poursuivez ce que vous avez appris et que cela fait partie de votre nouvelle routine de vie, il sera utile de faire un plan d'action écrit pour l'avenir.
3. Le plan d'action devra être simple et réaliste. Vous devez vous assurer que vous êtes au clair sur la façon de mesurer vos progrès, et que cela prend en compte l'impact de vos changements sur ceux qui vous entourent. Il convient également de tenir compte des limitations de temps et de ressources, et le calendrier doit être réaliste.
4. Dans le plan d'action, résumez votre compréhension de la façon dont votre faible estime de soi s'est développée et maintenue. Notez ce que vous avez appris à travailler à travers ce livre, et comment vous envisagez de construire sur de nouvelles bases. Identifiez les événements futurs et les contraintes qui pourraient conduire à un échec pour vous, et travaillez sur ce qu'il faudrait faire à ce sujet si cela se produisait.

NOTES

NOTES

© Dunod – Toute reproduction non autorisée est un délit.

Liste des encadrés

Liste des figures

Annexes

Date/heure	**Situation** Que faisiez-vous et ou étiez-vous quand vous avez commencé à vous sentir anxieux ?	**Émotions et sensations physiques** (ex : anxiété, panique, tension, augmentation du rythme cardiaque. Évaluez de 0 à 100 l'intensité	**Prévisions anxieuses** Qu'est-ce qui vous est venu à l'esprit quand vous avez commencé à vous sentir anxieux ? (ex : des pensées en mots, des images). Évaluez de 0 à 100 % le degré de conviction	**Précautions** Que faites-vous pour éviter que vos prédictions ne deviennent vraies ? (par ex. éviter la situation, adopter des comportements de recherche de sécurité)

Date/heure	Situation Que faisiez-vous et ou étiez-vous quand vous avez commencé à vous sentir anxieux ?	Émotions et sensations physiques (ex : anxiété, panique, tension, augmentation du rythme cardiaque. Évaluez de 0 à 100 l'intensité	Prévisions anxieuses Qu'est-ce qui vous est venu à l'esprit quand vous avez commencé à vous sentir anxieux ? (ex : des pensées en mots, des images). Évaluez de 0 à 100 % le degré de conviction	Précautions Que faites-vous pour éviter que vos prédictions ne deviennent vraies ? (par ex. éviter la situation, adopter des comportements de recherche de sécurité)

Date/heure	**Situation** Que faisiez-vous et ou étiez-vous quand vous avez commencé à vous sentir anxieux ?	**Émotions et sensations physiques** (ex : anxiété, panique, tension, augmentation du rythme cardiaque. Évaluez de 0 à 100 l'intensité	**Prévisions anxieuses** Qu'est-ce qui vous est venu à l'esprit quand vous avez commencé à vous sentir anxieux ? (ex : des pensées en mots, des images). Évaluez de 0 à 100 % le degré de conviction	**Précautions** Que faites-vous pour éviter que vos prédictions ne deviennent vraies ? (par ex. éviter la situation, adopter des comportements de recherche de sécurité)

Date/heure	**Situation** Que faisiez-vous et ou étiez-vous quand vous avez commencé à vous sentir anxieux ?	**Émotions et sensations physiques** (ex : anxiété, panique, tension, augmentation du rythme cardiaque. Évaluez de 0 à 100 l'intensité	**Prévisions anxieuses** Qu'est-ce qui vous est venu à l'esprit quand vous avez commencé à vous sentir anxieux ? (ex : des pensées en mots, des images). Évaluez de 0 à 100 % le degré de conviction	**Précautions** Que faites-vous pour éviter que vos prédictions ne deviennent vraies ? (par ex. éviter la situation, adopter des comportements de recherche de sécurité)

Date/heure	**Situation** Que faisiez-vous et ou étiez-vous quand vous avez commencé à vous sentir anxieux ?	**Émotions et sensations physiques** (ex : anxiété, panique, tension, augmentation du rythme cardiaque. Évaluez de 0 à 100 l'intensité	**Prévisions anxieuses** Qu'est-ce qui vous est venu à l'esprit quand vous avez commencé à vous sentir anxieux ? (ex : des pensées en mots, des images). Évaluez de 0 à 100 % le degré de conviction	**Précautions** Que faites-vous pour éviter que vos prédictions ne deviennent vraies ? (par ex. éviter la situation, adopter des comportements de recherche de sécurité)

Date/heure	**Situation** Que faisiez-vous et ou étiez-vous quand vous avez commencé à vous sentir anxieux ?	**Émotions et sensations physiques** (ex : anxiété, panique, tension, augmentation du rythme cardiaque. Évaluez de 0 à 100 l'intensité	**Prévisions anxieuses** Qu'est-ce qui vous est venu à l'esprit quand vous avez commencé à vous sentir anxieux ? (ex : des pensées en mots, des images). Évaluez de 0 à 100 % le degré de conviction	**Précautions** Que faites-vous pour éviter que vos prédictions ne deviennent vraies ? (par ex. éviter la situation, adopter des comportements de recherche de sécurité)

Date/heure	**Situation** Que faisiez-vous et ou étiez-vous quand vous avez commencé à vous sentir anxieux ?	**Émotions et sensations physiques** (ex : anxiété, panique, tension, augmentation du rythme cardiaque. Évaluez de 0 à 100 l'intensité	**Prévisions anxieuses** Qu'est-ce qui vous est venu à l'esprit quand vous avez commencé à vous sentir anxieux ? (ex : des pensées en mots, des images). Évaluez de 0 à 100 % le degré de conviction	**Précautions** Que faites-vous pour éviter que vos prédictions ne deviennent vraies ? (par ex. éviter la situation, adopter des comportements de recherche de sécurité)

Date/heure	**Situation** Que faisiez-vous et ou étiez-vous quand vous avez commencé à vous sentir anxieux ?	**Émotions et sensations physiques** (ex : anxiété, panique, tension, augmentation du rythme cardiaque. Évaluez de 0 à 100 l'intensité	**Prévisions anxieuses** Qu'est-ce qui vous est venu à l'esprit quand vous avez commencé à vous sentir anxieux ? (ex : des pensées en mots, des images). Évaluez de 0 à 100 % le degré de conviction	**Précautions** Que faites-vous pour éviter que vos prédictions ne deviennent vraies ? (par ex. éviter la situation, adopter des comportements de recherche de sécurité)

Date/heure	**Situation** Que faisiez-vous et ou étiez-vous quand vous avez commencé à vous sentir anxieux ?	**Émotions et sensations physiques** (ex : anxiété, panique, tension, augmentation du rythme cardiaque. Évaluez de 0 à 100 l'intensité	**Prévisions anxieuses** Qu'est-ce qui vous est venu à l'esprit quand vous avez commencé à vous sentir anxieux ? (ex : des pensées en mots, des images). Évaluez de 0 à 100 % le degré de conviction	**Précautions** Que faites-vous pour éviter que vos prédictions ne deviennent vraies ? (par ex. éviter la situation, adopter des comportements de recherche de sécurité)

Date/heure	**Situation** Que faisiez-vous et ou étiez-vous quand vous avez commencé à vous sentir mal par rapport à vous-même ?	**Émotions et sensations physiques** (ex : tristesse, colère, culpabilité). Évaluez de 0 à 100 l'intensité	**Pensées autocritiques** Qu'est-ce qui vous est venu à l'esprit quand vous avez commencé à vous sentir par rapport à vous-même ? (ex : des pensées en mots, des images). Évaluez de 0 à 100 % le degré de conviction	**Comportement auto-destructeur** Qu'avez-vous fait à la suite de votre pensée autocritique ?

Date/heure	**Situation** Que faisiez-vous et ou étiez-vous quand vous avez commencé à vous sentir mal par rapport à vous-même ?	**Émotions et sensations physiques** (ex : tristesse, colère, culpabilité). Évaluez de 0 à 100 l'intensité	**Pensées autocritiques** Qu'est-ce qui vous est venu à l'esprit quand vous avez commencé à vous sentir par rapport à vous-même ? (ex : des pensées en mots, des images). Évaluez de 0 à 100 % le degré de conviction	**Comportement auto-destructeur** Qu'avez-vous fait à la suite de votre pensée autocritique ?

Date/heure	**Situation** Que faisiez-vous et ou étiez-vous quand vous avez commencé à vous sentir mal par rapport à vous-même ?	**Émotions et sensations physiques** (ex : tristesse, colère, culpabilité). Évaluez de 0 à 100 l'intensité	**Pensées autocritiques** Qu'est-ce qui vous est venu à l'esprit quand vous avez commencé à vous sentir par rapport à vous-même ? (ex : des pensées en mots, des images). Évaluez de 0 à 100 % le degré de conviction	**Comportement auto-destructeur** Qu'avez-vous fait à la suite de votre pensée autocritique ?

Date/heure	**Situation** Que faisiez-vous et ou étiez-vous quand vous avez commencé à vous sentir mal par rapport à vous-même ?	**Émotions et sensations physiques** (ex : tristesse, colère, culpabilité). Évaluez de 0 à 100 l'intensité	**Pensées autocritiques** Qu'est-ce qui vous est venu à l'esprit quand vous avez commencé à vous sentir par rapport à vous-même ? (ex : des pensées en mots, des images). Évaluez de 0 à 100 % le degré de conviction	**Comportement auto-destructeur** Qu'avez-vous fait à la suite de votre pensée autocritique ?

Date/heure	**Situation** Que faisiez-vous et ou étiez-vous quand vous avez commencé à vous sentir mal par rapport à vous-même ?	**Émotions et sensations physiques** (ex : tristesse, colère, culpabilité). Évaluez de 0 à 100 l'intensité	**Pensées autocritiques** Qu'est-ce qui vous est venu à l'esprit quand vous avez commencé à vous sentir par rapport à vous-même ? (ex : des pensées en mots, des images). Évaluez de 0 à 100 % le degré de conviction	**Comportement auto-destructeur** Qu'avez-vous fait à la suite de votre pensée autocritique ?

	Lundi	Mardi	Mercredi	Jeudi	Vendredi	Samedi	Dimanche
6-7							
7-8							
8-9							
9-10							
10-11							
11-12							
12-13							
13-14							
14-15							
15-16							
16-17							
17-18							

	Lundi	Mardi	Mercredi	Jeudi	Vendredi	Samedi	Dimanche
18-19							
19-20							
20-21							
21-22							
22-23							
23-24							

Notez (Qu'est-ce que vous avez noté concernant votre journée ? Qu'est-ce que vous avez travaillé ?
Qu'est-ce que vous n'avez pas travaillé ?
Qu'est-ce que vous aimeriez changer ?)
Lundi :
Mardi :
Mercredi :
Jeudi :
Vendredi :
Samedi :
Dimanche :

	Lundi	Mardi	Mercredi	Jeudi	Vendredi	Samedi	Dimanche
6-7							
7-8							
8-9							
9-10							
10-11							
11-12							
12-13							
13-14							
14-15							
15-16							
16-17							
17-18							

	Lundi	Mardi	Mercredi	Jeudi	Vendredi	Samedi	Dimanche
18-19							
19-20							
20-21							
21-22							
22-23							
23-24							

Notez (Qu'est-ce que vous avez noté concernant votre journée ? Qu'est-ce que vous avez travaillé ?
Qu'est-ce que vous n'avez pas travaillé ?
Qu'est-ce que vous aimeriez changer ?)
Lundi :
Mardi :
Mercredi :
Jeudi :
Vendredi :
Samedi :
Dimanche :

	Lundi	Mardi	Mercredi	Jeudi	Vendredi	Samedi	Dimanche
6-7							
7-8							
8-9							
9-10							
10-11							
11-12							
12-13							
13-14							
14-15							
15-16							
16-17							
17-18							

	Lundi	Mardi	Mercredi	Jeudi	Vendredi	Samedi	Dimanche
18-19							
19-20							
20-21							
21-22							
22-23							
23-24							

Notez (Qu'est-ce que vous avez noté concernant votre journée ? Qu'est-ce que vous avez travaillé ?
Qu'est-ce que vous n'avez pas travaillé ?
Qu'est-ce que vous aimeriez changer ?)
Lundi :
Mardi :
Mercredi :
Jeudi :
Vendredi :
Samedi :
Dimanche :

	Lundi	Mardi	Mercredi	Jeudi	Vendredi	Samedi	Dimanche
6-7							
7-8							
8-9							
9-10							
10-11							
11-12							
12-13							
13-14							
14-15							
15-16							
16-17							
17-18							

	Lundi	Mardi	Mercredi	Jeudi	Vendredi	Samedi	Dimanche
18-19							
19-20							
20-21							
21-22							
22-23							
23-24							

Notez (Qu'est-ce que vous avez noté concernant votre journée ? Qu'est-ce que vous avez travaillé ?
Qu'est-ce que vous n'avez pas travaillé ?
Qu'est-ce que vous aimeriez changer ?)
Lundi :
Mardi :
Mercredi :
Jeudi :
Vendredi :
Samedi :
Dimanche :

	Lundi	Mardi	Mercredi	Jeudi	Vendredi	Samedi	Dimanche
6-7							
7-8							
8-9							
9-10							
10-11							
11-12							
12-13							
13-14							
14-15							
15-16							
16-17							
17-18							

	Lundi	Mardi	Mercredi	Jeudi	Vendredi	Samedi	Dimanche
18-19							
19-20							
20-21							
21-22							
22-23							
23-24							

Notez (Qu'est-ce que vous avez noté concernant votre journée ? Qu'est-ce que vous avez travaillé ?
Qu'est-ce que vous n'avez pas travaillé ?
Qu'est-ce que vous aimeriez changer ?)
Lundi :
Mardi :
Mercredi :
Jeudi :
Vendredi :
Samedi :
Dimanche :

	Lundi	Mardi	Mercredi	Jeudi	Vendredi	Samedi	Dimanche
6-7							
7-8							
8-9							
9-10							
10-11							
11-12							
12-13							
13-14							
14-15							
15-16							
16-17							
17-18							

	Lundi	Mardi	Mercredi	Jeudi	Vendredi	Samedi	Dimanche
18-19							
19-20							
20-21							
21-22							
22-23							
23-24							

Notez (Qu'est-ce que vous avez noté concernant votre journée ? Qu'est-ce que vous avez travaillé ?
Qu'est-ce que vous n'avez pas travaillé ?
Qu'est-ce que vous aimeriez changer ?)
Lundi :
Mardi :
Mercredi :
Jeudi :
Vendredi :
Samedi :
Dimanche :

	Lundi	Mardi	Mercredi	Jeudi	Vendredi	Samedi	Dimanche
6-7							
7-8							
8-9							
9-10							
10-11							
11-12							
12-13							
13-14							
14-15							
15-16							
16-17							
17-18							

	Lundi	Mardi	Mercredi	Jeudi	Vendredi	Samedi	Dimanche
18-19							
19-20							
20-21							
21-22							
22-23							
23-24							

Notez (Qu'est-ce que vous avez noté concernant votre journée ? Qu'est-ce que vous avez travaillé ?
Qu'est-ce que vous n'avez pas travaillé ?
Qu'est-ce que vous aimeriez changer ?)
Lundi :
Mardi :
Mercredi :
Jeudi :
Vendredi :
Samedi :
Dimanche :

Pistes de lecture

ANDRE C., LELORD F. (2011), *L'estime de soi, S'aimer pour mieux vivre avec les autres*, Paris, Odile Jacob

MIRABEL-SARRON C. (2002), *La Dépression : comment s'en sortir*, Paris, Odile Jacob, Ed.Pocket 2008

MIRABEL-SARRON C. (2013), *Apprendre à soigner les dépressions avec les TCC*, Paris, Dunod

MIRABEL-SARRON C., CHIDIAC N. (2012), *Bien gérer son temps*, Paris, Odile Jacob.

MIRABEL-SARRON C., DOCTEUR A., SALA L., SIOBUD DOROCANT E. (2012), *Mener une démarche de pleine conscience : approche MBCT*, Paris, Dunod.

58991 – (VI) – OSB 80° – CPW – LRN
Dépôt légal : avril 2013 – Suite du tirage : mai 2019

Achevé d'imprimer par Dupli-Print à Domont (95)
N° d'impression : 2019041589
www.dupli-print.fr

Imprimé en France